语文教学方法与文学艺术思维

韦敏菊　刘玥　马勇　编著

吉林摄影出版社
·长春·

图书在版编目（CIP）数据

语文教学方法与文学艺术思维 / 韦敏菊，刘玥，马勇编著. -- 长春：吉林摄影出版社，2023.9
ISBN 978-7-5498-5978-8

Ⅰ. ①语… Ⅱ. ①韦… ②刘… ③马… Ⅲ. ①语文课－教学研究－中小学 Ⅳ. ①G633.302

中国国家版本馆 CIP 数据核字(2023)第 197980 号

语文教学方法与文学艺术思维
YUWEN JIAOXUE FANGFA YU WENXUE YISHU SIWEI

编　　著	韦敏菊　刘玥　马勇
出 版 人	车　强
责任编辑	罗　晗
封面设计	瑞天书刊
开　　本	787mm×1092mm　1/16
字　　数	280 千字
印　　张	18
版　　次	2024 年 5 月第 1 版
印　　次	2024 年 5 月第 1 次印刷

出　　版	吉林摄影出版社
发　　行	吉林摄影出版社
地　　址	长春市净月高新技术开发区福祉大路 5788 号
	邮编：130118
电　　话	总编办：0431-81629821
	发行科：0431-81629829
印　　刷	济南文达印务有限公司

ISBN 978-7-5498-5978-8　　　　　　　　定价：78.00 元
版权所有　侵权必究

前 言

当前世界的经济竞争，主要是科技竞争。科技竞争表现为教育竞争，教育则体现在人才培养、智力开发上。思维是人智力结构的核心，只有具备先进的、科学的思维，才能在竞争大潮中立于不败之地。

教育既是一门科学，又是一门艺术，学科教育学不仅要研究学科的教学理论问题，而且要从教育学的基本原理出发，从培养人的高度来讨论学科教育的问题。语文教学的主要目的是培养学生的语文能力，学生的语文能力是以语文知识为基础，由听、说、读、写四种能力和思维的深刻性、灵活性、独创性构成的一个开放的动态系统。语文思维教学促进学生智力的发展，从而有效地提高语文能力。为此，必须使语文学习与思维训练有机地结合起来，学思结合就成了学习语文的一条基本规律。这是因为学语文离不开思维的积极参与，只有通过教师引导下的独立思维，学生才能达到发展智力、提高语文水平的目的。要达到这一目的，必须把握语文思维教学的特性。

本书系统地论述了思维的概念与特点、思维教学的概况、思维与语文教学、语文教学中的思维训练等基本问题，回答了如何发展学生的思维能力，要发展哪些思维能力，怎样科学地训练学生的思维能力等主要问题，以及语文教学与文学艺术思维的培养等，既有理论研究成果的借鉴、教学经验的总结与发展，也有对思维训练科学途径的探讨。

本书共十四章内容，由韦敏菊、刘玥、马勇撰写。具体分工如下：韦敏菊（广西河池市金城江区第六小学）担任第一著者，负责第一章至第三章及第六章至第七章内容的撰写；刘玥（哈尔滨远东理工学院）担任第二著者，负责第八章至第十四章内容的撰写；马勇（山东省邹城市张庄镇仙桥小学）担任第三著者，负责第四章至第五章内容的撰写。全书由泰安市崇信学校的刘娜和长沙市芙蓉区大同第二小学的曹艳平负责统稿。

本书在撰写过程中，突出了素质教育的要求，强调了培养创造精神和思维能力，体现了课程改革的新思想、新观念。

由于编写时间仓促，不足之处在所难免，欢迎广大师生在使用过程中对书中的错漏之处不吝指言，更希望提出建设性意见，以帮助我们再版时修改，使本书更为完善。

目 录

第一章　语文教育教学方法基本理论 1
- 第一节　语文教育教学的内涵和特点 1
- 第二节　语文教育教学的基本理念 14
- 第三节　语文教学方法的基本理论 36
- 第四节　语文教学方法的变革 49

第二章　语文教学与思维创新的研究意义 61

第三章　语文思维教学的基本内涵 71
- 第一节　思维的概念和特点 71
- 第二节　开发思维以及在教学中的作用 76
- 第三节　语文思维教学的思想内涵 84

第四章　语文教学中的思维类型与训练 88
- 第一节　语文教学中的思维类型 88
- 第二节　语文教学的思维训练 127

第五章　语言训练的本质：基于语言的训练 134
- 第一节　语言的内容：从分立到统一 134
- 第二节　语言的层次：从语识到语感 145
- 第三节　语言训练的本质 162

第六章　语言训练的开展：语文教学的实践变革 173
- 第一节　阅读教学：基于文本的语言训练 173
- 第二节　写作教学：语言训练的三维模式 189

第七章　语文教学思维创新能力培养的实践策略 199
- 第一节　语文教学思维创新能力培养环境的创设 199
- 第二节　语文教学思维创新能力培养的文体教学策略 201
- 第三节　语文教学思维创新能力培养的评价策略 206

第八章　语文教学与文学艺术思维 209
- 第一节　艺术思维的概述 209

第二节　文学中的艺术思维类型...........212
　　第三节　语文教学艺术与学生艺术思维的培养...........215

第九章　汉语言文学的发展研究...........221
　　第一节　汉语言文学特征及表现形式...........221
　　第二节　网络语言对汉语言文学发展的影响...........223
　　第三节　新媒体环境下汉语言文学发展探究...........227

第十章　汉语言文学教学研究...........230
　　第一节　当前汉语言文学教学中存在的问题及对策...........230
　　第二节　汉语言教学中文化教学的必要性...........235
　　第三节　语文教育与汉语言文学教育的对接性思考...........238

第十一章　汉语口语的美学特征...........245
　　第一节　口语的美学特征...........245
　　第二节　汉语口语的美学特征...........251

第十二章　汉语文学创作理论...........257
　　第一节　汉语文学创作的审美特征...........257
　　第二节　汉语文学结构的审美特征...........261

第十三章　文学语言节律美的言语生成...........265
　　第一节　汉语节律学的界定...........265
　　第二节　节律与词句...........267

第十四章　学语言意象美的言语生成...........270
　　第一节　学语言审美意象研究...........270
　　第二节　审美意象言语生成策略...........275

参考文献...........280

第一章 语文教育教学方法基本理论

语文学科性质、语文教学目的、语文教学原则这些语文教学的原理原则赋予了语文教学的灵魂。

语文教育教学的基本理念,是人们观察问题、分析问题和解决问题所依据的原理和观念,是语文教学活动的指导思想和行为准则。我们把语文教学的理念概括为三句话：人文关怀是语文教学的最高价值追求,个性发展是语文教学的根本指针,回归生活是语文教学的必然途径。

语文教学方法是语文教学的一种重要手段,没有良好的教学方法,就难以取得预期的教学效果。所以,学习语文教学的方法对语文教学有着重要的意义。

第一节 语文教育教学的内涵和特点

一、语文学科的内涵

（一）语文学科的性质

对于这个问题,长期以来,没有定论。有一性说,即语文学科是工具性学科；有两性说,语文学科既有工具性,又有思想性；有三性说,除了工具性、思想性,语文学科还有文学性；还有多性说,认为语文学科具有工具性、思想性、实践性、综合性。还有把语文学科的性质分为工具性、基础性、思想性等基本性质和文学性、知识性、社会性等从属性质两个层次。其中，只有两点是比较一致的，这就是语文学科的工具性和思想性。

什么叫语文？平常说的话叫口头语言，写到纸面上叫书面语言。语就是口头语言，文就是书面语言。把口头语言和书面语言连在一起说，就叫语文。

语文=语+文=口头语言+书面语言=（口头+书面）语言，语文是广义的语言。而语言本身是没有阶级性的。语言是人类最重要的交际工具。语言是工具、武器，人们利用它来互相交际、交流思想，达到互相了解。

这些揭示了语文的本质意义，同时也证明，工具性是语文学科的本质属性。语文虽然是工具，但却并非从事物质生产的工具，而是一种表情达意的工具；语文本身虽无阶级性，但是一经人们使用，它就被赋予了思想情感。"语言是思想的直接现实"，语言是思想的物质外壳，是思想和思维活动的物化。更何况语文教材大多是古今中外脍炙人口的名家名篇，强烈的思想情感自然流露，跃然纸上。可见思想性是语文学科的显著特点。

因此，语文学科是以工具性为本质属性，以思想性为显著特点，是工具性和思想性相辅相成、辩证统一的基础学科。这就是语文学科性质的界说。正确把握这一性质，语文教学设计就必然注意到：既然具有工具性，就应当培养学生掌握并运用这一工具的能力，即理解语文和运用语文的能力，也就是听说读写的能力；既然具有思想性，就应当因势利导、水乳交融地对学生进行思想教育和美感熏陶。

（二）语文教学目的

教育是有目的的行为，是教育者有计划地对受教育者施加影响的过程。语文教学目的是语文教学的缘起和归宿。语文教学的全部过程、所有层面和一切工作都要服从并服务于语文教学目的的实现。语文教学的目的主要是由语文学科的性质以及总体教育目的和社会发展需求所决定的。语文学科的工具性要求语文教学加强基础知识教学和基本技能训练，语文学科的思想性要求语文教学加强学生的思想品德培养，语文学科的科学化和现代化要求语文教学加强智力开发。双基教学、品德培养和智能开发三要素的有机组合，构成语文教学三维结构的整体。当然，不同社会形态和不同历史时期对语文功能有不同的要求，对语文教学目的也就有不同的表述。

（三）语文教学的原则

语文教学原则是从语文教学实践中概括出来，又反过来指导语文教学实践的理论，是语文教学中最主要、最本质的内在规律的集中体现，是语文教师处理教材、组织教学必须遵循的法度和准则。

1.语文"习得性"教学原则

语言学家研究认为，语文中的语言与言语是不同的两个概念。语言是言语的总结和系统化，是由语音、词汇和语法等部分构成的理论体系。言语是个体在特定情境中为完成特定的交际任务对语言的使用。换句话说，言语是人们掌握和运用的语言。

语文教学就是语言和言语的教学。语文课既向学生传授语言知识（如语音、词汇、文字、语法、修辞、逻辑等方面的基础知识），更要发展学生的言语（口头言语和书面语言）能力。所谓言语能力即学生的朗读、默读、复述、背诵、看图说话、对话、发言演讲、写话、作文等方面的实际操作语言的能力。而这种言语能力的培养主要靠实践、训练习得。这就是语文教学首先遵循"习得性"原则的原因所在。语文"习得性"原则在语文教学中具体表现在语文听、说、读、写能力的训练上。由于听、说、读、写能力的整体性、互补性特点。在语文教学中我们除了对学生进行单项训练外，还应对学生进行听、说、读、写能力的综合训练。读写、说写、听说、听写、听读、读说、听说读写等相结合训练，以求达到学生"习得"言语的目的。

语文教学"习得性"原则是符合美国教育家奥苏贝尔"有意义言语学习"理论和美国教育家布卢姆"掌握式学习"理论的。奥苏贝尔认为学生通过"有意义言语"的习得，然后保持、内化，同时就可以输出。这一心理学的分析揭示了言语"习得性"的规律，为我们语文课"习得性"原则提供了心理学、生理学上的依据。布卢姆认为学习是学习过程，教学是教学生学，通过树立目标、群体教学，评价、矫正，学生就可以掌握学习。这一理论，强调的是学习的实践性、训练性，重过程、重掌握，为语义"为会使用母语而教"的目标教学提供了很好的理论佐证。

总之，教学是教学生学会学习。把教学的重心放在学生"会学"上，才是现代教学。语文教学是教学生学会言语使用，把教学重心放在学生"会言语"上，才是现代语文教学。

语文"习得性"原则还要求语文教师十分重视学生语感培养。所谓"语感"，就是社会的人对语言的感觉，就是在视听条件下不假思索从感知语音、字形而立刻理解语音、字形所表示的意义的能力。这种能力当然是靠实践、训练习得的。

2.语文"开放性"教学原则

20世纪80年代中期，河北特级教师张孝纯提出了"大语文教育"主张，并进行了长达10年的教改实验。他在《一条广阔的语文教改之路》中阐述了他"大语文教育"的构想。他认为，语文教学应是"一体两翼"的，"一体"即课堂教学主体，"两翼"即配合主体的语文课外活动和家庭、社会生活的语文学习。这一思想符合语文学科的社会性、生活性的特点。语文教学与其他学科就有本质的区别，它除了学校课堂的教学外，更应走向广阔的社会生活，充分利用一切有利的语言环境、言语生态来训练学生的语文能力。语文教学"开放性"原则要求语文教师，更加重视语文的课外活动、语文的课外阅读。不仅如此，语文教师还要有目的、有计划、有针对性地开设"语文活动课"，促进学生在生动活泼的过程中学会言语、使用言语，让学生走向生活、走向社会、走向自然、走向心灵，做生活的主人。

在贯彻这一原则时，一要"得法于课内，受益于课外"，教学生学习方法，培养自学能力，养成良好的语文习惯；二要体现语文学习"多师性""随时性""随地性""终身性"的特点，走开放性、长期性的语文教学道路；三要引导、教育学生从我做起，共同创造良好的语言环境，与那些不文明的语言现象作斗争。

3.语文"创新性"教学原则

所谓语文创新性原则，是指在语文教学中教师要充分利用教材发挥学生的积极性、主动性，开动脑筋发现、分析、解决教学中的新问题，培养创新性思维的教学原则。

这一教学原则提出的依据是：第一，语文学科思维性特点及语文学科"开发智力"的教学任务。第二，素质教育的需要。21世纪素质教育实施的核心是创新教育。"为创新而教"已成为学校的主要目标。第三，社会发展的要求。当今世界，科学技术突飞猛进，知识经济初见端倪，国力竞争日趋激烈。时代呼唤创新人才，培养创新人才靠创新教育。

传统的语文教育，存在太多的弊端，封闭、单一、被动、停滞的教学，传授型、满堂灌、填鸭式的课堂，压制了太多的人才。在这样的背景下，提出语文教学的"创新性"原则，显得尤为重要。

语文创新性教学的主要目标是培养富有创新思维的人才。所谓"创新思维"就是"创造过程中的思维活动"。它包括发现新事物、揭示新规律、创造新方法、建立新理论、解决新问题、获得新成果等思维过程。语文教学的新方法、新模式、新观点、新措施、新媒体、新角度，都是创新教育。

创新性教学原则还要求语文教师尊重学生学习的主体地位，让学生积极主动地思维，形成一种主动适应、开放多样、向前发展的教学新局面。《全日制中学语文教学大纲》指出："要激发学生学习语文的兴趣，调动学习的积极性和主动性，反对注入式，提倡启发式。通过多种方式，引导学生积极思考，鼓励他们进行创造性思维活动，让他们自己动脑、动口、动手，在学习语文的实践中，自觉地提高认识，获取知识、增强能力、发展智力。"这为我们进行创新教学指明了方向。

如何实施这一原则呢？我们认为，语文教学要做到：第一，尊重学生的主体地位，发挥教师的主导作用。第二，培养学生求异求新求优意识、能力。第三，启发诱导，鼓励学生积极探索。第四，因材施教，扬长避短，发展个性。第五，引导学生在创造实践活动中学习创新，强调学生多动脑、动口、动手。

4.语文"审美化"教学原则

语文审美化教学原则，也称"语文艺术化"教学原则。它是指施教者按一定时代的审美意识，充分发掘施教媒介的审美因素，向受教者施加审美影响，从而开启其内在情智的一种教学原则。

它的要求与传统的科学只重视"传道、授业、解惑"有着明显的区别。因为传统的语文教学是注重"认知规律"的教学，因而平淡枯燥，缺乏情趣。

审美化的语文教学是现代语文教学鲜明的特点，它不仅仅重视"认知规律"，更重视"美学规律"，按美学原理、艺术原则从事语文教学，因此比传统语文教学更加富有形象性、感染性、愉悦性、和谐性、新奇性和情趣性。学生因在课堂上得到的不仅仅是知识，由此更直接、更深刻地得到震惊感、倾慕感、景仰感、欣慰感、荣誉感等各种美的感受。

审美化的语文教学原则要求语文教师尽可能发掘教学媒介，主要是教材中的自然美、科学美、社会美、艺术美，努力提高学生的感知美、理解美、评价美、欣赏美、创造美的能力，从而塑造学生美的心灵，培养学生对完美人格的涵养和对美的人生境界的追求。

语文审美化教学作为一大原则，它指导着语文教学的方方面面。一方面，审美教育是语文教学的目的之一，语文教学要尽可能让学生身心得到愉悦，情操得到陶冶，心灵得到净化，从而增强发现美、欣赏美、创造美的能力；另一方面，审美教育作为手段，贯彻于整个语文教学的进程，施教者以美的语言、美的形式在课堂上发现美，引导学生感知美、理解美、评价美，在学生主动参与、情感愉悦的同时掌握知识、培养能力、发展智力。语文教育家阎立钦说得好："教育是科学，也是艺术。教育理论若不包括美育的研究，就是不完备的理论。语文学科教育缺乏美的教育，将是贫乏的教育。"

5.语文"个性化"教学原则

21世纪是一个"知识化时代"和"学习化时代"。为了适应这个时代，教育工作者的重点，不再是教给学习者固定的知识，而应转向塑造学习者新型的自由人格。学校教育的根本任务是培养个性化的主体，培养独特的、独立的个体，身心和谐统一的个体。在这一背景下，我们提出了语文"个性化"的教学原则。

我国目前正轰轰烈烈地推行素质教育。素质教育是针对"升学教育"提出的教学理念。它要彻底打破升学主义的束缚，在人人成功的教育原则下，主张多价值教育；根据每个学生的特点、性格、兴趣爱好、需要、天赋等来培养和发展学生。语文教学是实行素质教育的主要途径。因此，语文教学必须走"个性化"的道路。

所谓语文"个性化"教学原则，有两个含义，其一，语文的教学要尊重受教育者的个性，挖掘教材的"个性""人格"等因素，对学生因材施教，培养学生独立的人格。邓志伟先生说："个性化的目的是实现自由的人格。"这便道出了"个性化"教学原则的宗旨。

其二，语文教学"个性化"还表现在语文教师教学艺术的个性化，即语文教学积极追求教学风格的多样化，形成不同的风格流派。风格的形成是教师成熟的标志，流派的产生是教育繁荣的征兆。我们倡导语文教学的风格化、个性化。目前，我国出现以钱梦龙为代表的"导读派"、以魏书生为代表的"自学派"、以于漪为代表的"情感派"、以陆继椿为代表的"得派"、以段力佩为代表的"茶馆派"等是语文教学流派的典型代表，是语文教学个性化的典型例子。

"个性化"教学原则要求教师必须尊重个体发展的特征，服从个体身心变化的发展规律，借文质皆美的课文塑造富有个性的人格。这一原则还要求语文教师走自己的路，创造富有自己独特风格的教学方法，形成自己的"个性化教学"风格。

6.语文"民主化"教学原则

世界正加紧"民主化"进程，教育正加速"民主化"的步伐。现代"民主化"教育要求教育机会均等和教育平等，要求恢复人类求知的自然动力。

传统上，教师是课堂的主宰，是学生的"警察"，课堂上"专制"，一味地"满堂灌"，师道尊严，学生没有积极性、主动性，更谈不上自觉性。因此培养出来的学生听话、守规矩，没有个性，更没有创造性，这样的教育是违背初衷的。教育的目的在于全面开发人、发展人，教师因而应是学生的引导者、伙伴、朋友，与学生平等相处，尊重学生的个性，发展他们的个性。这一"民主化"教育思想应该树立。

语文教学更讲民主。言语学习讲究语感、语境，追求美感、愉悦，因此它要求施教者与被教者平等相处，形成和谐、宽松、活泼的课堂气氛。只有这样，语文课才能真正做到潜移默化、熏陶感染。当年魏书生打出"科学""民主"的口号进行教学改革，取得了令人瞩目的成功，值得我们深深思索。

"民主化"教学原则，要求教育者尊重受教育者独立人格，树立为他们服务的思想。"没有独立的人格，也就失去了作为人的根本特性，更谈不上自由的创造性和德行。"学生是学习的主人，他们享有自由发展的权利。只有变学生主动学语文，语文才能真正学好，这是不争的事实。因此，我们提倡师生共同协商、平等相处。反对师道尊严。上课要求语文教师态度温和、语言幽默、方法灵活、手段多，提倡使用富有现代化民主思想的问题教学法、谈话法、讨论法、辩证法。上海育才中学校长段力佩当年倡导的"有领导的茶馆式"教学的成功，就是教学"民主"思想的实践的成功，值得学习、推广。

以上是根据时代的要求、语文教学的特点提出的六大教学原则，它将成为新世纪语文教学的方向、现代语文教师的教学指南。

这六条原则，实际上反映了语文教学最基本的内在规律，是语文教学所要遵循的最起码的教学原理。

语文教学的过程实质上是一个矛盾运动的过程。语文教学的每一条原则，都反映了语文教学过程中彼此对立而又相互联系的两个方面，体现了既矛盾又统一的一对辩证关系。在语文教学原则的具体表述上，或曰"相统一"，或谓"相促进"，或称"相结合"，无一例外地都体现出一种正确处理语文教学过程中矛盾运动的辩证思想。这给语文教学设计以深刻的启迪：语文教学要用辩证思维，要讲辩证法。因此，站在哲学的高度，运用辩证唯物主义的认识论和方法论，正确认识和处理语文教学中人和书、师和生、文和道、知和能、内和外诸种矛盾关系，便是语文教师教学设计的匠心所在。

（四）语文教学的活动对象

教育是人的活动。人，不仅是生产力中最基本最活跃的一个因素，而且也是教育结构中最本质最活跃的一个因素。教学过程是师生双边活动的过程。无论是作为施教者的教师，还是作为受教者的学生，都是教育教学活动的主人。

教学，就是教学生学。学生在语文教学过程中是认识和发展的主体。教会学生学习，是语文教学的出发点和落脚点。如何教学生学？教学方法从何而来？何时需要引导，如何进行启发？这就需要了解学生、熟悉学生，以期充分调动学生学习语文的积极性、主动性、自觉性和创造性。

二、语文教育的特点

对语文教育的特点，从不同的角度可以有不同的认识。《语文课程标准》在"基本理念"部分主要强调了三个方面。

（一）语文教育的人文性

语文属于人文学科，它与数学、物理、化学、生物等自然学科不同。自然科学的学科可以由原理、公式、定理、法则等组成。这些原理、公式、定理、法则是人们对客观世界的认识，具有客观真理性。语文则不同，一方面它是对人们精神领域起作用，而且对人们精神领域的影响又是深远的；另一方面，许多语文材料本身就是多义的，具有丰富的内容和很强的启发性，人们对语文材料的反应往往也是多元的。

重视语文的熏陶感染作用，通过优秀作品的浸染，感化人的性情，提高人的人格和道德水准。语文对人的影响是深广的，有时是隐性的、长期的、潜移默化的，短时期不容易看出来，而且，常常是"有意栽花花不开，无心插柳柳成荫"，因而不能指望立竿见影，不能急功近利。如果像理科学习那样，围绕知识点、能力点做大量的练习，难以让学生领悟语文丰富的人文内涵。

注意教学内容的价值取向。学生学习语文，接触大量语文材料的过程也是一个文化建构的过程。语文对人的影响往往是终生的，其影响之深广不可低估。语文课程应该从对人的发展负责、对国家未来负责的高度来选择教学的内容。

尊重学生的独特体验。学生的多元反应是正常的，也是非常珍贵的。尊重学生在语文学习过程中的独特体验，是对学生的尊重和鼓励，也是对真理的尊重。这是语文特点所决定的。

（二）语文教育的实践性

在人文学科中，语文与哲学、历史等学科有所不同。哲学可以由概念、范畴、法则、方法等构成一个知识体系，历史则是由大量的史实和历史观构成历史知识,而语文课程却具有很强的实践性。阅读与表达本身既是一种实践的行为,又体现了实践的能力。着重培养学生的语文实践能力,这包括识字、写字、阅读、写作、口语交际、搜集处理信息的能力以及良好的语感等。

重视学生的语文实践活动,在语文实践中培养语文实践能力。靠传授阅读的知识来培养阅读能力,不如让学生多读书;学生记住了一整套完整的写作知识,而没有写作的实践,也难以形成写作的能力;学生背诵了许多语法规则,而没有在大量的语言实践中形成良好的语感,还是说不好话。这些都是很明白的道理。这样的知识没有实践的环节是难以转化为能力的。因此,语文实践能力应主要在语文实践中培养,而不能片面强调"知识为先导"。

义务教育阶段不宜刻意追求语文知识的系统和完整。语文知识是需要的,但是诸如语法修辞之类的知识,在初中阶段不必讲授过多,也不必追求系统和完整。这一时期学生还处于感性的时期,应该让学生多接触感性材料,参加感性的实践活动,在实践中提高实践能力,把握语文规律。

语文课程要注意学习的生活化。这是与实践性联系在一起的。语文是母语课程,它与外语不同。学生进校前都有一定的语言基础,因而,不必像学外语那样从零开始,花很多气力去记忆大量的词汇,掌握语法的规则。学生生活在母语环境中,生活中处处都是语文学习的资源,时时都有学习语文的机会。正如《语文课程标准》所说:"学习资源和实践机会无处不在,无时不有。"因而,应该充分利用这些资源,在生活中学习语文,运用语文,在大量实践中接触大量的语文材料,丰富语言积累,形成良好的语感,培养阅读与表达的能力。应强调日常生活中的习得,强调日积月累。尤其是在高中阶段,更要注重语文应用、审美和探究能力的培养,是实践性的深化,可以更好地促进学生均衡而有个性地发展。

(三)语文教育的民族性

语文课程应该考虑汉语言文字的特点,考虑这些特点对识字、阅读、写作、口语交际和思维发展等方面的影响。

汉语特别具有个性,它是具象的、灵活的、富有弹性的,可创造的空间特别大。汉语没有多少强制的规矩,应该说,它是一种真正从人的思维与表达的需要出发的以人为本的语言。这种语言宜乎在模糊中求准确，用西方语言的条条框框来分析汉语实在是勉为其难。所以，传统的汉语教学词类讲虚实二分，句法重语序，修辞讲比兴二法。

汉语的文化性也特别强，尤其是它的词汇和词组系统具有非常深厚的文化底蕴。与这些相联系，我国文学以抒情性强而著称于世。中国的诗歌代表了中国的艺术精神，可以说，中国的文化就是诗性的文化。

中国语文重视积累、感悟、熏陶和语感，提倡多读多写；应该克服浮躁焦虑的心态，不能急功近利，不能期望立竿见影；不应照搬西方分析的思维方法，要重视培养整体把握的能力。

三、语文教学的过程

（一）语文教学过程内涵

语文教学是一个系统，它的各个子系统、各个要素相互联系、相互制约，形成纵横交错的坐标式网络。系统中的各种关系，不是孤立的、静止的、杂乱的，而是联系的、动态的、有序的，是按照一定的内在规律发展变化的。语文教学过程就是其中的一个子系统。它以教学目标、内容、形式和方法等为横轴，以教学阶段、环节、步骤等为纵轴，构成纵横交错的坐标系。不同单元、不同课题、不同课时的教学过程，犹如在这种平面直角坐标系中形成一个个不同形态、不同规模的象限。

教学过程，也称为教学程序（教程），或教学流程。不同的语词表达相同的概念，都具有教学的进程、历程、经过、推进与演变等内涵。它反映了教学发展的各个阶段、各个环节之间的紧密联系，相对独立，并且是有规律的交替和推进。

第一个明确地提出完整的教学程序的理论和方案的，是德国的哲学家、心理学家和教育家赫尔巴特。他在19世纪上半叶，通过对儿童心理活动规律的探究，认为学生在教学过程中的一切心理活动都是观念的运动，提出教学程序要经过四个阶段。第一阶段，明了。主要由教师讲授新知识，并运用直观性原则，集中学生的注意力，使他们专心致志地学习，正确理解所学内容。第二阶段，联合（也作联想）。运用谈话的方式，使学生把新学的知识同他们已有的知识和经验联系起来，促进新旧知识的同化，深入理解所学知识。第三阶段，系统（也作概括）。指导学生深入探究和理解，对所学知识进行整理和贯通，使之系统化，寻求规律，归纳出原则或概念，得出结论。第四阶段，方法。指导学生独立思考，运用所学的系统知识进行练习或作业。赫尔巴特运用心理学来阐释教学过程，认为教学过程中"明了—联合—系统—方法"四个阶段，同儿童获得知识的心理过程中"注意—期待—探究—行动"这样几种心态是一致的。

（二）语文教学过程的特征

语文教学过程是教师根据语文教学的目的要求和学生身心发展的特点，引导学生有目的有计划地学习语文知识、培养语文能力、开发智力、陶冶情操、完善人格的过程。从系统科学的观点来看，语文教学过程是由教师、学生、语文教学内容和语文教学手段等要素构成的动态系统，缺少其中任何一个要素都不能构成语文教学过程的系统。

语文教学过程具有明显的多层次性和复合性。从认识论、课程论、学生论、教师论等多视角，可以归纳出它的本质特征是。

1.语文教学过程是一种特殊形态的认识过程

语文教学过程首先是一个师生双边活动的认识过程。辩证唯物主义的认识论认为，认识从实践开始，实践—认识—再实践—再认识，循环往复，螺旋式上升，从必然王国走向自由王国。在语文教学过程中，教师的教既是一种教学语文的实践，又是一种对语文教学规律的认识，学生的学既是一种学习语文的实践，又是一种对语文知识和能力的认识，符合辩证唯物主义认识论的一般规律。同时，语文教学过程又是一种特殊的认识过程。

其一，它是有目的的认识过程。语文教学过程是在有经验的教师的组织下，按照既定目的，在特定教学制度和教学形式规范之下，有计划地引导学生主动完成的。这种认识，缩短了摸索的距离，速度快，效率高。学生学习语文知识，不必再像前人认识语文规律那样去长期搜索，而是在老师的指导下，通过语文教材，以十倍、百倍、千倍的速度超越前人。

其二，它的实践具有一定的间接性。一般对事物的认识，大多事必躬亲，身体力行。而语文学习，主要是学习书本知识、间接知识，并非都是直接经验。"一切真知都是从直接经验发源的。但不能所有知识都通过直接经验获得，事实上多数的知识都是间接经验的东西，这就是一切古代和外域的知识。""一个人的知识，不外直接经验的和间接经验的两部分。因此，就知识的总体说来，无论何种知识都是不能离开直接经验的。"

2.语文教学过程是具有专业特点的教学过程

首先，语文课是口头语言和书面语言合称。其次，文学是语言的艺术，文章借语言而表现。教学时，要使学生通过诵读课文受到形象感染，进而分析欣赏，认识形象的社会意义和现实意义。学习一般文章，同样必须符合文章学、文体学教学的规律，记叙文、说明文、议论文、应用文各有不同的教法，不能千篇一律，公式化，刻板化。再次，语文是具有工具性和思想性的基础学科。语文教学过程要体现学科特点。既是工具，就要练习运用，因此教学中必须强调听说读写训练；既然有思想性，就要进行思想熏陶、审美教育，以此净化和美化学生的心灵。这样就把双基训练和思想教育紧密结合起来。

3.语文教学过程是促进学生发展的教育过程

语文教学过程还是使学生身心得到全面培养和发展的教育过程。语文是学校的一门主课，开设时间最长，课时最多，内容相当丰富，使学生受到的教育也最多最深。一方面，语文课是语言课，而语言与人的心理发展密切相关。听、说、读、写的各种语言训练，可以从各个层面开发学生的记忆力、观察力、联想力、想象力、具体的和抽象的思维力等。另一方面，语文课里丰富多彩的知识，教育、情感教育（审美教育）和品德教育，将使学生各种心理过程以及个性心理特征和行为习惯得到相应的培养和发展，产生以认知为基础，知、情、意、行全面发展的效应。

4.语文教学过程是促使教师自我提高的过程

教师在语文教学过程中起着主导作用，引导学生积极主动地学习，并在教书育人中自我提高和自我完善，不断获得新知识，提高认识能力，锻炼育人本领。

5.语文教学过程是语文教学信息的传输过程

凡是有序的符号系列都可以承载信息。以语文教科书为主的语文教学内容是教学信息的重要载体。

6.语文教学过程是一个错综复杂的动态过程

语文教学过程既是一个连续不断的思维流程，又是一个错综复杂的结构系统，表现为一种纵横交错的动态结构。它既有共同性，又有差异性。它既有连续性，又有阶段性。整个语文教学过程是一个连续的教学流程，而其中又可以分为许多不同的教学阶段。它既有独立性，又有渗透性。教学阶段是相对独立的，而各个教学阶段之间，在教学内容和形式上可能又有交叉渗透。它既有稳定性，又有变通性。

第二节　语文教育教学的基本理念

所谓理念，是指人们观察问题、分析问题和解决问题所依据的原理和观念，或者说是原则和准则。语文教学的理念就是语文教学活动的指导思想和行为准则。

《语文课程标准》中关于语文课程的基本理念有四个方面的要求：一是要全面提高学生的语文素养，二是要正确把握语文教育的特点，三是要积极倡导自主、合作、探究的学习方式，四是要努力建设开放而有活力的语文课程。根据这四点要求，我们把语文教学的理念概括为三句话：人文关怀是语文教学的最高价值追求，个性发展是语文教学的根本指针，回归生活是语文教学的必然途径。

一、语文教育的人文关怀

语文教育要促进个体的身心和谐发展，要使个体的发展过程获得精神上的价值和人生上的意义。也就是说，个体通过在语言上的学习和训练，文学上的熏陶和习染，不仅要获得各种知识和技能，而且还要体验到各种深刻的人类情感，唤起自身的主体意识，从而追问人生的意义，探询人生的道路，形成独特的人生态度。我们把语文教育的这种功能称之为语文教育的人文关怀。

语文教育目标是整个基础教育目标的有机组成部分，对于培养德、智、体、美、劳全面发展的社会主义建设者和接班人具有重要的导向作用。语文作为一种兼具人文性和工具性的综合性学科，在人的发展过程中起着核心性的决定作用。同其他学科相比，语文教育除了要完成一般学科必须共同承担的智育任务之外，还要密切关注审美教育、人生观教育与人格教育，并以此作为自己的最高价值追求。语文学科这种人文关怀的功能是标示其学科独特性的根本要素，也是语文教育目标的最高追求。我们把语文教育的人文关怀的功能提到这么高的位置，一方面取决于对语文学科性质的深刻洞察，一方面又取决于对人的最终发展目标的深刻认识。人的发展的最高境界是精神上的自由和解放、人格上的完善与独立，而所有为此目的所进行的知识的学习、技能的训练、能力的获得及社会生活的实践等工具性行为都必须服从这一最高目的。要实现人作为发展手段的工具价值到作为发展目的的精神价值的飞跃，必须通过人文教育的洗礼。在现行基础教育体制中，语文教育只有自觉地承担起人文教育这一历史使命，把人文教育贯穿到整个语文教育过程中去，关注人的精神世界的构建和人格的养成，才能为人的全面发展开辟道路。

（一）语文教育的人文精神价值

人文精神不是徜徉流溢在语文教育本体之外的美丽动人的幻影，而是发自语文文本之中的人性之光。它飘忽不定、难以捉摸，是因为它只对那些敏感睿智、关注内心精神生活的心灵展现自己的魅力。它至刚至大、吐纳宇宙，是因为它超然于万物之上，寄身于纯真、至善、完美之境。

语文教育的人文价值，从静态的文本分析来看，文学与人生的关系是它的集中体现。吴宓教授指出哲学是汽化的人生，诗是液化的人生，小说是固化的人生，戏剧是爆炸的人生。文学与人生这种水乳交融、血肉一体的内在联系，使文学成为人生的另一种存在，尽管它不是社会现实的本身，却比社会现实更加真实、深刻、感人。人们更多的是从文学艺术创作这面镜子中发现并认识了人自身，因此，文学就是人学。

文学把人的精神不断地引向光明和崇高，是文学在维护着人类那脆弱的社会良知和道德心，也是文学在不断地拓展着感性人生的丰富性与多元性，捍卫着人类理性的尊严和纯洁。因此，语文教育一定要重视文学作品的人文教育价值，把语文教育从工具中心论中解救出来，还其人文教育的本来面目。

语文教育的人文价值，从动态的教学过程来看，其人文性主要体现在师生关系的民主性、文本解读的多元性、写作训练的生活化上。只有以民主化的师生关系作为教学的前提，才能充分激发调动师生两方面的积极性，使语文教学充满生命的张力，从而对文本展开开放性、多元化、个性化的阐释，释放出文学作品中深层的人性力量，引发情感上的共鸣，启迪思想上的解悟。

（二）语文教育目标的人文追求

语文教育成为人文精神之载体。因此，人文关怀理应成为语文教育之鹄的。语文教育目标是一个有机的整体，按现在比较流行的观点来看，它由德育目标、智育目标、美育目标三部分构成，而这三个目标之内又有更细致的分目标。人文关怀同它们之间是一种什么关系呢？这是我们应该解决的根本性问题。

人文关怀作为语文教育的最高目标，它不等同于技术操作层面的教学要求，而是着眼于语文教育根本性的价值导向。也就是说，人文关怀与现行的语文教育目标体系不属于同一层面的问题。前者植根于语文教育本体论，后者立足于语文教育方法论，前者制约语文教育的根本价值取向，后者决定语文教育实践的进程与开展。因此，人文关怀不可能以技术化、操作化的方式单独地起作用，它只能以精神导引的方式进入语文教育目标体系，通过影响语文教育目标系统的内在调节与协作间接地发挥作用。

坚持语文教育的人文精神的价值取向，那么，语文教育的德育目标除了重视传统的政治品质、思想品质、道德品质、个性心理品质等发展目标之外，还要关注人的主体性发展、人格的完善、精神生活的和谐。在智育目标上，除了重视传统的知识、能力、智力发展之外，还要注意智力与非智力因素的协调发展、情感陶冶与生命体验。在美育目标上，除了重视传统的审美知识、审美能力的发展目标之外，还要尊重个体的审美经验、审美感受，激励个体的审美想象、审美创造以及倡导对人生的审美观照、对人格的审美塑造。也就是说，人文关怀是一切语文教育手段与工具的灵魂，人的精神发展是所有操作性目标的最终归宿。

语文教育人文关怀目标不是空洞的口号，它既具有悠久的精神价值传统，又具有生动具体的时代内涵。作为一种优良的文化传统，它孕育了生生不息的人类文明；作为一种新兴的社会思潮，它发出了振聋发聩的时代呼声。吴宓提出的文学教育八个方面的作用，可以作为传统语文教育人文关怀目标的历史性总结：涵养心性、培植道德、通晓人情、洞悉世事，表现国民性，增长爱国心，确定政策，转移风俗，造成大同世界，促进真正文明。面对21世纪风起云涌的社会变革，人文精神的时代风貌也将经历时代性的变换。

英格尔斯提出现代人应具备的14个特征，归纳起来主要有三个方面：第一，现代人具有开放性，乐于接受新事物。他们准备和乐于接受他们未经历过的新的生活经验、新的思想观念，准备接受社会的改革和变化。他们思路开阔，头脑开放，尊重并考虑各方面不同的意见和看法。第二，现代人具有自主性、进取性和创造性。他们注重现在和未来，守时惜时。他们有强烈的个人效能感，对人和社会的能力充满信心，办事讲求效率。他们尊重事实和验证，注意科学实验，认真探索未知领域，不固执己见。第三，现代人对社会有责任感，能正确对待别人和自己。他们能相互理解，能自尊并尊重别人。他们有可依赖性和信任感，不相信命运不可改变，而认为依靠社会力量能使人生活得更好。语文教育的人文性应着眼于新世纪创业者人文素养的培植。我们把新时代的人文精神的内涵概括为以下八个方面：人格健康、高创造力、主体意识、求实求真、乐于竞争与善于合作、个性和谐、乐观开放、热爱生活。这八个方面是新价值观的具体体现，也是未来人才培养的方向和标准。以此为基础，语文教育的人文价值应包含以下几个方面。

1.引导学生走近生活、观察社会、体悟人生。帮助他们形成乐观开放、乐于竞争与合作的人生态度。

2.培养学生的人文品质，继承民族文化传统，汲取现代文化精髓，奠定文化底蕴。

3.陶冶学生的情操，启迪学生的悟性，培养学生的批判思维和创造思维，形成健全独立的人格。

4.培养学生的主体意识，确立学生在教学过程中的主体地位，发挥学生学习的主动性、能动性与创造性。

（三）人文意蕴的开掘

语文教育中人文价值目标的最终实现取决于语文教育实践的正确走向。从语文教育过程的展开来看，选择文质兼美的教材，加强语文教学过程的审美性，立足现实生活激发学生的自我表现与表达，是开掘语文教育人文价值的有效途径。是否符合文质兼美的标准，是制约语文教育人文关怀目标实现与否的关键因素。选文是否具有深刻的思想文化内涵、广阔的文学视野、浓郁的人文情怀，直接决定着语文教育人文性的深度、广度和力度。桃李不言，下自成蹊。文质兼美的选文作为人文精神最好的寄寓之所，对于培养学生的人文精神具有本源性决定作用。

我们认为，文质兼美应包含以下几层基本含义。

1.文道兼美，一多并举

我们不仅要求选文的思想内容与语言表达做到有机统一，而且还要求选文在思想内容上具有深刻的文化意义、人文意蕴和审美价值，在语言表达上生动准确、隽永晓畅、富有个性。这样的文道观对于语文教材的选文标准才具有真正的实际意义。

文道兼美的选文标准，并不意味着把文道关系限定在狭窄的意识形态、伦理道德和正统文论的域界，而是应该一多并举。从"道"的标准来讲，"一"指的是教材选文应体现人类所崇尚的以真、善、美为代表的终极精神价值；"多"指的是选文要体现人类思想文化的丰富性、多元性、开放性。我们应以一种博大的文化胸襟和高远的发展眼光来看待文章的思想文化内涵，切忌意识狭窄。在选文中，既要有传统的政治伦理教化内容，还要有体现人类普遍的精神价值追求的内容；既要有以明道为旨归的皇皇之论，还要有抒发个人性灵的小品佳作。从"文"的标准来看,"一"指的是选文的语言表达,必须规范、准确,具有代表性、示范性,思想内涵必须源于生活、积极向上;"多"则是强调语言艺术特色的多样化、个性化和风格化,文化内容的开放化、立体化、层次化。唯其文思泉涌、灿烂其华,方能风行水上、自然成文、行而广远,也只有放眼宇宙,博采万物之精华,才能广开眼界、启人心智、有益身心。

2.内外兼顾,和谐统一

教材选文,作为语言学习与文化陶冶的范本,应具有内外两个方面的价值:本体价值与工具价值,即精神陶冶价值和语言教育价值。只有做到这两种价值的有机统一,才能体现文质兼美的全面要求。选文的语言教育价值体现在对学生听、说、读、写等基本语文能力的培养上,而精神陶冶价值则立足于学生的精神发展、人格完善上。这两者是相辅相成、互为依存的。因为,从文章本身的统一性来看,语言因素与思想因素是水乳交融、不可分割的。没有思想的语言表达没有实际意义,脱离了语言轨道人的思想同样难以表达。从学生语文学习过程的综合性、复杂性来看,学生的语言发展同学生的思维发展、思想成熟、精神成长有内在统一性。它们之间相互影响、相互作用,和谐共存、共同发展。脱离开思想教育、精神陶冶的语言训练会使语文教育变得枯燥乏味、机械生硬;而脱离语言训练的思想教育同样会把语文教育变成迂阔的道德说教、政治灌输。因此,选文的这两种价值标准不可偏颇,应当兼顾。

3.兼顾选文内外价值的和谐统一

除了独具慧眼外,还要具备科学的编辑加工能力。选文的编排、教材体例的选择、语文知识的穿插、课后作业的设计等环节,都应该体现选文内外教育价值的统一。既要避免唯知识智能训练为中心,也要防止唯主题思想分析推理至上。教材的编辑加工向来不被重视,只被看作是一种技术性的工作。其实这是一种错误的看法。它是展开语文教育价值、实现语文教育目标的重要途径,它需要以正确的哲学观、教育观、心理观为指导,以语文教育的内在规律、师生相互作用的互动模式作为依据,并要对语文知识掌握、能力发展与精神发展的内在统一关系有深刻的洞察与理解。它既需要有哲学的眼光,又需要有科学的程序，还需要有艺术的手法。从选文到编排，从封面到插图，从设计到印刷，所有步骤都关系到教材的质量和生命。因此，文质兼美不只是一种对文本的内在要求，还是一种指导具体编辑工作的根本原则。

4.开放思维，审美观照

人文精神从某种意义上讲又可以理解为人类对真善美孜孜不倦的价值追求。因为真善美代表了人类精神的最高境界。这种追求不仅仅包括对知识形态的科学、道德、美学领域的探索，它还指向人类在获取这些知识的过程中所孕育滋生出来的科学精神、道德意识和审美体验。其中，审美体验不仅具有相对独立的价值意蕴，而且还是科学精神与道德意识所追求的最高境界。美存在于自然之中，而科学的发现，不仅指向知识，还要关注审美体验。在道德与审美的关系上，审美同样是道德境界的需求。古人强调"文以载道""文以明道"，其用意也在于此。只有把抽象的道德规范和理念渗透到由文学语言所塑造的美好的道德理想人格形象中，才能使个体获得道德实践的驱动力。审美是沟通知识和德行的津梁，是培植人文精神的必由之路。语文教育要走向人文关怀，就必须通过开掘隐含在文本中的真、善、美精神价值以唤醒激励学生的求知、向善、爱美之心，通过审美教育塑造他们的人文精神。

5.语文教育的审美观照，尤以阅读教学为重

语文阅读活动中的审美教育是美学在阅读活动中的具体应用。它的任务和作用是按照美的规律，用美的信息去激发、引导阅读活动的主体——学生的审美心理和情感，培养学生符合人类崇高理想的审美意识，帮助学生获得健美的心灵和高尚的审美情趣，使他们在开放的语文阅读活动过程中逐步形成正确的审美观念和健康的审美品质，把握辨真伪、识善恶、分美丑的正确的审美，提高学生的审美素质和审美能力，以培养全面发展的人。语文阅读活动与审美教育有着难解难分、血脉相承的特别关系。加强审美教育有助于提高语文阅读质量，深化语文阅读效果。语文教材编选的课文，大都是依照美的法则创造出来的"文质兼美"的典范佳作，是集中反映社会、艺术、科学、语言等客观美的结晶。文章精美的语言，展示出崇高的美的艺术境界，而好的艺术境界本身，又丰富并加强了语言的艺术表现力。在阅读活动中，一方面可以抓住精彩传神的关键性字词语句，把学生引进它所展示的优美境

界，使他们在美的艺术享受中受到熏陶，提高审美能力；另一方面，又可以抓住令人心灵颤动的意象、情境和形象，引导学生反转过来深入体味、领悟文章中高超的语言艺术技巧，提高运用语言表情达意的能力。语文教师要充分利用文章的美学意境，创设审美情境，善于敏锐地发掘文章中的美点，揭示深蕴其中的审美情趣；要善于借助审美意象，启发学生的审美想象，根据文本的特点设计审美议题，以诱发学生的审美体验；还要确定审美目标，指导学生展开审美鉴赏活动。调动各种手段，把学生引入美的艺术境界，诱发学生联想探求，观察体验，既对学生进行了审美教育，又把审美教育和语文阅读活动有机地交融在一起，使学生深入理解了课文，提高了阅读效果和质量。在这种活动中，教师要从各种不同的审美角度、不同的审美层面引导学生深入地分析和理解。这样既可以使学生受到审美教育，又有助于学生对课文从表层性的体味感知到深层性的领悟理解。

二、语文教育的个性发展

（一）语文教育个性发展的内涵

人的发展的核心是个性的和谐发展。语文教育在学生的良好个性的形成与发展中扮演着主导性角色。传统语文教育在这方面存在着一定的缺陷，没有认识到语文教育对个性培养的重要意义，在教育理念和实践中都陷入了机械化的教育模式，过分追求语文教育的应试价值，忽视了语文教育在个性培养方面的积极作用。

斗转星移，教育日新，放眼海内外，个性教育已成为世界教育改革所关注的重大主题。"儿童中心教育学"认为，"每个儿童有其独特的特性、兴趣、能力和学习需要"，儿童之间存在差异是"正常的"。因此，学习必须据此来适应儿童的需要，而不是儿童去适应预先规定的、有关学习过程的速度和性质的假设，儿童中心教育学有益于所有的学生，其结果将有益于作为整体的社会。

我们认为，"儿童中心教育学"概念的重申，表明国际社会在宏观的教育理念和教育政策上确立起了个性发展的方向。怎样理解个性发展？

1.个性是完整的，创造力、想象力等品质是个性健全发展的表现

把一个人在体力、智力、情绪、伦理各方面的因素综合起来，使他成为一个完善的人，这就是对教育基本目的的一个广义的界说。因此，个性是道德、体力、智力、审美意识、敏感性、精神价值等品质的综合，是一种"复合体"，即一个个完整的人，不能把某一种或某几种品质从完整的人中分离出来孤立地培养。所以，为了培养人的想象力和创造性应首先培养"自由的人"，这应该向青少年提供一切可能的美学、艺术、体育、科学、文化和社会方面的发现和实验机会，而不应该局限于短视的功利需求。

2.个性是独立的、具体的、特殊的

尽管个性发展离不开与他人交往，但每一个性都首先具有内在的独立性。每一个人都有其独特的发展史，因此每一个人都是具体的、特殊的、活生生的。

每个人都有自己的历史，这个历史是不能和任何别人的历史混淆的。每个人都有自己的个性，这种个性随着年龄的增长而越来越被一个由许多因素组成的复合体所决定。这个复合体是由生物的、生理的、地理的、社会的、经济的、文化的和职业的因素所组成的。

3.个性发展内在地包含了社会性的发展，每个人的发展必然带来整个社会的发展把个性发展与社会性发展、每个人的发展与整个社会的发展孤立起来、对立起来或并列起来，都是二元论思维方式的产物，都不能正确理解个性发展的本质。

4.个性发展是一个无止境的完善过程

人和其他生物的一个重要区别是人的"未完成性"，即是说人的生存是一个无止境的完善过程和学习过程。终身学习不只是社会要求，还有着个性发展的内在需求。由此看来，追求学习者的个性发展是世界教育改革或课程变革的重要趋势。从本原上看，每一个性都是完整的，亦是独立的、具体的、特殊的。因此，培养个性应尊重个性的完整性、独立性。个性发展内在包含了社会性，因此个性的成长是在生活中、在持续的社会交往中进行的。个性发展是无止境的完善过程，因此终身学习应成为每一个人的内在需求。在我

国，当代教育改革也在 20 世纪 80 年代后期把个性培养列为教育的主题与使命之一。把发展人的个性作为教育的培养目标，因为教育在今天只有赢得了个性和个性发展，才能赢得社会发展的未来。个性教育，就是真正的、具体的、独特的人的教育，就是使一个生物意义上的实体不仅获得社会性、文化性，更是获得自身独特性、自我确认性的过程。因此，语文教育凭借其自身的人文学科优势理应成为个性教育的核心，发挥中流砥柱的作用。

（二）语文个性教育的作用

1.语文个性教育的价值追求

语文个性教育的价值观是语文教育功能观的直接反映。语文教育有其独特的功能和价值，其功能和价值又具有多层次复合性。

功利本位与人文本位是最能概括当前各种对立观点的一对范畴。功利本位论强调把语文教育的功利性放在首要地位，把学生对汉语的听说读写水平和能力作为语文教育追求的根本目的，突出语文教育的工具价值。在此前提下，他们一般不反对语文教育的人文价值，甚至也十分强调语文教育的教化作用。人文本位论则认为语文教育的最大功用在于教化，最大价值在于弘扬人类和民族的优秀文化传统和人文精神，培养学生健康的人格。在此前提下，他们一般也不反对语文教育的工具追求和工具价值，甚至认为人类精神传递的前提是对语言文字工具的掌握。

语文教育的特点决定了语文教育的功能绝非单功能，而是复合功能。所谓复合功能，就是将语文教育的各种功能有机地整合为一体的功能。语文教育的复合功能由两大类要素组成，即由工具性要素和人文性要素组成为复合功能球形图，两类要素组合不存在孰先孰后、孰上孰下的问题。

工具性要素的主要内涵是：听说读写、知识方法、思维。人文要素的主要内涵是：情思、审美、伦理、历史文化。工具性要素和人文性要素之所以能够合二为一，关键在于中介要素的作用，中介要素就是汉字和汉文，其作用就是语文教育过程。通过语文的教育，使要素之内涵发生联动和整合，使两大类要素产生有机连接和整合。语文教育的复合功能是一个有机的开放的组合系统，是一种弹性机制，它在信息交换过程中不断地做出自己的选择和应对，系统也会因此发生相应的变化。语文教育的复合功能铸就了我国民族文化特性，发挥了全面综合的素质教育作用。语文的复合功能观念对于语文个性教育价值观的构建起了决定性的作用。语文个性教育的核心就是要通过语文教育促进学生的个性和谐健康发展。它打破了以往单功能观的狭隘视野，把语文教育置于一个更为广阔互动的历史文化背景之中，突出强调了语文功利性价值与人文性价值之间互为依存、相辅相成的血脉一体的内在联系，从而为人的个性发展铺就了一条更为切实、明确、广远的通道。

语文教育的多功能整合观很好地协调了语文教育的工具性价值和人文性价值、内在价值与外在价值，把个性教育与社会需求有机地结合起来，这对于培养符合社会需要的良好个性品质起到了积极的促进作用。因此，多功能复合的语文教育价值观是语文个性教育的重要理论基石，在当代具有重要的现实意义。在21世纪，语文个性教育的价值追求表现在受教育者的素质规格上就是要重视个人的自由发展，尤其是人格的健康成长。这一点具有世界性、终极性意义。通过教育，尤其是以人文性为核心特征的语文教育，重塑现代人的人格精神，是促使社会和个人协调发展、可持续发展的重要基础。

2.语文个性教育在个体人格的塑造方面应发挥积极的作用

通过对自身的人文价值、文化底蕴、思想内涵的充分释放和展开，为个体的精神发展、人格形成创设一个良好的成长环境。语文个性教育在人格塑造方面要坚持以下三方面的价值追求。

第一，重塑人格基础，由关注知识技能转向关注个性整体发展，并主要关注精神世界的构建。语文教育要重塑人格的基础，必须正视这一现实，努力扭转这种不良局面与风气，重新把语文教育的重心放在对个性人格的塑造与培养上。要实现语文教育的根本价值，促进个性的和谐发展与人格的健康成长，必须做到两个转变。从理论上要转变对语文教育本体价值的认识，树立起牢固的多功能复合价值观，真正理解语文本体的质的规定性对语文教育多功能复合价值观的内在的决定作用。在实践上要处理好语文知识技能掌握与文学熏陶、精神启迪、审美体验等隐性因素的关系，使前后两种因素相互联系、相互支持、相互转化。一方面把语文知识、技能因素融入个体精神活动、人格意识、行为模式的整体中去，使其有所附加；另一方面，则把个体的精神世界建构在牢固的语文知识技能之上，为个性的发展打下坚实的语文基础和文化根底。

第二，重塑人格形成机制，由关注教学目标转向关注教育目的，将人文关怀贯彻到教学实践中去。现在的语文教学过分追求教学目标的细目化、可操作性、确定性、完整性等行为性标准，相对忽视了情感性、体验性、审美性、情境性等隐性目标。这种目标教学的偏颇在应试教育模式中表现得尤其突出，忽视了学生的主动性和创造性。我们知道，语文教育的目的着眼于个性的全面和谐发展，尤其是个体人格与精神的发展。它是整个语文教育的立足点，也是归宿，对于具体的教学实践具有终极性的决定意义与规范价值。语文教学目标则是为了便于实践操作而从教育目的中分化出来，它对加强语文教学的程序性、规范化具有实际的指导作用。但是，这并不意味着在教学实践中按部就班地完成了各种具体的教学目标就能够达到教育目的的要求。按照教学系统论的观点，教育目的的内涵要高于各种具体教学目标。因此，个体个性的自由、充分的发展，精神世界的积极构建，要以教学目标的实现为基础和媒介，又要超越其上，对其进行积极的转化、扬弃和提升，使其获得个性的特征、人格的意义。各种语文教学目标所规定的知识、技能、思想、文化等学习内容，必须通过个体自我意识的同化，顺应的整合、行为模式的内化与外观的转化，才可能真正地变成个性的有机组成部分。这一过程的实现，一方面要以各种具体语文教学目标的实现为前提，另一方面又要借助于特定的教育环境，通过个体的自我教育、自我发展、自我提升来实现。教育环境除了包括课堂学习，更重要的是心理氛围、情景诱导、教师的人格魅力及教学活动的潜在影响等隐性因素。因此，语文教育要重塑人格养成机制，必须标本兼治、内外双修，为个性的和谐发展创设良好的教育环境。

第三，重塑人格境界，提升"审美人生"的设计。语文教育要重塑人格境界，必须加强审美教育。因为只有审美教育，才能为个性的精神世界创造一个超越功利的自由发展空间，才能使个体认识到人生就是一件弥足珍贵的艺术品，从而唤醒他们热爱美、向往美、创造美的美好情感。因此，语文教育只有成为审美教育的过程，才可能充分释放汉语言文字及文学作品中的美感，把学生的精神引向纯净、高尚、理想之境。

（三）语文个性教育的实践走向

语文个性教育价值观的确立为语文个性教育实践指明了方向。语文教育在教学实践中应始终坚持以个性的和谐发展、人格的健康成长为指针。个性的发展、人格的形成是多方面、多层次、多方位的，其中创造性是核心因素。从某种意义上说，个性教育就是创新教育或创造性教育。我们知道，个性独特性是个性得以确立的根本依据，个性教育就是要立足于客观存在的学生的个别差异性，通过因材施教，充分调动每一个学生的积极性、主动性、创造性，让每个人都体会到成功的快乐，体验到作为学习主体的自主感、成就感，从而释放每个人的学习热情和创造能量，培养出个性鲜明、朝气蓬勃、积极进取、勇于创新的社会主体。只有承认学生的个性差异和客观事物的多元性，才能真正地培养出学生的创造性。因此，个性教育必定是创新教育，而创新教育又是促进个性发展的关键因素。语文教育多功能复合价值观决定了语文创新教育内涵的丰富性、多元性。一方面，作为工具学科，语文教育对培养学生独特的个人语言表达能力、语言风格具有促进作用；另一方面，作为人文学科，语文教育对培养学生独特的人格精神、审美意趣、道德素养又具有重要意义。因此，语文个性教育的创造性就是要培养学生的良好语感、独特的语言风格、语文思维创造性以及积极向上的创造性人格。

1.语感教学与语言风格的养成

一个人的语言往往就是他的精神世界的表征。尤其是以文字为表达手段的书面语，更能较系统、全面、深刻地反映一个人的文化修养、价值取向、审美趣味以及精神追求。而语言风格又是标示一个人语言独特性的重要因素，它是一个人的符号化外貌。语言风格的形成有赖于个体语言的积累与语感生成，良好语感的获得是形成个人语言风格的根本前提。因此，语感教育是语文创新教育的重要内容。

2.语感的性质及语感教学

什么是语感？语感是一种修养，是在长期的规范语言应用和训练中养成的一种对语言文字（包括口头语言、书面语言）比较直接、迅速、灵敏的领会和感悟能力。它具有敏锐性、直觉性、完整性、联想性、体验性。语感虽然具有模糊性、会意性等非理性化的特点，但可以将它做科学的、辩证的分解，分项确定其训练目标。从大处看，语感可以分为听感、说感、读感、写感。从语文理解的过程及方式的角度来看，一个人的语感能力大致可以分解为相互关联的两种判断力：一是对语言对象在语言知识方面的判断能力，包括语音感、语义感、语法感和语气感，这是直觉性语感；二是对语言对象在内容上真伪是非与形式上美丑的判断能力，它包括思想观念、情感意志、人格状态、审美鉴赏等，这是理解性语感。老一代语文学家把语感和语感教学看作是语文教学的本质和核心，是语文教学的最终目的。

3.语感训练的途径和方法

语感之"感"源于所感之"语"。它是客观语言对象对人的语言器官长期雕琢、不断积淀的结果。因此，要培养准确、敏捷的语感必须注重语言的积累，加强语感的实践训练。

第一，培养学生对字词的感受力。要做到有效的语言积累，多看多记。多看，既看生活，又看书本。多记就是要在理解的基础上背诵一定数量的名篇佳作。

第二，强调诵读。

第三，凭借生活经验获取语感。

第四，依靠对语言行为意义的感知。语感实际上是经由言语、通过言语又超越言语去感受语言使用者的内心情感和他的思维。

语感分析训练是提高语言感受力、加强语言意象积累的重要手段。语感的分析侧重是在对文本整体感性理解与把握的基础上，针对某些具有文学解读意味的句子或词语进行深层次的理性分析。语感分析最大的难点是把握语言的隐含信息、语言的自我表达。语言的自我表达能力是语文教学所要培养的重要技能，它集中地体现了个体的语言个性、创造性和独特风格。

语言表达能力的培养并不仅仅是一种简单的技能训练，它是同个性的思想发展、精神成长、人格追求紧密相关的。促进语言表达能力的发展，必须从促进个性精神和谐发展入手。自我表现是个性精神发展的一个重要方面，它对个体的语言表达能力的发展起决定性作用。激励学生勇于表现自我，敢于发表自己的见解，抒发自我的生活感悟，这是提高个体语言表达能力的重要原则。

(四)语文思维创造性培养

语文能力的核心是思维能力,思维能力的最高层次是创造性思维。创造性思维是一种具有开创意义的高智能的思维活动。它既具有一般的思维基本性质,又具有自身的独创性、突破性和新颖性。

语文学科作为基础教育中的基础学科,对培养学生的创新意识和创造能力具有决定性的意义。这也是深化语文教育改革、实施语文素质教育、实现语文教育个性化的关键。培养学生创造性思维能力的途径和方法主要有。

1.立足个性差异,培养求异思维

由于每个学生先天遗传特质和后天所受的教育及经历不同,心理发展又不处于同一水平,思维能力便有较大的差异。所以,发展学生的创新能力,就必须承认学生的个性差异和客观事物的多元性。传统的语文教学往往忽视学生的个性差异,按照一种整齐划一的僵化模式对待个性迥异的学生。这不仅损害了学生的自主性和积极性,也抹杀了他们的创造欲望。因此,加强语文个性教育,就必须积极培养学生的求异思维,发展学生的个性,鼓励他们的创造性。

2. 深挖教材内蕴,积极诱导启发

学生作为学习的主体,对同一篇文章的感受是不同的。"一千个读者心目中就有一千个哈姆雷特。"因此,教学切忌求同过多,而应尽量引导学生用发散眼光,立体地、全方位地审视文章的立意、题材、结构和语言,尽可能地激发学生去感受体味、大胆想象,形成自己的独特见解。教师只有用全新的、多角度的眼光分析教材,才能开阔学生的视野,使他们运用与众不同的思维方式对问题进行分析、比较、抽象和概括。我们应鼓励学生去思考、去发现,从而在潜移默化中提高自己的鉴赏力、创造力。

3.激发求知兴趣,鼓励创新精神

创造性思维能力的培养,是以激发求知兴趣为前提的。《论语》中有"不愤不启,不悱不发"的启发性教学原则。语文教学应坚持启发性原则,提问设疑,强烈刺激学生的学习情绪,活跃思维,使学生振奋起来,产生积极探求新知的欲望。激发学生的学习兴趣，关键在于精心设疑。问题是创新之源，疑问是探究思索的动因。在语文教学中，基础知识训练、阅读和写作等均可通过精心设疑来激发学生的学习兴趣和创新精神。

4.丰富想象能力，捕捉直觉灵感

直觉思维是人脑对事物及其本质和规律做出迅速的识别、敏锐的观察、直接的理解和整体判断的思维过程，它是构成创造性思维活动的必要因素，培养创造性思维能力，就必须加强直觉思维能力的培养。

一要通过阅读教学，发展学生的想象能力。二要加强朗读和进行语感训练。汉语注重语言主体的心理因素，强调直观感受。这种直观感受正是直觉思维力强的表现。加强朗读，进行语感训练，正是凭借着阅读活动的经验直觉对言语做出敏锐感受，从而瞬时性地感知和领悟言语，是培养直觉体味语言的重要途径之一。三要创设情境，触发创新灵感。创设情境是触发创新灵感的有效手段。生活展示、实物演示、表演体会、音乐暗示等手段都是触发灵感的重要手段。在语文教学中应注意发挥这些因素的作用。

（五）创造性人格的养成

语文创新教育不仅仅是语文创新能力的培养问题，创新人才培养的最核心问题其实是自由精神的培植、创造性人格的养成。创造性与其说是一种能力，毋宁说是一种精神气质、人格倾向。自由精神是一个人创造力的灵魂，它体现在教育管理者、教师与学生三个层面。创新教育不仅要求学生做好知识、技能及思想上的准备，而且还要求教育管理者和教师具有开放的意识、民主的管理、勇于探索的精神，使创造性成为教育的一种自觉的价值追求。培养创造性的关键是教师要站在学术的前沿，切实了解社会的发展及学生发展的需要，灵活多变地调整自己的教学计划与教学设计，以激发学生的创造力为旨归。教师要通过设置特定的问题情境，让学生感受到问题的现实挑战，诱发他们克服困难的内驱力、意志力和人格信念，从而使创新教育与人格的发展联系起来。

语文个性教育要通过语言载体，充分挖掘依附其中的人文精神、价值意蕴，去引导学生求真、求善、求美，培植其主体性，鼓励其自由创造精神，真正把创造性教育与个性的人格发展融合起来，使创造教育获得持久稳定的内驱力。

三、语文教学的生活归属

面对信息社会、知识经济时代挑战的教育使命，课程脱离生活世界，学生缺乏承担社会义务的态度和参与社会实践的能力的现实，国内外一系列课程改革呼吁，把教育回归生活世界、培养社会实践能力作为强调的重点之一。

终身教育的宗旨是"四种基本学习"（即"四个知识支柱"）：学会认知、学会做事、学会共同生活、学会生存。

传统教育过分倚重"学会认知"，然而教育新概念应谋求"这四个'知识支柱'中的每一个应得到同等重视"，谋求这四者的整合。这四个支柱中，"学会做事""学会共同生活"和"学会生存"集中体现了教育、课程回归生活世界的发展趋向。"学会做事"绝不只是熟练某些操作技能、学会某些重复不变的实践方法。

"学会做事"意味着要特别重视发展处理人际关系的能力，也就是说"人格智力"在知识经济时代具有特别重要的意义。"学会共同生活、学会与他人一起生活"，是信息社会对教育的又一挑战，因为日益发展的信息技术既便于人与人的交往，但也可能造成"地球村"里人的孤独和疏离。因此，教育应采取两种相互补充的方法，既要教学生逐步"发现他人"，懂得人类的多样性和差异性，又要通过从事一些社会公益活动而帮助学生寻找人类的共同基础。当人们"学会做事""学会共同生活"的时候，就能够在人类社会生活中"学会生存"。

教育在社会生活中的主体地位，指出"教育处于社会的核心位置"。认为教育是与家庭生活、社区环境、职业界、个人生活、社会传媒融为一体的。但教育并非被动适应纷繁复杂、良莠并蓄的社会生活，而要对社会进行主体参与式回归，要通过培养每个人的判断能力而对社会进行批判与超越。由此看来，回归生活世界是课程变革的重要趋势。回归生活世界的课程在目标上意味着培养在生活世界中会生存的人，即会做事、会与他人共同生活的人。

这种人既具有健全发展的自主性，善于自知，又具有健全发展的社会性，善于发现他人。回归生活世界的课程在内容上意味着要突破狭隘的科学世界的束缚，除了科学以外，艺术、道德、个人世界、自由的日常交往都是重要的课程资源，这些资源在教育价值上丝毫不亚于科学，而且只有当科学与这些资源整合起来的时候它才能在走向"完善的人"的心路历程上发挥作用。要秉持一种"课程生态学"的视野，寻求学校课程、家庭课程、社区课程之间的内在整合。

（一）语文教学必须贴近生活

语文是最重要的交际工具。语文是工具性极强的基础学科。它既是人们交际的工具、学习的工具、生活的工具，还是人类文化的重要组成部分、文明程度的标志、历史文化的结晶。在当代信息社会，语文能力更成为一个人获取、加工、输出信息，进行思维创新的重要工具。语文教学必须贴近生活，这是由社会生活所具有的独特的语文教育作用所决定的。

首先，丰富多彩的社会生活是语文课文的源头活水。语文课在学生面前打开了现实生活的一扇窗口，通过它的选择和过滤，学生们可以自由地观察这个千变万化的世界，洞察生活的秘密，领悟人生的真谛。所以，生活是语文的来源，是学生学习的内容，语文教育不应忽视学生的自主发展对社会生活的内在需求。

其次，现实生活为学生的语言交际活动提供了直接经验的情境和基本的发展动力。儿童最初的语言能力是从现实生活中习得的。语言能力在某种程度上可以说就是一种基本的生活能力。现实生活为学生言语交往设置了特定的对话情境，激发了交流的欲望，使学生的言语交流能够获得一种持续的稳定的内驱力。在生活中学生所进行的这种语言上的交流深刻地反映了个体语言学习的内在规律：语言学习需要特定的情境来提供背景信息的支持以创造交流的可能性；同时，语言交流又必须是有所指的、定向的，交流的动力来自某种生活情境而产生的思想和思维上的碰撞或冲突。正是现实生活中所存在的各种矛盾、冲突和问题，才引发了学生语言交流的动机，促进了其思想的发展以及语言水平的提高。

所以，语文教学要重视生活情境在教学过程中的暗示、激励作用，为语言能力的发展铺设一个坚实的生活基础。

再次，语文的工具性决定了语文教学的生活化方向。语言作为理解的工具，不仅为个体与个体之间的思想情感交流创造了可能，提供了手段，而且在个体与历史、个体与传统之间架起了一座沟通的桥梁，个体通过它把历史与文化灌注到自己的精神生活和生命意识之中。历史和传统之所以能够进入到当代并影响到个人生活，就是由于语言的作用。

语文教育既要满足个体生活的工具性需要，又要关注个体精神生活的发展，在生活中沟通历史传统与现实，探索理想的人生价值，构建生命的终极意义。所以，语文教育必须贴近生活，关注生活。

（二）语文教学必须植根生活

学生语言学习的规律表现在三个方面，一是语言的发展与思维的发展紧密相连、相辅相成，而思维的发展起源于动作与活动，是一种经验的建构过程；二是语言的习得必须借助于特定的生活情境，语言能力不是一种抽象的形式，它必须包含实质性的生活经验与价值体验；三是语言的学习是实践性的，它的途径不应局限于课堂教学，而应面向生活实际，因为生活的变化对语言学习具有实质性的影响。这三个基本规律，基本上体现了语文教学与生活之间的密切联系。

认知心理学的研究成果已经证明，儿童的语言与思维的发展同儿童自身的动作与活动具有实质性的联系。从发展过程来看，人的思维的发展要经历动作思维、形象思维与抽象思维几个阶段，个体在与环境相互作用的过程中思维能力不断地由低级阶段向高级阶段发展。在儿童思维发展的早期阶段，儿童自身的动作是沟通环境与主体之间意义联系的桥梁。儿童通过自身动作，在动作中进行思维，借助于动作表达思维的成果，在成人的语言的引导下，儿童逐步把语音刺激与动作建立起稳定的联系，从而使思维获得了最初的语言表现形式。随着儿童动作的复杂化以及活动范围的日益扩大，儿童的形象思维开始发生，并不断地向前发展，形成抽象思维能力。儿童的语言能力也相应地从感性水平发展到理性水平。在这一过程中，儿童不断地修正所习得的概念，从而使语言能力不断地发展变化，逐步形成了一定的语感。教师要使学生所习得的语言获得实质性意义，具有经验上的价值，就必须加强语言学习与生活经验的联系，在生活的经验中使语言及概念获得稳定、准确、真实的意义，从而使个体的思维水平不断地由动作思维、形象思维向理性思维转化，不断地由即时性、联想性向推理性过渡，也就是说，生活经验在思想与语言之间架起了一座沟通的桥梁。因此，语言学习在本质上与生活相连，只有通过生活，并在生活中学习语言，才可能真正培养学生的听说读写能力，使其获得真正的发展。

语言学习必须借助一定的生活情境，才能形成积极有效的思想沟通。语言学习之所以需要一定的情境，是因为情境能创造语言交流的可能性，还可以提供语言交流所必需的背景信息，此外它又构成了语言交流的动力基础。学生掌握语言的过程其实是一种心理图式不断建构的过程，这种建构需要特定的生活情境提供发生的契机。在特定情境的诱发和激励下，个体才可能形成一定的问题意识和思维定向，促进思维的发生和发展。思维的过程其实就是概念的运算过程。因为生活情境变动不居，个体的思维活动就会处于不断的适应与调整状态。思维的适应与调整的过程，就是内部言语不断地生成、转化、运作、发展的过程。

从生活的发展变化对于语言学习的影响来看，语文教学必须联系现实生活，使学生的语言发展获得源头活水，变得生气勃勃。语言系统相对于社会生活，是一个相对静止的封闭的系统。社会生活不断发展，尤其是现代信息社会瞬息万变，必然对语言系统产生重要的影响，促使其作出相应的反应、调整和变化。除了语言学习自身的规律要求语文教学要生活化外，在语文教学中学生对各种文化知识的掌握、对价值观念的习得、对精神世界的探究等方面都要求学生具有深厚的生活经验作为基础。因为生活的切实经验不仅提供了各种学习的初步的感性知识基础，而且还孕育了学习的直接兴趣与心理动力，培植了学生基本的生活态度与价值观念。因此，生活化是语文教育走向深入的必然选择。

（三）语文教学必须聚焦生活

语文学科课程向生活化发展的方向，应该由原来的重视语文知识的教学转向对语文能力的培养，特别是对生活实践中运用语言能力的培养，这是编写语文教科书应掌握的重要原则。语文教材通过广泛取材，兼收并蓄，沙中淘金，成为社会生活的聚焦，人生智慧的结晶。在编写语文学科教材时，应充分拓展语文教材的生活价值、发展价值，处理好以下几个关系。

1.处理好语文知识序列、个体心理发展序列和个体生活序列的关系

理想的语文教材应该是语文知识序列、个体心理发展序列与个体生活序列的有机统一。三者之间应是相互渗透、相互促进、相辅相成的关系。也就是说，语文教材的编写既要考虑到语文知识的系统性、逻辑性和完整性，又要考虑学生心理发展的阶段性、递进性、反复性，还要考虑学生实际生活的需要与社会生活的需要。

语文教育的一个根本任务就是要发展学生的语文能力，而学生语文能力的发展是同认知能力，尤其是思维能力的发展紧密相连的，而个体的思维能力的发展又具有普遍的序列性和规律性，即要经历动作思维、形象思维与抽象思维的过程。因此，学生语文能力的发展也必然具有一个基本的序列，这个序列理应成为我们设置语文知识与技能阶段性目标的依据，成为不同学段语文教材选文的标准。另外，学生的实际生活经验对语文的学习具有重要影响，不同年龄阶段的学生具有不同的亚文化特征，往往形成不同的生活经验序列。

所以应以学生的心理发展序列为基础，以学生的实际生活序列为指导，以语文知识的可接受性为标准，以语文能力的发展为目标，设计生活化的语文教材。

2.要处理好阅读、写作与生活的关系

阅读和写作并不是一一对应的线性因果关系，而是由量变到质变的过程。阅读是学生感知、吸收、消化并理解语言材料的过程，它是写作的必要准备。因此要提高学生的写作能力，就必须扩大学生的阅读量，开阔学生的视野，使学生积累大量的语言材料，获得丰富的语感刺激，形成一定的思维能力。

写作不仅需要学生的阅读能力，它还需要以个体的生活感悟作为触媒或催化剂。否则，语言就失去了生命力与创造性，写作就会陷入痛苦的技术制作之中。学生只有通过对生活的独到的观察，切身的体悟，深刻的反思，才可能激活头脑中已有的知识经验、事物形象和语言材料，才可能文思泉涌、下笔千言、一气呵成。因此，语文教材一方面要扩大信息量，加大阅读的力度；另一方面又要设计一些引导学生观察社会、体验生活、思考人生的课堂语文活动，以激发学生写作的欲望，创造学生写作的契机。

3.要处理好语文知识学习与语文能力发展的关系

语文课程生活化，意味着要在语文知识与语文能力之间架构生活化的桥梁，使语文知识的学习为语文生活能力的发展服务。学生语文能力的发展并不是单纯地由语文知识转化而来的，它还要借助于个体的生活经验、语言交际的经验以及模仿他人语言的学习经验等多方面的因素的支持和作用才可能获得发展。因此，语文课程生活化要在坚持语文知识基础地位的同时，加强对语文能力的训练，突出语文生活经验对语文能力发展的重要作用。

4.要处理好文言文和白话文的关系

语文课程的生活化，要以白话为主体，但这并不意味着否定文言文的生活经验价值。文言文作为古典文化的载体，它是历史生活生动、逼真的写照，具有极其丰富的生活教育价值。因此，语文课程生活化不但不应排斥文言文教学，而且还要在适当的范围内加强它。

文言文内容的选取要充分尊重历史的真实性与现实性，不可以不负责任地对经典文献进行肆意地歪曲、附会与篡改。文言文的教学要采取渗透原则。文言与白话之间存在着千丝万缕的内在联系，白话中有不少有生命力的文言，因此，在白话文中渗透文言文教学，不仅是可能的，而且是可行的。文言文教学要从现行的以语言文字的学习为中心的课程目标转化为以古典文化的学习为中心的课程目标，处理好语言与文化之间具有的既有机统一又分主次本末的关系。对于学生来讲文言文主要是认读经典的工具，对文言表达能力不做要求，因此，切不可以枯燥的古典语言文字学的要求和标准设计语文课程，以免误导学生对文言文的学习。

教育所追求的是使学生通过文言文的学习，获得基本文言阅读能力和对传统文化经典基本思想的掌握，并在学习过程中获得传统文化的陶冶、习染和精神的教育，而不是培养专门的古汉语文字学家。

第三节　语文教学方法的基本理论

语文教学方法是语文教学的一种重要手段。没有良好的教学方法，就难以取得预期的教学效果。哲学家黑格尔把方法喻为耕地的犁，生物学家达尔文说最有价值的知识是关于方法的知识。什么是方法？从现代科学意义上理解，方法是指人们在有关的活动领域，把握事物规律，完成某种任务而采用的途径、手段、工具和方式的总和。语文教学方法是教师引导学生自觉而有效地完成学习语文知识、培养语文能力、陶冶品德情操的任务所采用的方式、手段和途径。

一、语文教学方法的基本原理

语文教学方法，首先要了解语文教学方法的内涵、特征和分类，明确优化语文教学方法的标准和要求。

（一）语文教学方法的内涵

方法是一个多视角的复合体。从哲学的视角考察，它是人类认识世界和改造世界的方式和手段，人们称之为方法论。从心理学的视角考察，它是人类自主控制的行为程序。"方法不能直接规定为客观世界中存在的某种东西，方法就是指人在认识和实际行动过程中应该怎么办。"

方法实质上就是一定对象运动规律的规定性和活动模式，它在一定的范畴内规范着人们的行为方式。

语文教学方法具有多层次的内涵。从宏观、从广义、从整体来看，它是概指实现语文教学目的所采用的教材编排、教学过程、教学原则、教学形式、教学设施、教学技术等一切方面。人们平常泛指的"改进语文教学方法"，实际上多指"语文教学方法论"。从微观、从狭义、从局部来看，它是师生为达到语文教学目的而进行的相互联系活动的形式，也就是独立的、具体的语文教学方法，是教法和学法的统一。我们所说的语文教学方法是狭义的，为了完成教学任务所使用的工作方法，它包括教师教的方法和学生学的方法。

（二）语文教学方法的特征

语文教学的方法不是一种孤立的现象，而要受到多种教学因素的制约；语文教学的方法也不是一种单一的模式，而是多姿多彩、变化多端的；语文教学的方法更不是凭空产生、一成不变的，而是发展变化、推陈出新的。正确认识语文教学方法的基本特征，认识它的整体功能，这是选择运用和改革创新语文教学方法的基础和前提。也就是说，无论是选择运用，还是改革创新，都必须充分考察语文教学方法在语文教学整体坐标系中的位置和功能，它与各种教学因素、教学环节以及方法与方法之间相互联系、相互作用、相互影响，进行教法结构的整体设计，提高语文教学的实际效益。

语文教学方法的基本特征可概括为三个方面。

1.语文教学方法具有依存性和变通性

这是从它与其他教学因素的关系来说的。所谓依存性，就是语文教学方法要受各种语文教学因素制约。首先，教学思想统帅教学方法，教学方法是教学思想的直接体现。教师设计某种教学方法，总是有意或无意、自觉不自觉地受一定教学思想的支配，完全不受任何教学思想支配的教学方法是不存在的。坚持"教师中心""书本中心"的教师，往往习惯于"老师讲，学生听"，大多采用讲和读的方法，时常由教师唱"独角戏"，讲述、讲解、评析，一讲到底，难免有"满堂灌""注入式"之嫌；主张"学生为主体，教师为主导"的教师，注重"导读"，尽量设计各种有利于调动学生主体意识的讲、读、议、练、看的教学方法。因此，从这个意义上来说，语文教学方法的改革，归根结底是教学思想的改革。其次，教学目的决定教学方法，教学方法为教学目的服务。如果以传授知识为教学目的，则主要可以采用讲授法；如果既要传授知识，又要培养能力，则必须讲练结合。此外，语文教学方法还要受到语文学科性质、语文教学内容以及学生年龄和心理特征等多种因素的制约。所以说，语文教学方法具有较强的依存性，不能主观随意地盲目设计和使用。

但是，与此同时，语文教学方法又具有较大的变通性。它的依存性并不能限制它的灵活变通。不同的情态可能采用相同的方法，相同的情态也可以运用不同的方法。比如，各类文体教学都可以采用讲练结合的教法。又如，传授知识，既可讲授，也可讲读议多种方法综合运用，即使是只用讲的方法，也有用启发式还是用注入式的高下优劣之分。这种变通性就是"弹性"。语文教学方法的"弹性"特征，说明"教无定法"，要求教师设计和运用时采取相应的灵活态度，不拘一格，不遵一法，学会变通，善于权变。

2.语文教学方法具有多样性和综合性

这是从它的表现形式来说的。语文学科性质的综合性，语文教学内容的丰富性，语文教学过程中师生相互联系活动形式的多样性，以及语文教学方法自身的变通性，决定了语文教学方法具有多样性。比如，语文学科内涵丰富多彩，语文教学方法也就绚丽多姿。识字、释词、析句、习篇可有多种教法，语法、修辞、逻辑、文学知识可有多种学法；听、说、读、写各种能力，各有各的训练方法。记叙、说明、议论、应用各类文章，各有各的讲法、读法和写法。而多样化的教学方法的交织使用，势必形成语文教学方法的综合性。实践证明，任何一种教学方法都有它的长处和优越性，也有它的短处和周限性，叫作"尺有所短，寸有所长"；哪怕是再好的教学方法也不是"万应灵丹"，包治百病；各种教学方法各有其长，各得其用。因此，语文教学中绝不能单打一地只使用某一种具体方法。比如一堂新授课，光讲不行，还要读，可能还要议和练；即使是讲，也不能只用讲述法，还要交错运用讲解法、讲析法乃至于串讲法、评点法等。所以，在语文教学中，以某种方法为主、其他方法为辅、多种教学方法交错使用的情况是常见的，这也是语文教学方法综合性的特点所决定的。

3.语文教学方法具有继承性和创造性

这是从它的发展变化来说的。"不愤不启，不悱不发。举一隅不以三隅反，则不复也。"这种举一反三的启发式教学法构想，是两千多年前孔子首倡，至今仍然具有强大的生命力。至于吟诵涵咏、口诵心惟、熟读精思、旁推交通之类传统教法，已经影响了并且继续影响着我国一代又一代语文教学。由此可见，语文教学方法既不是从天上掉下来的，也不是人们的头脑里所固有的，而是从历史的沃土中生长出来的。历史是无法割断的。试想，谁能够在现代语文教学中完全排除古人和前人创造出来的教学方法呢？语文教学方法具有历史继承性，这是不言而喻的。

但是继承传统决不等于故步自封。任何事物都在不断地发展变化，停止发展也就会丧失生命力，语文教学方法同样如此，总要在继承的基础上创新。仅以阅读教学方法为例，从古到今、从传统教法到现代教法，它就经历了"串讲法、诵读法、评点法、讲读法、分析法、谈话法、精讲多练法、讲读法、读书先导法"这样一条发展轨迹，不时发展变化，推陈出新。

这种"出新"包含三个层次。一是新的组合，那就是将现有的具体单个的教学方法经过科学的排列组合，形成一种新的教学方法，比如读写结合法；二是新的引进，也就是从外国外地移植一些先进教法，结合本地教学实标，进行消化、推广，比如情境教学法、五步读书法等；三是新的创造，也就是总结自己和他人的丰富教学经验，遵照教育教学原理，结合实际，别出心裁地设计创造出一种新的教学方法来，比如"读、划、批、写"教学法等。教学方法的设计和使用，既是一种技术，更是一种艺术，特别需要避短扬长，推陈出新，发挥创造性。

概括地讲，上述语文教学方法的三大特征，体现了语文教学方法本身的三对辩证关系。正确地处理好这三组对立统一的矛盾，也就可以整体把握语文教学方法的本质。

（三）语文教学方法的分类

有人把语文教学方法分为这样三类："保证学生积极地感知和理解新教材的教学方法；巩固和提高知识、技能和技巧的教学方法；学生知识、技能、技巧的检查。"

还有人则把教学方法划分为三个相互联结的层级：第一层级，包括以语言文字为传递媒介、以传递知识为主的五种基本方法，即讲授法、谈话法、读书指导法、练习法、检查法。第二层级，以实物为媒介，除传递知识以外，具有培养实际技能、操作能力的功能，即演示法、实验法、参观法、实习作业法、课堂讨论法等。第三层级的教学方法是新的综合的方法。

教学方法的分类是多视角、多层次的。

对语文教学方法的分类，既要借鉴普通教学方法分类法的原理，又要依据语文学科教学自身的特点，还要顾及语文教学方法的历史和现状，集中起来，就是要确立一个能够反映语文学科特点、便于区分的划分标准。

这个标准，可以由以下几个方面组成：第一，从教学论来看，语文教学方法作为一种教学手段，它主要采用的活动形式；第二，从信息论来看，作为一种传递信息的通道（信道），它主要凭借的传递媒介（传媒）；第三，从生理学来看，作为一种外部刺激，它主要作用于生理感官；第四，从心理学来看，作为一种心理调节方式，它主要调节于心理机能。根据这种划分标准，语文教学方法可以分为四类。

第一类，运用语言的方法，包括讲述法、讲解法、评析法、串讲法、评点法、谈话法、问答法、商议法、讨论法、默读法、朗读法、背诵法、吟诵法、复述法等。它主要采用讲、议、读的活动形式，凭借语言符号这种传媒，刺激人的言语器官，主要促进学生的记忆和理解。

第二类，直观感知的方法，包括观察法、观摩法、参观法、演示法等。它主要采用看和听的活动形式，凭借模型、实物和图像等传媒，刺激人的感觉器官，主要强化学生的感知。

第三类，实际操作的方法，包括提纲法、抄摘法、作业法、作文法等。它主要采用动手做的活动形式，凭借人的肢躯等传媒，刺激人的效应（运动）器官，主要训练学生对知识的应用技能。

第四类，综合交错的方法，比如板书图示法、讲练结合法、读写结合法等。它采用多种（两种或两种以上）活动形式，凭借多种传媒，刺激多种生理感官，多方面调节学生的心理机能，发挥多种语文教学效应。

（四）语文教学方法的优化

谈到语文教学方法，必然论及语文教学方法的优化。按照巴班斯基的观点教学最优化的基本办法，即既能提高教学质量，又能节省时间和精力的那些做法。对教师的教来说，是"选择能有效地解决相应任务的组织学习、刺激学习和检查学习的方法和手段"；对学生的学来说，"在学习中合理地自我组织、自我砥砺、自我检查"。语文教学方法究竟如何优化？近几年来，我国语文教育专家学者对此进行了专门研究，推出了一套套方案，亮出了一个个标准。比如：有的认为，语文教学方法的优化至少应包括这样四项内容：一是提高教学方法改革的自觉性。二是加强教学方法研究的科学性。三是注意教学方法运用的灵活性。四是提倡教学方法的多样化。有的则提出了教学方法是否优化的四条标准：一看时间效应，即运用这种教学方法，时间上是否经济；二看质量效应，即运用这种教学方法，质量上是否能够保证；三看心理效应，即运用这种教学方法，是否符合学生心理发展过程；四看社会效应，即运用这种教学方法，社会效果是否好。所有这些观点和主张都能给人以启迪，具有理论价值和现实意义。

语文教学方法的优化，对于语文教师来说，应当努力做到：科学选用，巧妙组合，刻意出新，自成体系。这四句话，既是四项教学要求，也是依次递进、逐步上升的四个发展阶段，四种教学境界。

科学选用是基础，也是优化教学方法的基本要求。选择运用教学方法，必须依据正确的教学思想、既定的教学目的、学科的性质、教学的内容、学生的特点以及教学环境的状况，并且做到课时少而效果好，尽量提高单位时间的教学效益。概括地说，就是必须符合语文教学的规律和教学过程最优化的原理。这是科学性的要求。

巧妙组合讲变化，在科学性的基础上讲究灵活性，能够将不同的方法巧妙地排列组合使之更好地为完成教学任务、提高教学质量服务。刻意出新求发展，对原有的、常规的教学方法进行分析评价，汰选扬弃，通过引进改造和更新换代，创造出新颖的教学方法来。

自成体系日臻完善，要求语文教师在长期的教学实践和艰苦的教改探索过程中逐步形成一套自己的教学方法体系。事实上，每个教师在毕生的教学实践中都可能形成一套自己习用的教学方法，问题是这套方法是否成为完善的体系。而体系的完善性，就是科学性、灵活性和创造性的总和。

二、语文教学方法的基本形式

语文教学是建构起常规教学方法系统。这个常规语文教学方法系统，主要是由讲授、诵读、议论、练习、观察五个大类的几十种具体教学方法构成的。

（一）讲授法

讲，是语文教学最基本的方法，既是传统的，又是现代的。语文教学的讲授法是一个大的门类，包含下述主要的具体教学方法。

1.讲述法关键在"述"。教师采用叙述和说明的方式来讲授语文知识。它以班级学生为对象，充分发挥教师的主导作用，在较短的时间内集中传授密集的书本知识，保证知识传授的系统性、完整性和深刻性。一般用来介绍作者和时代背景和叙述课文内容，描摹情境气氛，阐发中心思想，总结写作特点等。

它纵贯教学全过程，横穿各类文体教学，是各种教学方法中使用频率较高的一种方法。教师要吃透教材，掌握精髓，把最能体现内在规律性的知识教给学生，做到"少而精"；突出重点，突破难点，围绕教学目的，集中讲述必要的知识，不致旁逸斜出，横生枝节；要语言精练，讲述生动，尽量运用语言直观以及表情、手势等体态吸引学生，感染学生；要启发诱导，双边协同，充分调动学生感知、思维等多种心理机能，把教师讲述和学生讲述结合起来。

2.讲解法关键是"解"。教师采用解说和诠释的方式来讲授语文知识。这是一种释疑解惑、点到为止的教学方法。主要用于解释字词，串解难句，解说概念史实典故，诠释名物典章制度等。运用讲解法，要保证准确性，有根有据；要具有明晰性，解说清楚，表述中肯，不能模棱两可，含混不清；要富于针对性，哪些要解说，哪些是诠释，事先心中有底，课上有的放矢，解学生之所惑，释学生之所疑，讲学生之所需。

讲述法和讲解法都是讲授法，实际教学中，要彼此配合，相互作用。

3.评析法。教师采用评价、分析的方式来讲授语文知识。主要用来剖析课文内容、评论写作特点、讲评作业等。教师运用理论思维对语文教学内容进行判断、推理分析、综合，归纳、演绎，从而引导学生加深领会，提高认识，由初步感知教材到深入理解知识。采用评析法，既要精当，有的放矢，切中肯綮，要言不烦，一语破的，又要实在，有感而发，言之有物。

4.串讲法。这是一种古文教法，也适用于某些艰深语体文的教学。它依照篇章结构顺序，逐段逐层乃至于逐句逐字地重点讲解，串通文意。串，就是贯串、连接，用以疏通语句文意，讲，就是解字释词。串讲的步骤一般是：读——讲——串。读一段（句），讲一段（句），然后贯通文意。串讲法适用于教学内容深奥，文字艰深的课文，特别是有利于文言文教学。正如古人所云："每句先逐字训之，然后通解一句之意，又通解一章之意，相接续作去。明理演文，一举两得。"运用串讲法，并非每字每句都要详加讲解，而应突出重点、难点。重点一般指思想内容或写作技巧方面在全篇中处于关键地位或者是有特点的句段。难点可以是：没有注释而又难于理解的，或读了课文注释仍难理解的，或可能有歧义、有多种解释的字词句段，涉及社会历史背景和名物典章制度的内容，表述含蓄深奥甚至晦涩难懂的地方。

5.评点法也是一种古文教法。评，指品评；点，指圈点。评点就是对文章写作方法和思想内容加以品评圈点，指出其突出之处，比如，指点炼字遣词的精当，品评修辞表达的巧妙，赞赏立意谋篇的奇特等，有时也对重点字词或关键词语做些注解。古人读书评点重在圈点，并各自设计了圈点标记办法，比如南宋朱熹有《读书分期标记法》、明代归震川有《史记圈识凡例》等；今人阅读评点重在品评。评点时一般是逐句评点，逐段小结。运用评点法，要言不烦，明白准确；注重写法，兼及内容；抓住关键，设问置疑。

（二）诵读法

读，也是语文教学的基本方法。此法创设历史久远。古称"讽诵"。最早见于《周礼》。郑玄注释："倍文曰讽；以声节之曰诵。"讽，"背文"，即背诵；诵，"以声节之"，就是朗诵。时至朱熹，倍加强调："大凡读书，须是熟读，熟读了自然精熟，精熟后理自见得。"

诵读法就是通过反复诵读，疏通文字，体会感情，理解内容，同时培养语感，积累语言材料，训练读书技巧，增强语言的感受力和记忆力，提高语文素养。诵读包括朗读、背诵、吟诵等具体教学方法。

朗读就是把书面语言转化为响亮的口头语言。这是一种眼、口、耳、脑等多种生理机能共同参与、协调动作的阅读。它能增强语感，训练语音，再现课文情境，加深课文理解，培养学生的记忆力、语言感受力和口头表达能力。朗读的要求：一是准确，做到语音正确，语句完整，句读分明，停顿合理，不哼读，不唱读，不拖泥带水读，"须要读得字字响亮，可误二字，不可少一字，不可多一字，不可倒一字，不可牵强附记，只要多诵遍数，自然上口，久远不忘"。二是流畅，读得连贯流利，恰当把握语调和语气，体现抑扬顿挫、轻重缓急。三是传神，也就是有感情地读，熟练地运用语音和表情，表达出文章的风格神采。

叶圣陶先生早在1955年就批评指出，语文教学应当从根本上改变不好好读书的局面，要运用多方式进行朗读教学。首先，要加强教师的范读（或播放优美录音）为学生树立样板，并以此为手段，帮助学生深入体会课文的情感意蕴，增强教学效果。其次，要交替使用散读（自由读）、弃读、个读、引读、跟读、伴读、轮读、对读、指名读、分角色读、表演性读等方式，经常性地进行专门指导，授之以法，从严训练，形成敢于和乐于高声而有感情地朗读的风气和习惯，使学生真的学会读书。

背诵法凭借记忆念出读过的文章词句，在理解的基础上熟读而成。背诵有助于积累丰富的语言材料，模仿名家名篇行文说话，提高语文素养，所谓"熟读唐诗三百首，不会吟诗也会吟"便是这个意思；背诵还是语文教学中的一种"记忆力体操"，长期适度训练，可以强化并开发学生的记忆力。但是不能把死记呆背和背诵法简单地等同起来。

运用背诵法教学必须注意：一要坚持数量要求，每个学期必须要求学生背诵一定数量的诗文选段。二要精选背诵材料，所背诗文，或是名家名篇，或是典范段落和精彩片段。三要加强方法指导，提示所背文章脉络或关键词语，作为记忆的"支点"，帮助考生较快理解所背内容。

吟诵法，一种古老的诵读方法。它用唱歌似的声调来诵读作品，以声入情，因声求义，以此感受作品的思想内容和韵味情调。包括两种方式：一种是按一定曲调唱，又叫吟唱、吟咏、吟哦、吟讽，适用于律诗、绝句、词、赋等抒情性强的古典文学作品；另一种曲调感不强，诵读成分较多，听起来朗朗上口，连贯流畅，又叫吟读、朗吟、讽诵，适用于读长篇歌行体诗、古代散文中叙事性强的文学作品。运用吟诵法，既要深刻把握作品意境，使吟唱腔调与作品内涵协调一致，又要掌握一些吟诵的基本技巧。

（三）议论法

议，语文教学基本方法之一，是通过师生之间回答问题或者展开讨论来完成语文教学任务的教学方法。它本是一种古老的教学方法，一部《论语》，就是孔子与其弟子门生的讲谈录。古希腊大哲学家苏格拉底在论辩中运用问答法，通过巧妙的诘问，引导对方承认自己的观点是错误的，所谈的是自相矛盾的，并将这种谈话法称为"助产术"。

议论法以问、答、议、论为主要表现形式，使学生有较多的质疑问难、发表见解的机会，有利于激发学生的学习热情，发挥其主观能动性，促进和发展他们的积极思维，养成敏捷思考、迅速作答的习惯和能力，同时有利于提高口头语言表达能力。议论法主要包括谈话、讨论等具体方法。

谈话法也叫"提问法"。由教师提出一些问题，引导学生积极思考，得出正确答案。这种教师提问、学生作答的对讲形式，就像日常生活中的谈话，故称谈话法。谈话的过程实际上就是启发学生分析问题、解决问题的过程。

有效地运用谈话法，关键在于教师如何设计提问和组织问答。一是谈话设计的整体性。对于提问、作答要做通盘思考，整体设计，不要零打碎敲，使教学失去系统性和条理性。二是谈话设计的启发性。设计提问要有利于开拓学生思路，引导他们积极思维。既不过浅过易，保持一定的思维力度，又要让学生"跳起来摘果子"，通过努力可以达到了，同时还要顾及全班，所提问题难易搭配，使各种水平层次的学生都有答问的机会和能力，用以调动全体学生的学习热情。三是谈话设计的艺术性。要善于设疑、引趣，巧于曲问、点拨，还要注意教态和蔼亲切，坚持诱导激励，造成一个融洽生动的谈话氛围。谈话法的最大特点，就是充分发动学生既质疑问难又释疑解惑，便于充分发挥学生的学习主体作用。教师必须真正吃透教材，牢固把握教学重点，精心设计教学步骤，善于驾驭课堂，做得活而不乱，游刃有余。

讨论法也称课堂讨论法，问题讨论法。在教师精心运作下，以集体（小组或全班）的组织形式，围绕某一教学要点或专题，展开议论甚至争辩，从而获得知识、开发智力的一种教学方法。

讨论法的形式多种多样。从组织形式分，有同桌对话、小组活动、全班讨论等。从讨论内容分则有：质疑问难，可用于文字艰涩、内涵深邃作品的释疑解难，心得交流，适用于课内外读写心得交流；专题评述，多用于评述文学作品，也可用于评析同学作文，进行作文集体讲评、问题辩论等。

运用讨论法，必须注意：一要充分准备，选好论题，明确要求，妥善安排，指导学生做好参阅资料、起草发言提纲等各项准备工作；二要严密组织，加强宏观调控，引导学生踊跃发表意见，围绕中心进行；三要认真总结，从中得到提高，收到实效，不能虎头蛇尾，有始无终。

（四）练习法

练，也是语文教学的基本方法。这是教师指导学生反复训练、将知识转化为技能的一种教学方法，孔子要求"学而时习之"，夸美纽斯则明确指出："一切语文从实践去学习比用规则学习来得容易。这是指的听、读、重读、抄写，用手用舌头去练习，在可能的范围以内，尽量时时这样去做。"练习法的最大功能就是使学生运用学过的知识，投入听说读写的各项实践，促使知识迁移，形成必要的语文技能和熟练技巧。

练习的方式方法很多。既有课堂练习，又有课外作业；既有单项训练，又有综合训练；既有书面作业，又有口头练习。练习主要有复述、提纲、抄摘、作业等。

1.复述法以课文为依据，根据理解和回忆，用自己的语言叙述课文内容的练习方法。能够促使学生熟悉课文，理解课文，锻炼和培养理解、记忆、概括、想象和口头表达等多种能力。复述方式很多：简要复述，以简明的语言，扼要叙述主要内容，一般用于检查预习或复述长篇课文，可以训练学生的概括能力；详细复述，包括复述课文基本内容和重要词句，多用于低年级或短文教学；摘要复述，摘取课文中的重点部分或精彩段落等，复述可详可略；

创造性复述，以原文为依托，展开合理想象，进行必要的创造性描述。运用复述法，应当指导学生恰当地运用课文中的语言和自己的语言，正确而有选择地表述课文内容。复述前要明确要求，让学生准备充分；复述中要启发鼓励，使学生正常发挥；复述后要总结讲评。

2.提纲法用准确、简明的语言扼要概括课文内容并揭示其内在联系的教学方法。可以帮助学生深入理解课文，受到语言和逻辑思维能力的训练。编列提纲类型繁多：从内容分，有段落结构提纲、情节线索提纲、人物描写（或评价）提纲、景物（环境）描写提纲、论点论据提纲、说明顺序提纲等；从形式分，有条文式提纲、表解式提纲、表格式提纲、图示式提纲、词句辑录式提纲、综合式提纲等；从范围分，有全篇提纲、段落提纲、片段提纲等；从作用分，有预习提纲、分析提纲、板书提纲、练习提纲等；从繁简分，有详细提纲、简单提纲。编列提纲的步骤是：首先，将课文内容划分段落层次；然后，用简明扼要的词语概括每个段落层次的内容；最后，按照一定的逻辑顺序，将这些概括性词语正确地排列组合起来。提纲可以师生共同编列，也可由学生单独编拟；可在课内讲习、练习时结合教读进行，也可在课内外自读时进行，还可作为课外预习、复习的作业安排。

3.抄摘法，也叫摘记、摘抄。是有选择而又扼要地抄写摘录的一种练习。抄摘实际上就是抄读。抄摘种类也不少。从范围分，有全文（多是短篇）抄录、片段摘要、语句摘抄、词语抄写等；从内容分，有精美诗文抄录、优美描写摘要、名言警句摘抄、重要词语抄写；从形式分，有课堂笔记、课后作业、课外读书笔记等。指导学生运用抄摘法，一要养成随手抄摘、工整书写的习惯；二要多读多抄、边抄摘边思考；三是组织全班性抄摘活动，如由学生在黑板上开辟"名言角""每日一句"等专栏，举行班级抄摘比赛等；四是要求学生设计并开展各种课外抄摘活动，如做名言警句书签、编图文并茂的文萃册等。

4.作业法指教师为了巩固、深化和提高教学效果而给学生布置学习任务，要求学生限时完成的一种教学方法。作业一般在教完新课后集中进行，可在课内，也可在课外，和其他教学方法交叉进行。它的形式多种多样。从表达形式分，有口头作业、书面作业；从训练方式分，有朗读、背诵、复述、听写、抄写、组词、造句、解释词语、分析句子、编列提纲、回答课文内容或形式方面的问题等。运用作业法，要加强科学性，讲求实效。

（五）观察法

它是教师指导学生运用自己的视听器官，直接感知客观事物，增强感性认识的直观教学方法。一般来说，人主要靠视听觉摄取信息。实验表明，人的各种感官所获知识的比例，视听共占94%，而其中视觉占83%。观察是人的智力活动的起始，是人认识世界、将物象转化为表象的桥梁。

观察法包括观摩、演示、参观等具体方法。

1.观摩法即组织学生观看利用幻灯、投影、电视录像、教学电影等电教媒体展现的与教学有关的内容，从而增强感性体验，深入理解教材内容的一种方法。比如：结合学习课文《祝福》，观摩电影《祝福》；结合学习《林黛玉进贾府》，观看《红楼梦》电视录像片段；结合学习《天山景物记》，观摩有关天山风光的幻灯片等。运用观摩法，一是要求教师学会操作一般电化教具，并学做教学幻灯、投影片；二要认真组织和指导学生观摩，做到事前明确要求，观摩过程中插入解说指导，事后进行讨论和总结，使观摩的过程成为一个完整的教学过程。

2.演示法指利用教学卡片、挂图、实物、标本和模型等教具辅助教学的一种方法。运用演示法，特别注意教具出示和收取的适时性，要紧密配合教学需要，指导学生及时细致观察，不能顾此失彼，分散学生注意力。

3.参观法配合教学概要，组织学生到一定场所参观访问，以增加感性认识，深化对课文的理解，获取作文素材的一种方法。比如：结合教读《荷塘月色》参观校园荷塘；结合教读《中国石拱桥》等说明建筑物的课文参观当地的建筑物；结合教读山水游记课文，组织郊游并指导写作游记；等等。运用参观法，一要确定参观目的，制订参观计划，明确参观要求；二要严密组织，具体指导，要求学生做好参观记录；三要指导学生整理参观笔记，组织讨论、座谈，写观后感或写作预定的有关作文，把感性认识上升到理性认识。

第四节　语文教学方法的变革

一、语文教学方法的创新

创新，是语文教学方法变革的重要途径。广大语文教师把握改革开放的大好时机，充分施展自己的创造才华，推出了一批语文教学的新方法。下面择要介绍其中几种。

（一）自学指导法

也称自学法，自学辅导法，是教师指导学生自学获取语文知识、培养语文能力的一种教学方法。这种教学方法的创新和推行，是以"学生为主体，教师为主导"教学思想的重要体现。学生根据教师规定的教材或自学材料、指定的作业，自己阅读或做习题，教师适当指导、答疑和小结。这种方法适用于小学三年级以上的学生。优点是，以学生自学为主，注重培养学生的自学能力和自学习惯，有利于创造型人才的培养。弱点是，基础差的学生常常力不胜任，如果指导不力则容易使教学放任自流。

它有各种不同的方式：一是划块式，即在一节课以内，划出一块时间，用于学生自学和教师指导自学。二是整堂式，即用整整一堂课的时间，专门用于学生自学和教师指导自学。三是课外式，即在正课结束后，规定一个时间，指导学生自学，一般以学习吃力的学生为对象，也有全体学生都参加的。

运用自学指导法，必须注意：一要明确学习的目的和要求，结合自学内容提出激发学生学习兴趣的思考题和练习题，让学生心中有数，带着问题自学；二要指出自学内容的重点和难点，指明自学的步骤和方法；三要给学生提示或提供参读材料或自学手段，帮助他们自行解决学习中的问题；四要进行巡视指导，对于自学吃力的学生还要有重点地进行个别辅导，细致观察和掌握学生自学情况，及时解决需要教师指导的问题；五要创设良好的自学环境和条件，让学生专心自学，提高自学效率；六要检查总结自学情况，肯定学生自学的成果，解决学生自学中的疑难问题，不断提高学生的自学质量。而关键在于教给学生自学的步骤和方法。自学指导法正在全国范围内逐步推行，有着广阔的发展前景。

（二）读写结合法

它就是从读学写，以写促读，读写结合，实现读写水乳交融齐步发展目标的教学方法。影响最大并自成体系的要数广东省潮州市小学特级教师丁有宽。他经过八轮教改实验，逐步创设了"以记叙文为主体的读写结合五步系列训练法"。针对过去语文教学模模糊糊一大片的弊端，提出"杂中求精，打好基础，乱中求序，分步训练，华中求实，突出重点，死中求活，教给规律"的教学思想和教学方法，运用心理学、工程学、系统论等科学理论，指导学生读写结合，反复训练，开设"15分钟观察口头表达课""寻美作文课"等多种特殊训练课程；在四、五年级学生中提倡自学自得、自拟标题、自改作文，甚至取消传统的专门的作文课，而把大量的写作片段训练和综合训练糅合在阅读教学之中。

（三）比较教学法

这是把两种或两种以上的语文因素集中起来，进行比较、分析，探寻法律，加深理解的一种教学方法。我国著名幼儿教育家陈鹤琴先生曾经将它用于幼儿教育，将两种相近的物体让孩子进行区别，分清其特征属性，使孩子对所学事物认识正确，印象深刻，记忆持久，在幼儿园的教学中起着重要的作用。而作为一种语文教学的具体方法，它的兴起、推广和逐步定型还是近几年的事。运用比较法进行语文教学，可以使学生明了知识构成规律，系统巩固所学知识，并培养举一反三、触类旁通的自学能力。

比较的方式主要有四种：一是横比，即两个或两个以上同类的语文因素相比，比如字词句篇，主题、题材、手法，人物、事物各自之间的相互比较。二是纵比，即同一语文因素的前后发展变化相比，比如词的本义与引申义，古今语法特点，课文修改前后的比较。像教《藤野先生》，用原句"从此就看见许多新的先生，听到许多新的讲义"比较改定句"从此就看见许多陌生的先生，听到许多新鲜的讲义"，就发现作者遣词造句的准确、精当。三是对比，即将相对或相反的语文因素进行比较，比如同义词与反义词、对偶句、对立人物形象、相对写作方法之间的比较。四是类比，即用同类的两个语文因素中的通俗易懂的一个来与另一个相比，实际上是进行类比推理。

比较的类型大致有两种：一是求同比较，对相同或相似的语文因素，通过横比或类比寻找共同的规律。二是求异比较，对同类而不同特点的语文因素，通过对比或纵比，区分差异。

比较教学法运用的途径主要有四条：一是新旧联系。学习新知识，启发学生联系旧知识，从旧知识中寻找比较对象。二是设问求比。教师根据教学需要提出问题，要求学生围绕问题去收集课内外语文材料，寻找比较点。三是单元教学。一次学习几篇同类课文，启发学生认识它们之间的联系与区别，确定比较点。四是对比讲评。学生作文之后，以学生作文为例，展示同一题目不同写法，引导学生比较分析。

（四）得得教学法

简称"得得法"，也称"一课一得，得得相连"。所谓"得"是指教学必须使学生有所得，不仅要使学生学懂，而且要学生学会。整个教学过程是教一点，学一点，懂一点，会一点；只有懂了、会了，才算是"得"了。一篇课文在为训练点服务时，教学全过程大致分为三个阶段：一是自学预习阶段。先由教师做自学启发，然后由学生自学，再由教师着重提示课本中作为例子的部分，为突出训练点的要求做准备。二是逐点落实阶段。教师突出训练点的具体要求，引导学生精读、深入钻研并解剖范例，进行单项训练，落实一"得"。三是读写结合阶段，学生在剖析范例后进行写作的模仿和创造。上述三个阶段形成一条"综合（课文）—单一（举例训练）—综合（作文）"的完整的思维链。得得法本是一种教学体系，并非一种具体的教学方法；但是，这种"一课一得，积小得为大得"的语文教改精神，贯彻到广大的面上，不少教师已将"一课一得"作为一种独立使用的具体教学方法。

（五）情境教学法

根据课文内容和教学要求，运用各种教学手段，创设适合于学生学习语文的生动情境，使学生入境会意，触景生情，从而加深理解，学习语言，开发智力，陶冶情操。情境教学法，作为一种具体的教学方法，已在全国各地逐步推开。运用情境教学法，关键是创设一个语文教学的生动情境，主要方式有三种。

第一，模拟情境。一般是通过图画、照片、音乐、文学语言、电化教具等教学手段，再现教材提供的情境。根据儿童思维与注意的特点，模拟的情境要具有形象性和生动性，可以通过五种途径模拟情境，即以生活显示情境，以图画再现情境，以音乐渲染情境，以语言描述情境，以扮演角色体会情境。五种途径，可以从中选用一种，也可综合使用几种，最终都要落实到语言学习上。

第二，选取情境。阅读教学，可以借助电教手段配合课堂教学，比如结合课文放映有关的幻灯、投影、录像和教学电影，使学生如闻其声、如见其人、如临其境；作文教学，可以带学生走出课堂，实地观察，开阔视野，丰富素材。

运用情境法，一要因文设境，不同文体、不同课文创设不同的情境；二要随机取境，尽量做到因陋就简，就地取材；三要情智交融，创设情境的根本目的还是为了更好地完成语文教学的任务，通过情境教学要使学生更好地学习知识，开发智力，陶冶情操，而不是为情境而情境，走向趣味主义。

要进入学习情境，必须进行情境诱导，情境教学法就是使学生在教师的作用下完成学习过程。因此，教师教学中要注意以下两个方面。

1.施教的趣味性

兴趣是推动学生学习的直接动力，兴趣的主要职能就是使学生把学习化作自己的动力和需要。"知之者不如好之者，好之者不如乐之者。"这是古代教育家孔子的经验之谈；"所有智力方面的工作都要依赖于兴趣。"这是现代心理学之父皮亚杰的著名论断。教学实践证明，激发学生在思考探索的过程中体验到乐趣，感受到兴奋和激动，是提高教学成果的捷径。而要使学生对学习产生兴趣，教师就要把课讲得情感横溢，趣味盎然，生动活泼。趣味性，是情境教学法的重要内涵之一。语文教师要千方百计把课上得有味，讲得有趣，让学生在活泼的气氛中，在愉悦的心境里，在轻松的环境下去学习，去探索，品味到语文课的甘甜与芬芳。如要求背诵古典诗词，每次早读一首，日积月累，以提高学生的文学修养和兴趣，每堂课设计引人入胜的导语，一开始就紧紧吸引住学生。有很多行之有效的方法，常用的有直观演示、开拓想象、抓点拎线、形成悬念、展现意境、激发情感、讨论答辩等。这样的方法克服了学生厌倦消极的心理状态，促使学生以极大的热情投入语文学习的天地，来提高学习的积极性，激发了求知的兴趣。

2.求学的主动性

教学过程是开发学生智力、培养学生能力的发展变化过程，教学的对象是充满情感和个性各异的活生生的人，教学的目的只有通过学习者本身的积极参与、内化、吸收才能实现。学生是学习活动的主体，学生能否主动参与，成为教学成败的关键。情境教学法的目标就是为了提高学生的学习兴趣，开启学生思维之门，培养学生积极主动的学习态度。常言道：好的开始等于成功的一半。激发学生的学习动机，多在导入新课时进行。此时或确定学习重点，让学生有一个目标；或者介绍学习方法，使学生前进有路；或导入有术，令学生进入情境。情境教学法十分讲究和重视这一环节的设计。根据不同的教材，针对不同的对象，采用不同的导语。常用的方式有问题悬念式、诗词曲赋式、格言警句式、故事传说式、温故入新式、解题式、练习式、知识式等。学生的学习动机被激起后，无论是好奇、新鲜，还是情感、关注的需求，都形成一种努力探求的力量，积极参与到学习活动之中，成为学习的主人。培养学生的参与意识，是教学民主的具体体现，它能给学生尊重感、信任感、理解感。学生在主动参与的内驱力推动下，为求知而乐，为探求而兴奋、激动，到达了一个比教学预期目标还要广阔的境界，体验到成功的乐趣，得到一种精神的享受。变"要我学"为"我要学"，学习成为一种自我需要，使学习动机更为稳定和强化。情境教学法使学生在愉快的学习情境中产生学习动机，教师全力创造适于学生潜力发挥的条件，让学生全体参与、主动参与。诚如是，那么在语文教学的舞台上，定能演出有声有色的话剧来。

3.情知的对称性

语文教学的过程既是一个认识过程,即智力因素活动过程,还伴有一个意向过程,即非智力因素活动过程。语文是培养学生优美的情感素质与优秀的智慧素质的重要课程。在这门课程中,既有一个完整的认识结构,还有一个极丰富的情感世界。情境教学法就是把这两个方面紧密地结合在一起,不仅仅把语文作为工具性的学科,只追求知性目标,还让它成为培养品格与智能双向发展的载体。情境教学法要在循文、析像、悟理的过程中领情、注情、传情,充分运用情感在认知过程中的特殊功能,从学生的学习需要出发,根据教学目的创设教学情境,提供具体的场景或氛围。当学生置身其中,"物色之动,心亦摇焉",所以"登山则情满于山,观海则意溢于海"。在教学情境中,学生与情境之间发生种种信息交流,加强听说读写的全面训练,努力使语感训练、文感训练、情感训练、智能训练协同发展,全面完成传授知识、发展智力、培养能力、陶冶性情的教学任务。情知对称,经过长期的探寻和实验,"每个情感目标都伴随着一个认识目标","你中有我,我中有你",一举两得,达到了理性(认识)与非理性(情感)的高度默契,实现了教书育人的统一。

情境教学法建构起以"情境"为主体、以"情感"为中心的教学框架,以"趣味"动其心,以"情知"移其意,引导学生主动参与,以发展智能为终极目标。在"爱"的氛围中,在"美"的情境里,在"情"的感染下,活化学习动机,开启心智,陶冶情操,使学生不断获得成功的快乐,对于提高教学效率,进行审美教育都具有重要作用。

(六)思路教学法

思路就是作者写作时的思维过程,它外化为文章的结构线索。教师根据作者的思维过程和文章的结构线索,指导学生分清段落层次,把握文章结构,概括思想内容,体会作者思维逻辑性,进而学会独立阅读、分析的教学方法,就是思路教学法。

思路不同,思想境界就不同。所谓"思想境界"是指文章中作者立意所达到的高度(指中心思想或主题思想),具有阶级性和政治思想倾向性,而思路则是作者的逻辑思维通过一定的语言文字的表达，体现思维的条理性。思路有别于语感。所谓"语感"是读者对作品中具体的语言文字的一种敏锐的感受，并非对文章整体结构层次的理解。思路教学要注意思路"接通"，也就是把作者所写文章的思路、教师教学的思路和学生学习的思路三者统一起来，让学生能理解文章的思路。"接通"的关键在教师，教师的教学思路是联系其他两种思路的桥梁和纽带，所以教师教学时必须吃透两头，一头是文章思路，一头是学生思路。通过深入钻研教材，精心设计教学，运用各种切实可行的教学方法，把两者"接通"，使学生正确理解文章结构和内容。

思路教学的具体做法很多。一是自读探思路，就是通过引导学生自读，探索文章条理；二是分段显思路，用划分段落层次，归纳段意、层意来显示文章思路；三是提纲理思路，即引导学生编写课文提纲，厘清文章结构；四是设疑引思路，教师按照文章线索设置一连串疑问，引导学生释疑解惑，认识文章思路；五是讲解析思路，主要凭借教师对课文的讲解分析，厘清思路；六是板书明思路，用板书设计来显示课文思路。

二、语文教学方法的引进

引进，是语文教学方法变革的另一条途径。十多年来，我国语文教学学习域外语文教学经验，引进了不少教学方法。

（一）发现教学法

"发现"的本意是指找到前人没有找到过的事物和规律。作为一种教学方法，它是美国心理学家布鲁纳所创。按照他的解释，"发现不限于那种寻求人类尚未知晓的事物的行为，正确地说，发现包括用自己的头脑亲自获得知识的一切形式"。发现法是教师提供适合学生学习程度的教材，引导学生自己探索，发现问题，寻找答案，得出结论的教学方法。它可以激发学生的学习兴趣，获得长久保持而又便于迁移的知识，培养钻研精神和创造能力。在语文教学中，发现法又称"问题教学法"或"设卡法"。

运用发现教学法的一般步骤：一是设问，即创设问题的情境，使学生内心产生矛盾，主动提出要求解决的问题。二是假设，即由学生利用自己已有的知识，利用教师提供的材料，提出解答问题的合理假设，探索解决问题的途径。三是验证，即让学生从理论上或实践中检验自己的假设。四是总结，得出共同的结论。

发现法在引进过程中得到改造，逐步成为适应各地教学实践的语文教学方法。比如，由发现法衍生的"引导发现法"采用如下五个步骤：一是准备，教师引导学生明确探索的目标、意义、途径、方法等；二是初探，根据既定的目标和途径，引导学生通过阅读、观察、思考等学习实践活动，主动概括出知识规律，寻求问题的答案；三是交流，教师组织引导学生交流初探成果，对于有争论的问题展开深入讨论；四是总结，学生整理知识使之系统化，教师对学生小结进行评价和修正，使之进一步掌握知识的内在联系；五是运用，学生通过各种形式的练习，完成有一定难度的任务，验证巩固知识，增强运用知识解决实际问题的能力。

（二）SQ3R 学习法

又称"查、问、读、记、复习法"或"五步阅读法""五段学习法"。是一种引导学生进行自学的读书方法，始创于美国艾奥瓦大学。SQ3R 系五个英语单词的缩写，代表了阅读过程的五个步骤，即：纵览（Survey）—发问（Question）—阅读（Read）—背诵（Recite）—复习（Review）。第一步全面浏览，对所学内容做框架式的大体了解，即对所学材料，从内容提要、目录、序言到大小标题、图表、注释等，先粗略地看一遍。第二步略读，着重读物的主要内容（包括重点和难点），并提出问题。第三步带着问题深入阅读，可以圈点、画线或写提示性批语，还可以做笔记。第四步回忆复述，即合上书本，对各部分提出问题予以解答，回忆各个章节要点，巩固学习内容。第五步复习巩固。这种学习方法，在运用时学得比较扎实，适用于需要记忆和深刻理解的精读和必读材料，但它费时较多，对于只需一般了解的略读材料不宜采用。

这种学习方法引进我国语文教学，不但适用于学生自学读书，而且经过移植，可以适用于阅读教学中的精读课文教学，加上教师的启发引导，改造成具有师生双边活动特征的"五步自学指导法",即定向浏览—略读质疑—深读理解—回忆解答—复习小结。

(三)科学扫描法

又称"速读法"或"扫读法",指在有限时间内尽快地、有目的地、有效地阅读文字材料,并获取所需信息的方法,主要原理是采取科学视读法,减少眼停的次数、时间和回视,扩大视读广度,达到提高阅读速度的目的。

它突破了按字词句读书的习惯,而是一行一行、一块一块地扫视;采用掠读和寻读相结合的方式,略去一般性文字,发现重要内容,则减慢速度,按行跑读,遇到关键处,再逐字逐句细细品味。据现代结构语言学统计,通常文章的一般性内容约占全篇的75%,而要点只占25%。据研究,一般文章的组织结构,大体可分七个部分:一是名称,二是作者,三是导语,四是一般内容,五是事实、数据、公式之类,六是新奇之点,七是争议之点。速读就像雷达跟踪目标,敏捷地抓住文章中的六、七两点,而将其他略去。这样单刀直入、直取精髓的读书方法,可用较少的时间,赢得较大的阅读量。和一般性阅读相比,科学扫描法的一般指标是速度高一倍,理解系数达50%。作为一种读书方法,科学扫描法需要加强训练。主要方式有,一是遮盖扫描。读完一行,就用纸片遮盖这一行,以减少回视,增加眼停的视读广度。二是限量扫描。即限时读完一定数量的文字。三是计时扫描。计算阅读一篇材料所需的时间,再做一些检测理解力的练习题,测定扫描效果,如此多次检测比较,及时反馈。四是块面扫描。编好与横行竖排字数相同的块面阅读材料,让学生一次读一个块面,要求眼脑直映,养成快读习惯,逐步扩大块面字数,以增进每次眼停的视读广度、阅读速度和理解力。五是狭条扫描。目光在书页字行的狭窄区间移动,视线不仅集中于一页材料每行文字的中心,而且投向这狭窄长条的所有文字。六是直线扫描。视线在每行文字的中线垂直往下移读,要求一次眼停看一行字,常用于阅读报刊。七是顺序扫描。将一篇文章的上述七个部分作为阅读的目的任务,依次扫描搜寻。八是机器训练。采用速示器、速读器等机械装置辅助训练,以加快眼动或扩大视读广度,提高扫描速度。

引进的教学方法还可以列举一些,比如问题教学法、暗示教学法、快乐教学法、范例教学法、图表教学法、利用图书馆学习法等。

三、语文教学方法的发展

语文教学方法是语文教学动态系统中的一个动态的要素，它本身就是一个动态的子系统，是不断运动变化的。语文教学设计应当探寻语文教学方法运动变化的规律，把握它的发展趋向，遵循它的发展途径，做语文教改的"弄潮儿"，将语文教学方法改革推向前进。

（一）语文教学方法的发展趋向

纵观国内外语文教学方法变革的历史经验和现实状况，在今后较长一段历史时期，语文教学方法的发展趋向主要表现为三大特征。

1.主导主体有机结合

语文教学方法是教法和学法的有机统一。随着一个时期处于支配地位的教学论思想的更替，教学过程理论和教学方法理论也相应变更。一时主张教师中心，以教法的灌注为主；一时提倡儿童中心，以学生的自动为主。这种变更，古今中外几百年乃至几千年来，已经发生过数次。"读史使人明智"，历史的经验促人警醒。语文教学必须坚持教师为主导、学生为主体，语文教学方法应当体现这种主导主体的有机结合。

2.知识能力同步教学

语文教学过程是一个传授知识、培养能力的教学过程。语文教学方法既是知识传授法，也是能力训练法。传统的教学理论注重知识的传授而忽视能力的培养；现代教学论的某些新观点片面强调能力的培养，有意无意地否定了知识的功能，走向另一个极端。我们需要用基本事实的知识来发展和增进每个学习者的思考力。语文教学方法必须有利于知识和能力两种教学的同步进行。近年国外出现"第三程度"的理论，即学生掌握知识和运用知识，按深度分为三种程度：第一程度是掌握信息，第二程度是具有运用知识的技能技巧，第三程度是善于创造性活动。像发现法、问题教学法、范例教学法、暗示教学法等新的教学方法便是以实现第三程度为目的。我国语文教学方法的改革，应当瞄准国际教育科学理论的新水平。一个学生只有掌握了牢固的知识，具备了较强的能力，才有可能进行创造性活动。

3.认知个性和谐发展

认知指学生的认识能力，也就是智力；个性指学生的个性心理，即非智力心理因素。智力和非智力因素的和谐发展，实际上就是人的全面发展教育思想的体现，已经逐步成为教育理论工作者和实践工作者的共识。苏霍姆林斯基提出："作为全面发展的理想的个性是和谐的，没有和谐的教育工作就不可能达到和谐的发展。"赞科夫则认为："这里所说的达到更高的发展水平，不仅指智力发展，而且指一般发展。所谓一般发展，就是不仅发展学生的智力，而且发展情感、意志品质、性格和集体主义思想。"对于语文学习来说，观察、记忆、联想、思维、想象等智力因素，是学生学习的操作系统；而动机、兴趣、习惯、情感、意志等非智力因素，则是学生学习的动力系统。两者的和谐发展，才能全面促进学生的语文学习。今天的中小学生，特别是独生子女，处于科学技术高度发达的信息社会，智力迸发一般是不成问题的，关键在于非智力因素的培养。因此，未来的语文教学方法既要有利于开发学生的智力，又要有利于培养学生的非智力因素，而且要把两者有机地统一起来，促进学生认知水平和个性心理的和谐发展。

（二）语文教学方法的发展途径

叶圣陶先生指出要把学生教好，必须有好的教学方法。好的教学方法从哪儿来？来源无非两个："一是向别人学，一是自己通过实践，摸索得来。"学习和摸索，可以求得语文教学方法的发展。

1.批判继承，推陈出新

语文教学方法具有继承性和创造性，这是语文教学方法的基本特征之一。今天的教学方法大多是从古人或前人手中继承过来的。不用说讲授、诵读、议论等常规教学方法的基本做法承继了自孔夫子到叶圣陶两千余年教学方法的衣钵，就是创新或引进的新教法，追根溯源，从中也可窥见沿袭的影子。比如，比较教学法是现代著名幼儿教育家陈鹤琴先生提出并在幼儿园教学中起过重要作用的。

这种批判继承的过程、扬弃的过程，便是推陈出新，便是创造，便是发展。对于过去的教学方法，凡是合理的成分，比如启发式的，结合教学实际的，有利于传授知识、培养能力、开发智力、陶冶情操的做法，予以肯定和吸收；凡是不合理的成分，比如注入式的，脱离教学实际的，不利于传授知识、培养能力、开发智力、陶冶情操的做法，则予以否定和剔除。任何全盘否定和全盘肯定的态度都是不科学的。语文教学方法要发展，就要充分发掘我国教学方法的历史积淀，正确地扬弃，注入时代的生机和活力，创造出更新的更有成效的教学方法来。

2.优化组合，避短扬长

具有多样性和综合性，是语文教学方法的又一基本特征。语文教学方法的这一基本特征，也为它自身的发展开拓了无限广阔的天地。优化组合，是语文教学方法发展的重要途径。这种优化组合，也就是语文教师的创造。如果说继承传统和借鉴外国是"向别人学"，那么这种优化组合便是"自己通过实践，摸索得来"，"二者都重要，但是有主次之分，自己摸索得来比向别人学更重要，就中学和小学的语文课来说，尤其如此"。

优化组合的诀窍在于避短扬长，发挥个人教学的优势。比如同样一篇朱自清的《春》，不同的教师可以有不同的教法。

可以"导之以情，以读带讲"，像于漪老师那种"情感派"的教师执教，首先设计一个充满激情的导语，将学生引入"绿满天下"的动人境界，然后边读边讲，步步深入，使学生的情感融入融融春意之中，潜移默化地受到课文内容的感染熏陶。

可以"朗读领先，带动全篇"，善于普通话朗诵的教师，从朗读入手，通过朗读的指导和反复的朗读，使学生领会文章的思想内容和写作特色。

可以"范文引路，指导观察"，善于观察指导和写作训练的教师，则以课文为范例，通过课文分析和观察指导，培养学生观察能力和表达能力。

可以"一课一得，以读促写"，紧扣景物描写这个重点，让学生领会按照顺序写景和抓住景物特点的写作方法，并付诸作文实践。

"教亦多术矣，运用在乎人，孰善孰寡效，贵能验诸身。"任何具体的语文教学方法都不是"万应灵丹"，都必须接受实践的检验而决定弃取。

第二章　语文教学与思维创新的研究意义

语文教学是由"语文"和"教学"两个词语组成的，是关于语文的教学，其由四个方面的内容组成：听说读写。但按照新课改的要求，"听"和"说"变成了"口语交际"，另外加上"识字与写字"和"综合性学习"两个不同的内容。这样，关于语文的教学就由阅读、写作、口语交际、识字与写字和综合性学习五个方面的内容组成，本节只论述口语交际、阅读和写作三个方面的问题。

一、语文教学问题纵览

新课改试图从交际的视角来审视当前的语文课程改革，这应该是语文教学改革的一个方向。但这一视角并没有很好地贯穿在课程改革的过程当中，有些地方改了，但大部头基本未变。在这种课程改革的境遇下，要想收到很好的效果是困难的，因为"传统"和"现代"始终在改革中争夺地盘，这种争夺无疑会削弱改革的力度，从而在内部产生改革的阻力，影响改革的推进。

将传统语文教学四大模块听说读写中的两大模块——听和说改为口语交际，此举揭示了课程改革的方向，这种交际的视野为拓展语文的功能奠定了基础。但传统的阻力却使这一改革最终迷失了方向，将改革后的口语交际与传统的阅读和写作并列，除了能够解释这种"迷失"之外，还说明改革的逻辑困境和改革者内心深处的阅读写作本位思想，将口语交际和阅读写作并列在形式上就显示了改革的逻辑困境。从逻辑上看，与口语交际并列的显然不是阅读和写作，而是书面语交际。口语和书面语是一对并列的概念，口语交际和书面语交际同样是一对并列的概念。

二、口语交际教学中存在的问题

教育部在 2000 年颁布的《语文教学大纲》中提出了"口语交际"的概念，紧接着又在《语文课程标准》中将其提高到了前所未有的高度。这个概念的提出是对"听说"的整合和发展。但是，无论从口语交际教学的历史发展、理论建构还是教学实践来看，口语交际教学都呈现了不同程度的基础缺失。

（一）口语交际教学理论研究缺乏针对性

自"口语交际"的概念被提出以后，很多学者在理论上对口语交际教学进行了研究，取得了很多有价值的成果。然而，其与阅读和写作教学的理论研究相比，无论是研究成果的数量还是质量上，都与之相差甚远，不可同日而语。从政策性文件到理论研究，再到实践论证和理论总结，这一系列的环节没有形成良性的循环。具体表现如下。

第一，概念的表述很笼统，没有规定所听、所说的范畴或类型，听说能力没有具体的指称，在语文课程和教学中无法形成清晰的目标。教材中大部分所谓的"表达指导"实为空洞的教条，这使口语教学看上去只是换了一种名目而已，其内容还是"原封不动"。

第二，实际当中的"口语交际"教学被处理成"对外汉语"教学或"语文活动"，要么让学生操练一些简单的日常用语，像是对外汉语教学（汉语作为外语）；要么让学生模拟日常情境，重复一些平常都会说的话，构不成真正的听说"学习"，如此怎么能培养学生的口语交际能力？

口语交际教学的理论缺失，原因与有史以来"重文字轻语言"和"重读写轻听说"分不开。口语教学理论的缺乏又导致口语教学的盲目和无所适从。

理论成果需要广泛的实践经验做基础。口语交际教学历史的缺失导致了理论来源的缺乏。缺乏基础性的理论指导，要顺利开展口语教学就存在现实的困难。

（二）口语交际教学实践缺乏有效性

有很多研究者和一线教师做过相关的研究，得出口语交际教学基本上处于空白状态的结论。

应试教育的影响使许多学校未能真正开展口语交际教学,致使学生口语交际能力未能得到有效的训练和锻炼。口语交际教学的实践缺失导致学生口语交际能力的薄弱。语文教育的开展在口语交际教学及其效果上形成了"倒三角形"状态。小学生在课堂上有较强烈的口语交际兴趣和交际意愿,随着年龄的增长和受教育程度的增加稚气逐渐消失,那种一吐为快的欲望在不知不觉中悄然泯灭,到了高中阶段,学生越发不愿意在课堂上讲话。

造成这种现象的原因是多方面的,既有学生成长的心理原因,也有教育的失职因素在其中。随着年龄增长,人的思维创新能力逐渐从感性向理性的过渡,必然导致个体在言语上变得"理性",三思而后语,以降低"言多必失"的错误发生,这是从幼稚走向成熟的必然,也是社会进步的动因。对语文教育来说,高考不考、教学理论对教学缺乏指导性、操作困难和"费力不讨好"的现实、语文教师掌握的口语交际教学理论知识和教学方法的不足等因素,共同导致语文教师抛弃口语交际教学,更使口语交际教学的理论研究陷入缺乏现实依据和实践论证的困境。

三、阅读教学中存在的问题

反思阅读教学低效的历史性难题可以发现,教学目标超越化、教学内容模糊化、教学过程虚拟化等是阅读教学中存在的主要问题。

(一)教学目标超越需要

教学目标源于课程目标,是教学的出发点和归宿,从课程目标到教学目标,再到教学和评价,完成课程与教学的循环。实现这一过程需要满足如下条件:①课程目标科学性,即课程目标反映了教育本真;②课程目标现实性,即课程目标能转化为教学目标;③教学目标可操作性,即教学目标能科学地指导教学;④教学目标回归性,即教学目标能通过评价回归课程目标,从而实现课程与教学的良性循环。

在语文教育中,这四个条件基本处于相互独立的地位,从而体现为教学目标的超越化。语文教学目标超越化主要表现为形式和本质的对立，具体体现在四个方面：①教学目标高于课程目标；②教学目标脱离课程目标；③教学目标不能有效指导教学；④教学目标不能准确评估。前两个方面是针对课程目标向教学目标转化过程而言的，后两个方面是针对教学目标指导教学过程而言的，都体现了教学目标，超越于课程目标和教学过程。

《语文课程标准》所提出的"工具性与人文性的统一"没能为教学目标的制定提供指导。文选型语文教材的教学目标来源于对每一篇文章的理解和分析，而理解和分析的个体性就必然导向教学目标的多样性、差异性和不确定性，继而导致了教学的多样性、差异性和不确定性，这样的教学也就与课程存在了一定的距离。

（二）教学内容模糊不清

教学内容是教学过程中所运用的素材和信息的总和。从教的层面来说，语文教学内容指语文教师在教学中呈现的种种材料及传递的信息，既包括对现成教材的沿用，也包括对教材的"重构"——处理、加工、改编乃至增删、更换。

沿用和"重构"是处理教材的两种方式，不仅体现了语文教师对教材的理解和把握，折射了教师的教材观、教学观，更是教育智慧的体现。这两种处理方式都蕴含了教学内容模糊化的因子。

面对文选型的语文教材，模糊不确定的教学内容显而易见。叶圣陶先生的名言"语文教材无非是例子"就暗含了这一点。作为"例子"的教材只是教学的载体或资料，教学面对的却是背后的教学内容。教学需要面对确定的教学内容，只有这样才能有的放矢。在这种矛盾的境遇中，语文教师被迫承担了将教材内容转化为教学内容的难题。尽管这种转化为教师发挥主观能动性创造了条件，但更为教学内容的模糊不确定性埋下了种子，致使语文课堂成了"自由驰骋"的跑马场。

语文学科名称也同样蕴含了教学内容模糊化的趋势。叶圣陶先生认为："语文=语+文=口头语言+书面语言=语言（广义）。"对于这个解释，历来就有争议，"文"除了理解成"书面语言"外，更直观的解释还有"文字"

"文章""文学"和"文化"等，这些解释从根本上模糊了教学内容。

从学科名称的模糊化开始延伸到教材的不确定，最后到教学的多样化，语文教学背后隐藏的逻辑基点就是教学内容的模糊化。面对模糊的教学内容，语文教学也就呈现了五花八门、杂乱无章的形式。

（三）教学过程背离生活

"工具性与人文性的统一"指出了语文课程的二重性：形式上的工具性和内容上的人文性。作为"工具"存在的语文课程在形式上体现为语文的交际性，培养学生恰当运用语言交际的能力，力争交际的准确性和贴切性。准确性要求语言确定无误，不能歧义、多义。贴切性指交际主体能恰当地阐述思想并让对方接受。作为"人文"存在的语文课程在内容上体现出对人的终极诉求的关注和重视，不仅要重视教材所体现的人文关怀和价值诉求，更要重视每一个学生在教学过程中所体现的思维状况和思想境遇。

作为"人文"的语文不仅存在于内容上，也同样存在于形式上。但作为形式而存在的"人文"是所有教育的表现形式，并不是语文独有的特质。脱离"人文"而存在的教育显然不能称之为教育。

语文教学处理不好"习"与"学"的关系也导致了教学的虚拟化。对语文来说，"习"与"学"应该处于同等的地位。美国教育家华特的名言"语文的外延与生活的外延相等"就揭示了"习"的重要性。但在阅读教学中，"说教"占据绝对地位，特别是应试教育环境下，"习"的地位已岌岌可危。

"习"与"学"相对应，阅读也有两种不同的表现形式：生活阅读和学校阅读，二者的区别显而易见。在目的上，生活阅读是无目的的、自由的，学校阅读是有目的的、强制的；在方法上，生活阅读侧重整体感悟，学校阅读侧重条理分明；在性质上，生活阅读为了阅读本身，具有休闲性，而学校阅读却为了考试，具有实用性。显然，具有实用性、强制性的阅读教学也体现了虚拟化的内在特质。

四、写作教学中存在的问题

（一）写作和作文

在当前的写作教学中有两个通用的概念：写作和作文。很多时候这两个概念的指向几乎是一致的，很少有人对这两个概念进行区分。但现实的问题是：这两个概念表达同样的内涵吗？为什么现实的写作教学中会出现通用的情况？

与这两个概念紧密相连的是"写作教学"和"作文教学"这两个概念，这两个概念在现实中几乎也是通用的。但是，"作文"和"写作"是两个完全不同的概念，有必要在中小学语文教学中出现"作文"和"写作"通用的情况做一番审视，而这种审视是语文教育科学化的必然之路。

"写作"一词在《现代汉语词典》中解释为："写文章（有时专指文学创作）"。"作文"一词在《现代汉语词典》中有两个解释：作为动词解释为"写文章（多指学生练习写作）"；作为名词解释为"学生作为练习所写的文章"。尽管《语文课程标准》中提出了"写作"的称谓，但在语文教学实际运用中，其只是一个写在《语文课程标准》中的称谓而已。

百度百科就对"写作"和"作文"这两个词语进行了科学的区分：写作指"运用语言文字符号反映客观事物、表达思想感情、传递知识信息的创造性脑力劳动过程"；作文指"经过人的思想考虑和语言组织，通过文字来表达一个主题意义的文体"。很明显，其将"写作"看成一种活动，而"作文"就是该活动的结果。因此，只有"写作"才能表达"听、说、读、写"中"写"的内涵。当前语文教学忽视了这种区分，从源头上直接导致了写作教学问题重重。

（二）"没法教、不会教、随意教"

重视作文的结果而忽视写作的过程直接导致了写作教学中"没法教、不会教、随意教"的现状。

"没法教"指写作教学内容的缺乏。这种缺乏的直接表现就是写作教材的缺乏。当前的写作教材几乎都是针对大学的,而中小学几乎没有可以适用的写作教材。语文教材中的写作教学都附在阅读教学单元之后,成了阅读教学的附庸。而这仅有的"附庸"还是十分落后的,不仅内容单薄,而且方法严重缺失。

叙述学中,一般把"谁说故事""站在什么立足点上说故事"称为叙述角度。叙述角度可分为"全知视角"和"有限视角"两种。"全知视角",就是叙述者站在局外,不出现在故事中,对事件的前因后果都十分了解,对人物的心理、过去和未来也都清清楚楚,有时甚至走到前台发表议论、对人物进行评价。传统小说,大多采用"全知视角",读者们好像面对作者而坐,听他讲故事。"有限视角",就是叙述者是当事人,参与故事的发展,我们依赖于他的眼睛看世界,依靠他的引领进入故事。现代小说家越来越喜欢采用"有限视角"。

在中小学写作课上,我们学习过叙述的三种人称:第一人称叙述,真实而有感染力,写亲身经历的文章多用这种人称;第二人称叙述,有对话效果,便于倾诉强烈的情感,一般书信、诗歌和赞颂、悼念的文章经常使用;第三人称叙述,灵活自由,不受时空的限制,可以全景式地表现生活。结合"全知视角"和"有限视角"来看,我们发现,第一人称是"有限视角",是通过自己的眼睛去看待生活,而第二人称和第三人称,则要具体分析,它可以是"全知视角",也可以是"有限视角"。在《边城(节选)》中我们通过作者"无所不知"的叙述,了解翠翠生活的环境和故事,是"全知视角";而《林黛玉进贾府》中我们是通过林黛玉的眼睛,去看贾府的环境和人物的,则是"有限视角"了。

了解叙述角度,对我们写作有什么帮助呢?

叙述角度不同,表达效果就会不同。选择恰当的叙述角度,对增强表达效果有很大的帮助。如果想突出事件的亲历性,一般选择第一人称"有限视角";如果想增加事件的曲折性、悬念感,可以考虑选择第三人称"全知视角"。如《金岳霖先生》一文中,作者只写自己看到听到的金岳霖,只写人物的所作所为,而不写人物的所思所想,审慎、含蓄,让人回味无穷。《边城(节选)》则得益于作者开阔的视界,"全知视角"的叙述,使读者如临其境，深受感染。

有时，为了克服单一叙述角度的局限，可以综合运用多种叙述角度。《祝福》用第一人称"有限视角"描写"我"在鲁镇的见闻，又用第三人称"全知视角"叙述祥林嫂悲惨的一生，两种视角交错使用，以亲历者的身份见证人物的命运，使表达更加丰富和深刻。在《最后的常春藤叶》中，故事主要采用的是"全知视角"，但结尾运用了"有限视角"，设计了一个出乎意料但又合乎情理的"欧·亨利"式的结尾，给人震撼和冲击。

（三）"不会写、不愿写、不敢写"

教师的"不会教、随意教"也必然会在学生的写作过程中表现出来。首先就是学生"不会写"，因为"不会写"，但又"不得不写"，所以就显得无比痛苦，慢慢地，写作的兴趣也就日渐缺乏，最后演变成"不愿写"。当然，有一些学生，即使老师不教，他们的作文也是能够写好的，这就是吕叔湘先生所言之"少数语文水平较好的学生，你要问他的经验，异口同声说是得益于课外看书。"他们靠着自己的悟性在课外阅读中摸索出了一套行之有效的写作方法，当然这与语文教师是没有关系的。

在心理上学生普遍对写作怀有不同程度的畏惧心理。怕写作文，却又不得不写，这就会形成一个结果：胡编乱造。这在两个方面可以体现出来：思想内容上假大空；语言形式上干瘪贫乏，枯燥乏味。思想内容上的假大空和语言形式上的干瘪贫乏，枯燥乏味又进一步恶化了写作教学的实践，从而形成了一个恶性循环，导致写作教学效率低下，学生和教师都视写作为"洪水猛兽"，唯恐避之不及。

五、知识目的论：语文教学的困境

教材是教学所依据的材料，教材中出现的问题为语文教学训练的异化埋下了祸根，口语交际、阅读和写作中的问题也就随之而来。而这些问题的集中体现就是知识目的论，将知识教学当作语文教学的根本所在，其始作俑者就是"双基教学"。从历史的角度来看，"双基教学"在出现时有其历史的合理性，对普及民众基础的语文知识和语文能力起到了重要的作用。但随着时代的发展，普通民众基础的语文知识和语文能力获得了长足的进展以后，"双基教学"并没有退出历史的舞台，反而愈演愈烈，最终导致了训练的异变，从而引发了世纪之交的语文大批判大讨论，促成了新一轮的基础教育课程改革。

基础教育的实用性是毫无疑问的，基础教育的目标就是让下一代掌握基础知识、形成基本能力，并为以后的生活奠定基础。因此，语文教学对基础知识的关注是没有错的，但将基础知识当作语文教学的全部就是错误的，这从知识的演变逻辑中可以看出来。

亚当斯的滋养理论和训练理论为我们理解知识的内在逻辑关系提供了一个新的视角。滋养理论关注知识的本体价值，训练理论关注知识的实用价值。二者在本质上是统一的，知识的本体价值蕴含在实用价值之中。没有了实用价值，知识的本体价值也就毫无价值。同样，知识的实用价值必须以本体价值为主旨，没有了本体价值，知识对人的实用价值也无从谈起。教育存在的基点是实用，但不止于实用，实用是教育的前提和基础。

基于实用的立场，参照"什么知识最有价值"和"谁的知识最有价值"，就可以从方法论的视角提出类似的命题："怎样使用知识最有价值"。在课程实施中，怎样处理和对待知识主要存在两种观念：一种是"为知识而教知识"，将知识当作教学的根本和唯一，这是"本位主义"知识观；另一种是"为知识而不教知识"，这是对知识本位主义的"纠偏"，是"虚无主义"知识观。

"本位主义"将知识作为教学的根本和唯一，有其存在的合理性和必要性。知识是课程存在的自然状态，而课程实施自然就是让学生在最短的时间内准确有效地掌握课程中"最有价值"的知识，从而奠定发展的基础。《全日制义务教育语文课程标准》指出："不宜刻意追求语文知识的系统和完整，不必进行系统、集中的语法修辞知识教学，不必过多传授口语交际知识，语法、修辞知识不作为考试内容"。

异变的知识"本位主义"和为纠偏而产生的知识"虚无主义"都是两种异化的知识观，是与课程实施要求截然违背的知识教学形式。"本位主义"

和"虚无主义"都试图站在实用的视角阐述知识的实施过程,却忽略了知识教学的根本目的所在。教知识的根本目标是能力培养、文化习得、思想成熟、态度端正和素养养成;学习知识的目的就是为了更好地生活。

而随着时代的变化,个体语言运用能力的不断发展,语文教学也应该做出科学的回应,但当前的语文教育理论研究却出现了缺位,具体表现在以下几个方面。

作为面向所有人而推行的义务教育,语文教育到底应该是什么样子?这种现代的语文教育与传统精英教育中的语文教育有什么区别?对于当前的语文教育来说,依然存在一种精英教育的取向,即用培养精英的教育目标来要求"通识教育"时代的个体,其显著的体现就是"选拔"。

"双基"教学大大提高了一代人的语文基础知识和基本能力,而当代的语文教学在教学目标、教学内容、教学方法和教学评价上如何面对这一挑战?换言之,当人的基本素养发生根本性的变化时,语文教学的目标、内容、方法和评价有没有根本性的变革?

面对时代的急剧变化,面对知识经济和全球一体化时代的到来,语文教学受到了前所未有的挑战,其核心的表现就是网络和英语,语文教学是否能够有效地面对挑战?语文教学又该在教学目标、教学内容、教学方法和教学评价上做出什么变化以应对这些挑战?至少到目前为止,无论是语文教育研究的理论界还是语文教学的实践界,对这些问题都缺乏清醒的认识。语文教育理论的研究仍然跟不上时代发展的需要,似乎仍在重复几十年前的理论;语文教学实践依然满足不了社会的发展需要,语文教学问题重重,课程改革以来,这些问题并没有出现明显改良的迹象。

第三章 语文思维教学的基本内涵

学生的思维蕴藏着极其宝贵的资源,开发思维资源,学生的潜力将得到更大发挥,听、说、读、写能力将得到更快发展。在人的智力结构中,居于核心地位的思维,是整个智力活动的最高调控者。如果思维不能积极参与智力活动,知觉会缺乏理解性,记忆变成了机械重复,想象也难对表象进行加工,写作创新将是一纸空文。

本章论述了思维的定义与特点、思维资源的开发、思维与语文教学、语文教学中的思维训练等基本问题,回答了如何发展学生的思维能力,要发展哪些思维能力,怎样科学地训练学生的思维能力等主要问题。

第一节 思维的概念和特点

一、思维的概念

思维是多学科研究的对象,如哲学、逻辑学、语言学、神经生理学、脑科学、心理学等,这些学科都从不同侧面揭示了思维的实质。

我们取与语文教育最接近的心理学对思维的有关解释。

思维是一种心理现象,是心理这种能动反映的高级形式。具体来说,思维是人脑反映事物的一般特性和事物之间有规律的联系,以及通过已有知识为中介,进行判断、推理、联想、想象,解决问题或进行创造的过程。人类所特有的第二信号系统的活动,是人的思维活动的生理机制与心理机制。思维具有概括性，就是指它所反映的绝非个别事物及其个别属性，而是事物的一般特性以及事物之间的有规律性的联系。思维具有间接性，就是说，它不是反映直接作用于人的感官的事物及其个别属性，而是以已有的知识经验为基础，以语言为中介，去反映未曾直接作用于人的感官的一般事物及其本质和规律。思维具有目的性，人的活动总是为了解决某一理论或实践问题。语言是直接与思维联系着的，思维活动的进行和其结果的记载与巩固，都离不开语言。

综上所述，思维是人脑对客观现实的本质和事物内在规律性的概括的、间接的、有目的的反映；这一反映是以已有的知识经验为基础，以语言为中介去进行的活动。

二、思维的特点

（一）思维的（物质）外壳是语言

思维依靠语言来进行，思维通过语言表现出来，也通过语言固定下来。例如高中语文课文《蒲公英》的构思，就是要通过语言来表达与固定：本文借物抒情，以蒲公英为中心，借对蒲公英的描述，表现作者憎恶战争、向往和平的思想感情。作者并未直接描写战争的残酷、罪恶和对美的毁灭，而是通过细致叙述自己生活中与蒲公英有关的一些生活片段，非常自然地突出了反战的主题。这些思维活动，通过语言文字的表达固定了下来。

（二）思维的问题性

思维要指向解决某一个或某几个问题，完成某一项任务。如果没有问题或产生问题的情景，就不会引起思维。因此，思维具有"问题"的性质，并往往表现为一种有组织、有目的、颇为紧张的过程。思维中的问题，既可以是来自别人的提问，也可以是自己主动的思索，这便是"好奇心"。

（三）思维的概括性

思维是对客观事物的一种本质的认识。它要揭示客观事物的本质特点，反映并把握诸多事物的共同特征。思维的一般概括，要能反映客观事物的本质特点。由于掌握了本质，人们既能完成当前的任务，也能看到未来，在思想上解决后来所要碰到的问题。

（四）思维的间接性

人类通过思维，利用事物相互影响的结果，利用其他有关的媒介，来间接地正确认识事物。由此，我们可根据古今中外所总结出的各种知识，来解决自己所面临的问题。

（五）思维的能动性

思维可以能动地反映客观对象，是一个信息的加工、改造过程。因此，就产生了对同一事物不同的人有不同的理解的现象。例如有一篇《为骄傲正名》的文章，就谈到了对骄傲的各种不同的理解：

骄傲自大是无知、浅薄的表现，属于对自己认识的一种盲目性。这是一种理解。由于人们的立场观点、认识事物的角度不同，对同一事物，就会有不同的思考，有不同的理解。

思维的能动性表现在两个方面：其一是构思假设，形成问题。思维一旦形成假设，就能指导我们的认识活动，减少盲目性，提高认识活动的水平。以骄傲而论，可形成这样的一些问题：骄傲若属于自信心强，会不会有人认为是狂妄自大呢？假设有人认为骄傲是坚持真理，是否有人认为是自我膨胀呢？其二，要把这些问题搞清楚，就要进行推理，从这些假设性的问题中，推衍出新的知识来。可见，思维的能动性也是十分明显的，它体现出一种自觉的努力，一种积极的思维活动。

这里我们不妨把思维和意识、认识做一比较。比较思维和意识、认识，我们认为，思维与意识、认识虽然都是人类所特有的，人们通常把它们通用，但它们并不完全一样。不一样的原因，就在于思维具有能动性。就思维和意识而言，应该看到，思维和意识是有通性的，这是因为意识包含了思维，思维体现了意识。因此，在某种意义上，通用思维和意识是可以为人接受的。但是，作为严密性极强的哲学教科书，在使用专门的哲学术语上则来不得一点误差。思维和意识虽然密切联系，不可分割，具有通性，但毕竟有差异，这是因为，思维是意识中最高形式、最深刻内容的体现，它有能动性，显示了主观对客观的能动作用，而这种作用并非人类意识中都具有的。因此，笔者认为，现行哲学教科书提及的"意识能动性"并非妥当，它应由"思维能动性"所替代。就思维和认识来说，我们知道，认识是主体对客体的反应，而这种反应分低级阶段和高级阶段，前者为感性认识，是对客观事物的现象、各个片面和外部联系的反应；后者为理性认识，是对客观事物的本质、内部联系的反应。比较前后者的反映内容，我们以为，前者是一种机械的反映，后者则是一种能动的反映。思维是认识，但并非认识都是思维，只有能动的反映，即理性认识才属于思维。由此，我们认为，思维的根本特点在于能动性，缺乏能动性，就无所谓思维，人的意识、认识也就无法显示出对实践的指导作用，而一切把思维和意识、认识混为一谈的做法都是不妥的。

（六）思维的创造性

思维的能动性是和思维的创造性密切联系在一起的，古人云："行成于思，毁于随。"这里的"思"指新的探索，"随"指因循守旧。要"思"就必须有新的探索，即创造性，抛开因循守旧，否则就不能取得任何成就，这就是古人给我们的告诫。思维贵在创造。所谓创造，就是指思维能根据人类的需要去反映世界，能触及事物内部反映其本质和规律，能按照人类的希望，建构出一个理想的世界。创造的实质是创新，即"想前人所没有想过的事"，而达到"干前人所没有干过的事"。这正如我国著名学者陶行知所说："敢探未发明的新理，即是创造精神。"思维不能没有创造，有了创造，才有思维的能动性，才有思维对人们的实践的指导作用，因而，也才能完成思维的任务。

三、国内外思维教学研究概况

思维学的研究深入到教育学研究领域,就产生了思维培育学。思维培育学的研究深入到语文教育的研究领域就产生了语文思维培育学。

（一）国内思维教学研究概况

思维科学的建立,无疑为学校培养学生思维品质和思维能力送来了东风。张得绣的《创造性思维的发展与教学》和陈龙安的《创造性思维与教学》便是在思维教学方面最早开出美丽的鲜花。一些语文教育界的学者还把语文思维培育的专题研究也纳入了思维科学的体系,作为思维科学的一门应用理论学科的体系。卫灿金先生著的《语文思维培育学》、彭华生先生著的《语文教学思维论》、黄亮生先生著的《中学语文思维培育导引》、陈玉秋先生著的《思维学与语文教育》等相继问世,一些研究语文思维教学的文章也陆续出现在我国各类杂志上,这就大大丰富了语文思维教育研究的理论。这些理论均有其科学性、合理性、可行性和可操作性,因而也就具有实效性。但是时代总是在向前跃进的,人类的思维能力、创造能力要不断地发展,启迪思维教育的理论也需要与时俱进,需要继续完善、深入、丰富和发展。这些理论运用到语文教学实践中取得的经验需要认真总结和推广,出现的问题和矛盾需要正确地处理和解决,产生的各种认识误区也需要尽快地得到纠正。这一切,正是本书需要研究的问题,也是本书与其他语文思维教学理论研究的不同之处。

（二）国外思维教学研究概况

到20世纪五六十年代,西方对有关思维教学的理论和实证研究均已取得长足发展。特别是进入20世纪80年代之后,美国掀起了声势浩大的思维教学运动,有关思维教学的研究随之进入空前繁荣时期,形成了许多思维教学的模式,如威廉斯的教学模式、吉尔福特创造性思维教学模式、帕尼斯创造性问题解决的教学模式、泰勒发展多元才能的创造性思维教学模式,等等。国外有关中小学思维教学的研究主要集中在思维课程开发与教学策略、思维教学中教师的角色、思维教学的政策与制度支持等方面。在已有的研究中，对于思维究竟是否可教、思维教学应该教什么、思维应该如何教等问题还存在不少争议。

第二节　开发思维以及在教学中的作用

学生的思维蕴藏着极其宝贵的资源，开发思维资源，学生的潜力将得到更大发挥，听说读写能力将得到更快发展，每个学生将得到更丰富的学习资源。

一、开发学生的思维资源

开发思维资源，应注意以下几个方面。

（一）开发儿童的思维资源

开发思维要从儿童抓起，思维的器官是大脑。幼儿大脑的发育关系着未来的思维能力。怀孕初期，胎儿的神经系统开始发育。第四周时，胎儿就有了神经管，神经管上又形成端脑、间脑、中脑、后脑、末脑。3个月后，大脑开始形成。5个月，胎儿头部已占身体的1/3，并能记录出脑电的活动。7个月，胎儿大脑沟回已形成，大脑皮层迅速扩大。出生时，胎儿大脑的细胞分化、细胞层次的分化已基本完成，大脑神经元的数量也基本达到成人的水平。

胎儿期和婴幼期是大脑发育的关键阶段，必须提供充足的物质养料与信息养料，开展适合儿童思维发展的活动，为儿童学习语言，推动思维发展创造必要条件，以保证儿童早期智力的开发。为此，要注意三方面的问题。

1.智力开发宜早

儿童智力的早期开发，关系着人类的进步。从婴儿坠地，就开始了受教育的过程，就开始了思维发展的过程。

美国心理学家布鲁纳做过一个试验，他把一群孩子分为两组，一组放在一间有着雪白的墙壁、天花板和地毯都有彩色花纹的房间里，还有音乐、玩具；另一组放在一间有雪白的墙壁和天花板的空荡荡的房间里。数月后测定智力，发现在有彩色的环境中生活的一组，比在单调的环境中生活的一组智力发展要快。

这说明智力开发，的确应从婴儿时代抓起。就拿语言学习来说，语言具有概括性，它对概念的形成，对抽象思维的发展，都有重要的意义。让儿童在1岁内学会说话，其智力往往超过一般儿童的5%~20%。二三岁时，是儿童学习语言的敏感期，语言掌握较丰富的儿童，思维也较活跃。

2.智力开发要循序渐进

从儿童到青少年，智力发展有一定的顺序：如幼儿的智力总是先从感觉动作阶段发展到形式运算阶段。幼儿时期（3岁前后）左半球语言中枢、判断机制还未成熟，其思维就是"情境思维"，这种"思维"是形象思维和情感思维的某种雏形。人的成熟的形象思维、情感思维就是在"情境思维"的基础上形成的。中学生的智力开发、思维训练，不同的学生虽有不同特点，但也有一个共同的顺序，那就是从以形象思维为重点，逐渐发展到以抽象思维为重点，进而加强辩证思维训练的过程。

3.智力开发要注意综合性

抽象思维或逻辑思维是侧重于以左半球大脑皮质第二、第三机能联合区为物质本体（生理机制）来进行工作的思维活动方式；抽象思维是以第二信号系统"词"为单位"细胞"的思维。

大脑右半球没有语言中枢。所以，在右半球的大脑皮质第二、第三机能联合区里，就发展了对除"词"以外的各种信息的加工能力。于是，就出现了右半球同形象思维、视觉图形、整体性映像、音乐鉴赏有关的事实。

脑作为一个整体，大脑两半球作为一个对立统一体，又是不可分割的。上述抽象思维侧重在大脑左半球为物质本体，就是说，进行抽象思维，左半球是矛盾的主要方面。与此同时，矛盾的非主要方面右半球仍起作用；反之，当大脑皮质第二、第三机能区联合成为形象思维的物质本体时，右半球是矛盾的主要方面，而左半球仍起作用。大脑左右两半球被命名为"胼胝体"的两亿多根神经纤维连接着,一个脑半球学到的知识可传给另一脑半球,一个脑半球起作用时,也会受另一脑半球的影响、制约。可见两脑半球是既分工,又协同互补。例如,中学生读诗写诗,主要是形象思维、情感思维、灵感思维在起作用,但绝不能排斥抽象思维的作用。而且,智力是一种综合的能力,它是由多种因素组成的。观察、注意、记忆、想象、思维、创造、语言等能力都属智力的重要因素,都需综合培养。只有这样,学生的智力才能更好地发展。

（二）引导学生进行积极思维

语文教学活动是一个以学生为主体、教师为主导,通过有目的有计划的科学训练,使学生获得知识,并发展智能的过程。而学生知识的获得、智能的发展,必须通过积极的思维、科学的学习方法来实现。教师应从如下方面引导学生进行积极思维。

首先,语文教师必须明确:只有使学生把知识的学习与崇高的理想结合起来,才能产生真正的积极性。因此,语文教师应满怀深情向学生讲明,并利用各种机会证明,语文在学习、工作、生活中的重要性,使学生也怀着深情来学习语文。为此,教态应亲切。所谓亲其师,方易信其道。态度亲切,说话风趣,学生听课如坐春风,又何乐而不为。这样,学生必能沿着教师引导的思路,在学习上孜孜以求。

其次,教学语言应力求简明、生动,力避累赘重复。简明,指教学语言逻辑严密,适合学生接受水平；生动,学生才乐于接受。教师讲课语言干瘪、枯燥、缺乏情趣,啰唆重复,只能使学生昏昏欲睡,感到厌倦,教学用语"华丽",但艰涩、散乱,学生听不明白,抓不住要领,同样不能充分调动学生学习的积极性。

再次,教师的导,要突出重点,要有启发性。重点是"纲",以点带面,则纲举目张；讲述重点明确,学生听课思路清晰,还有利于发现学习中的新问题。人的思维总是以发现问题开始,以解决问题为目的来不断深入的。语文学习是在"不知"与"知"这对矛盾的对立统一中不断发展。这就要善于启发提问,以引起学生的探索与思考。

比如在作文指导中，就可提出这类问题让学生思考：你这样写也可以，是否还有更好的写法呢？这种看法真有道理吗？能否提出相反的看法？这样写理由是不是很充分？是否有例外？有人会反驳吗？多提类似问题，让学生结合自己的、同学的习作思考，作文的提法、措辞就会准确、严密，少犯逻辑错误。教师的提问就是向学生调查的一种方式，让学生自己思索释疑，较之由教师给以现成答案，更适合训练学生思维，学生兴趣也就更浓。

教学应该适合学生水平。因为学生学有所得，是使学习积极性持久和高涨的基本条件。教师从制订计划到进行教学，只有适合学生水平，才能使他们经过努力，不断进步。这就有个因材施教的问题，教师只有善于对不同的学生进行切合实际的引导，才能大大提高语文教学质量。

最后，还必须改变教学方式。语文教师的教学方式如能常教常新，适当变换、交替，则易吸引学生学习的注意力。当然，教学程序变化太大，也会使学生难以适应。有的老师交替运用不同教法，以调动学生积极思维，效果很好。如教宋词《雨霖铃》《扬州慢》着重让学生诵读，引导他们深入讨论其中的造句特点和抒情手法；教《子路、曾皙、冉有、公西华侍坐》，着重分析如何通过语言表现人物性格；教《齐桓晋文之事》，着眼于本文围绕中心层层深入的论证方法和对孟子政治主张的评价。在讲读方式上，《宋词二首》由示范朗读开始；《子路、曾皙、冉有、公西华侍坐》由学生分段翻译，兼以教师点评；《齐桓晋文之事》则从标题所示的历史事件导入。这一切，均以教学需要为转移。

当然，调动学生积极思维的方法很多，如通过比较事物异同，可以帮助同学打开思路，发现问题，提高鉴别力。

中学语文教材以单元编排，为进行比较思维教学提供了广阔的天地。

引导学生积极思维的方法有不少，教学的具体组合方式也灵活多变，但对思维的研究，对语文教学中的思维能力的培养，则应坚持以下三条方法论原则。

1.整体性原则。学生学习语文，进行思维活动，从选取、存储信息，到加工改造信息，再到输出信息，进行听、说、读、写的实践，中间必须经过一系列的中介系统与反馈过程。因此，要从整体着眼，分散训练，取得最佳的效果。

2.系统性原则。语文教学从单元到一册课本，到整个教学计划的贯彻、教学目标的实现，都有一定的系统结构。教师与学生的思维活动，必须放到这个系统结构的"框架"中，才能取得好的效果。从学生的认识活动过程看，认识一般要由感性阶段发展到理性阶段，再进入实践的过程。在这个过程中，认识的每一阶段都是作为系统结构的要素存在并发挥作用的。正是这种系统性，思维才表现出连贯性和逻辑性。完成语文单元三种类型课文的教学过程，也正体现了这种连贯性和逻辑性。

3.层次性原则。语文教学中的思维活动，如果只看到整体性和系统结构性的特点，而忽视层次性，往往会流于空泛和抽象。但若把某一层次当成思维的全部或整体，也会流于偏狭片面。语文教学从字、词、句、篇到与整个教育的关系，都存在着一种有层次的系统结构，每一层次都是处在一定系统结构中的要素。就拿字的教学来说，它也是由音、形、义的结构层次构成的。

宏观上把握了以上原则，就能使微观的思维训练方法更好地为语文教学改革服务。

二、思维在语文教学中的作用

（一）对语言的理解

语言是一种信息符号，语言是人类创造的以语音和意义相结合的信息符号系统，其特征如下。

1.语言是人类特有的一种能力。动物传达某种感觉、表达某种意思的手段，如鸟语、虫鸣、鸡叫等，并不属人类所特指的语言范畴。只有人类才通过语言进行交流或交际，借助语言表情达意。

2.语言比其他符号系统更为复杂，并具有"强生成性"，即每一种语言符号（如音位、语素、词）数目有限，但按一定的规则或模式，可以生成无限的句子。这个特点就决定了语言只包括口语和文字形式的"自然语言"，以及数学表达式、计算机程序语言等人工语言。

3.语言是载有信息的符号系统，它不仅可以传达思维信息，还能通过思维携带自然信息和社会信息。没有信息量的语言只是空洞符号；语文教学绝不能只教空洞的语言文字，应把语言文字同思想内容结合起来，同文化内蕴结合起来。

4.语言符号具有约定性。语言符号（语音、文字）与意义的结合是约定俗成的。约定俗成是任意性和强制性的统一。语言符号在制定阶段具有任意性，但在使用阶段具有强制性，否则无法进行正常的交际。从这个意义上讲，必须让学生牢固掌握语文这个基础工具和文化载体。

语言是包括语音、语义和语法的有层次的结构系统。语文教学也应有逻辑层次地把《大纲》要求的语言知识交给学生，这就必须明确：语言有两个方面——语言和言语。前者是语言集团言语的总模式，是世代相传的语言系统。后者是指个人的说话，是个人运用语言的社会行为。语言和言语是一般和个别的关系，语言是从言语中抽象出的共性、本质方面，言语则是语言的个性、现象的方面，言语指言语行为，也指言语结果，前者为动态，后者为静态，语文教学就是言语教学。中学生只有通过语文学习学好言语，才能不断净化、美化自己的言语。

（二）思维与语言的关系

1.思维和语言之间，是一种相对独立的关系

思维是一种包含物质内容的精神现象，语言则是一种包含精神内容的物质现象，是思维的物质外壳或思想的直接现实。思维与语言绝对不能分开，但它们之间也有相对的独立性。

2.思维和语言的区别

从生理基础考查，思维与语言活动都是大脑与感官的综合效应，但思维器官主要是大脑，语言器官主要是口腔和喉头等执行说、写、听、读功能的效应器官或感官。

再从信息论的角度来看，思维与语言过程的区别：思维过程可按"信息输入—信息加工—信息输出"分阶段。语言过程则按"信息编码—信息传递—信息解码"分阶段。从次序与内容看：语言过程的信息编码与思维过

程的信息输出部分重合，即为了表达思想进行语言编码时，思维过程就向语言过程转化。语言过程的信息传递包括"发送—传输—接收"，发送主要由发音器官负责，思维只起控制作用；传输是靠声波，完全与思维脱钩；接收又回到思维过程的信息输入阶段，但感官只是接收到全部输入的语言信息的一部分，思维尚需非语言信息输入方可正常进行。语言过程的信息解码与思维过程的信息加工亦部分重合，但思维的信息加工，除对解码后的语言信息综合处理外，还要加工各种非语言信息。再一个区别是思维具有人类性，语言具有民族性。

（三）思维对语言的决定作用

语言是在劳动和思维相互作用的推动下产生的。有了语言，思维就获得了向抽象性、概念性发展的手段，它可凭借实物和动作进行，也可只用语言符号进行，思维成果也在语言中得到保存，通过语言进行传达、交流。从这时起，精神劳动就可以和物质劳动分离。

文字的产生与发展，更足以证明思维所起的决定作用。文字的产生和发展，不同的民族大致都经历了从实物到图画文字、象形文字、拼音或音节文字几个阶段。实物、随后的刻痕记事、结绳记事皆非文字，乃是同彼时的直观动作相适应的。图画文字记载的不是言语而是直接的知觉和表象形象，乃是同彼时具体形象思维相适应的。音节文字和拼音文字则是抽象思维发展到一定阶段的产物。

至于"人工语言"，如世界语、计算机语言等，思维在其创造中也是起决定作用的。以人脑为起点，以电脑的"电子—语言"为中介，最后又回到人脑，这就是人脑电脑统一活动的实质。通过这一思维活动，就实现和扩大了人的智能。

（四）思维在语言使用过程中的作用

我们用短语来表达思想时，通过思维，在遣词造句前，可以形成比较明确的思想。但在较长的语言过程发生之前，我们常常不能清楚地估计到我们要说的每一句话是什么，脑海里似乎是模模糊糊的。有时在课堂讨论中的即兴发言，更是如此。如果词不达意，未说清楚想说的问题，或者说了未认真想过的问题，可能会感到遗憾；如果说话的客观效果好，也可能很满意。这除了表达能力的强弱外，也与思维指向性的强弱密不可分。

在学习、生活中对一定问题思考时间愈长、范围愈宽、内容愈深刻、要求解决问题的压力愈大，思维的指向性一般就愈明确与灵活，语言表达也就愈主动与清晰，如不假思索、信口开河，语言表达就会东拉西扯、一团乱麻。

语言学习，在某种语言单位中确定一词多义的一种切近意义，在一义多词的语言现象中选择恰当的词句，这显然是思维的功能。如果头脑加工的不是语言信息，那就要进行某种转换。如看图作文，思维对语言的选择性功能就更大，而且要更多地发挥创造性思维。

人们每天都要接触大量的语言，但输入大脑加工的只是一部分，其余的则视而不见，听而不闻。可见言语的接收，绝非仅由感官被动承担的任务，而有一个由大脑思维活动指挥的主动筛选过程。可见，言语的使用，直接体现着思维的选择性与创造性。同时，思维内容还决定着语义。语义即语言的意义，一般指词、词组与句子所表达的意思。它是思维和语言关系中的核心问题。

单词的普遍意义和特殊意义是统一的。单词离开具体的语句，仍保留着普遍的稳定的意义。单词进入具体的语句，就会获得特殊意义。

单词的一般思维内容则是在特殊思维内容的具体运用中体现出来，是表达一般思维内容向表达特殊思维内容转化的结果。由此可见，对语义的理解和运用离不开思维，思维能力愈强，愈能通过一定语境，正确理解词句的特殊意义，可见语文教学与思维密不可分。

第三节　语文思维教学的思想内涵

一、"语文思维教学"的界说

首先要弄明白什么叫语文思维。所谓语文思维,是指一切参与各种语文学习活动的思维。这种思维既要受语文学习活动的制约,从而打上语文学科性质的烙印,又会对各种语文学习活动施加积极影响,从而成为提高学生语文素养的助推器。

我们认为,语文思维教学是指在语文教学活动中,运用相关的思维理论知识,通过识字写字、阅读、写作、口语交际以及综合性学习实践活动来训练学生各种思维素质和思维能力,进而促进学生语文素养全面提高的教学。语文思维教学的核心就是在各种语文教学活动中对学生的思维素质和能力进行扎实而有效的训练。语文思维训练的过程是在科学先进的语文观指导下,让思维主体(学生)的语文思维结构,作用于所要研究探讨的语文知识与能力上,并使之产生分析、综合、比较、抽象、概括这一过程。在思维训练过程中,师生之间、生生之间、师生与文本之间要进行多方交流,持续不断地进行信息的传递和加工,异中求同,同中求异,使学生这个思维主体的思维意识不断地得到优化,不断地在"聚合—发散—聚合"的碰撞过程中将思维推向高潮,推向深处。

二、把握语文思维教学的特点

既然语文思维教学的落脚点是各种语文教学活动,在加强对学生思维素质与思维能力的训练上,我们就要首先明确语文思维教学中开展思维训练的基本特点。

（一）思想的交流性

引起思维意识的主要方式是交流。师生大脑内部的信息在思维交流中得以交换，思维得以不断的调整。在这种持续的交换、调整中，学生的思维更趋于系统化、具体化。在语文的听说读写教学活动中，学生通过讨论、争论、辩论、鉴别、思考、验证，使思维的方向、范围、内容、进度得到积极调整，对教师反馈的信息进行变通性的加工整理，使其对客观事物的认识迈向更新更高的境界，为思维的深化和创新创造良好的条件。学生在交流中互相质疑、互相启发，思维由疑而生，经交流而发散，再由发散到聚合，这样学生对文本的解读也就逐渐趋于正确，思维逐渐趋于辩证。这充分体现了思想交流在思维训练中的妙处。

（二）训练的整体性

基础教育课程改革的基本理念就是要面向全体，全面发展，主动发展。语文课程标准也强调要全面提高学生的语文素养，而思维品质的培养已纳入提高语文素养的范畴。从这个意义出发，必须强调思维训练要面向全体学生，面向每一个基础知识有差异的学生，使每个学生都能在原有基础上得到发展和进步。所谓"全面发展"是指平等发展、自由发展、和谐发展、个性发展。语文思维训练要特别突出学生思维个性的最优发展，要从学生思维特点出发寻找突破口，因人施教，因材施教，让学生在扎扎实实的语文思维训练中得到思维个性的充分发展。学生探讨问题的兴趣受自身认识水平差异的制约而有所不同，教师的功夫要下在调动所有的学生都能参与到对问题的思考和探索之中，让不同程度的学生都有发表自己意见的权利和机会。对于思维能力差的学生，不能冷淡他们，疏远他们。教师要循循善诱地呵护他们，让他们得到更多的思维训练的机会和获得成功的喜悦，从而提高他们参与思维训练的主动性、积极性，这有利于班级的整体思维能力上一个台阶。思维训练中，学生发表与教师想法不一致的意见是常有的事，教师不能压制不同意见。如，一个语文教师向学生提出一个问题：玻璃杯里面放了一个乒乓球，有多少种办法把它拿出来？这个问题有利于激活学生的发散思维。学生七嘴八舌，有说用手抓出来，有说用筷子夹出来，有说把玻璃杯倾斜，将乒乓球倒出来……老师听了一一含笑点头，因为这些答案都在教师的意料之中。可是，有个学生说："我把玻璃杯摔碎，乒乓球就出来了。"教师把脸一沉，然后指责学生："小聪明，烂点子，这是损坏公物，这样做是要犯错误的！"教师的这种指责只会打击学生主动参与思维活动的积极性，使他们的思维处于抑制状态。教师要深入学生，去接触、了解、研究学生的思维方式，使思维训练更能有的放矢，且矢能中的。

（三）内容的广泛性

语文与生活的外延相等，这就决定了语文教学中思维训练的内容是丰富多彩的。古今中外，政治、经济、军事、外交、学校、家庭、社会、理想、法律、伦理、道德、情操、建筑、文学、绘画、雕塑、音乐、舞蹈等，凡课文所涉及的内容无所不包。教师对思维训练要克服随意性和盲目性。要有整体考虑，通盘设计，要研究思维训练的系统性、连贯性，研究新旧教材、新旧知识之间的连贯和各部分之间的联系，研究当前的训练内容必须考虑和过去以及今后的训练内容相衔接。教师还要了解所教学生的思维情况，从课标要求、教材特点、学生学情出发，确定思维训练的最佳内容和方法，使"矢"和"的"和谐地碰撞起来，以提高思维训练的实效性。

（四）形式的渗透性

在语文教学中，思维教学不是孤立地进行的，而是将思维训练渗透到识字写字、阅读、写作、口语交际、综合性学习实践活动之中，使语文学习活动与思维训练水乳交融，互相促进。比如教《罗密欧与朱丽叶》，在学生熟悉故事情节、人物形象、主体思想的基础上，教师设计一个训练题：朱丽叶醒来，见罗密欧已真正死去。请你通过想象，把朱丽叶此时此刻的心理活动刻画出来。有的学生写道：朱丽叶想到，自己心爱的人已经为她殉情，她再苟活在这个世上还有什么意思？决意以死来报答罗密欧对她的爱。这样的心理描写，表达了朱丽叶对爱情的忠贞。有的学生写：朱丽叶见罗密欧死去后异常悲痛，眼前的惨象勾起她对往事的美好回忆，回忆越是美好，对罗密欧的死就越是感到悲痛。有的学生写道：朱丽叶由眼前罗密欧死去的惨象来反思导致他们二人悲剧的根源。这些，都使得学生对戏剧主题的批判性有了更深刻的认识。这个案例属于对戏剧的阅读教学，着眼点是文本解读，是一种创造性的阅读，因为它含有对作品进行二度创作的因素。但在这个阅读教学片段中，又渗透了思维训练的教学。整个教学活动以想象的形式展开，激活了学生的发散思维，进而对作品进行了多元解读。可见，语文教学中思维教学的形式具有渗透性。

在语文教学中渗透思维训练较之其他学科有着得天独厚的优势。比如数理化学科，就主要适合训练抽象思维，其他思维的训练会受到学科内容的限制。而语文教学内容的广泛性决定了思维训练的多样性。说明文、议论文的阅读与写作教学最适合渗透包括辩证思维在内的抽象思维训练；记叙文，特别是文学作品的阅读和写作教学，最适合渗透形象思维、直觉思维、灵感思维的训练。语文教学不仅帮助学生学习内容，更重要的是学生还要学与内容相关的语言表达形式。语言是思维的物质外壳，思维是借助语言来进行的，调整语言本质上是调整思维，学习语言本身就是在学习思维。

第四章　语文教学中的思维类型与训练

本章分别论述了形象思维、抽象思维、辩证思维、灵感思维、直觉思维、相似思维、创造思维等七大思维类型与语文教学极为密切、不可分割的关系，既有对理论研究成果的借鉴与发挥、教学经验的总结与发展，也有对思维训练科学途径的探讨。

第一节　语文教学中的思维类型

一、形象思维与语文教学

（一）形象思维的概念和特点

1.形象思维的概念

形象思维是人的大脑自觉反映客观的具体形状或姿态，运用观念形象（意象）加工感性形象，从而能动地指导实践，创造物化形态的思维活动。它可通过创造真实感人的艺术形象来反映生活，揭示生活的有关本质与规律。

形象有主客观之分，客观形象就是能引起人的思想或感情活动的具体形状或姿态，也就是客观事物在立体空间中的存在状态，及这种状态随时间而发生的变化。主观形象是客观形象在人的感官与头脑中的能动反映。

主观形象有初高级之分：初级阶段，即感性形象认识阶段，主观形象分为感觉形象、知觉形象、印象和表象。高级阶段，即理性形象认识阶段，主观形象表现为意象，它是观念的或理性的形象。

客观形象是纯客观的，但主观形象不是纯主观的，它的形式是主观的，内容是客观的，可见主观形象是主客观统一的形象。

还有另一种主观形象（意象）的物化形式，如艺术形象，有人称之为物化形象。艺术形象的主客观统一，是"主观见之于客观"的形象，即通过形象思维指导的实践活动而创造出客观形象。所谓主观形象，则是"客观见之于主观"的形象。

形象思维是一种以客观形象为思维对象、以感性形象为思维材料、以意象为主要思维工具、以指导创造物化形象的实践为主要目的的思维活动。

2.形象思维的特点

形象思维最突出的特点是鲜明的形象性，有时还带有浓郁的感情色彩，并通过一定的个性来反映共性。

（1）形象性

首先，形象思维是以客观事物的形象作为思维的对象。自然界美不胜收的景物，千姿百态的景色，各种人物的音容笑貌，各种人造物的状态，各种文学艺术的形象，等等，这一切构成了人们认识大千世界的内容。

其次，形象思维主要使用意象、具体概念、形象的语言、各种图形等形象性的思维工具。形象语言从性质上分为三类：视觉语言、听觉语言、视听综合语言。这三种语言又可分为名词、动词、形容词。名词反映特定事物形象，如人、湖泊；动词反映特定事物运动形态，如哭、笑；形容词反映事物的性质、状态，如绿、尖等。人们运用形象思维的工具，就可对事物的客观形象进行分析、比较、综合、概括，引起联想与想象，创造新的物化形象。

再次，形象思维除使用形象性语言外，还可使用形象性的非语言手段，如图形、模型、动作、表情及各种姿势等，来传达思想、情感，表达意象。

（2）通过个性反映共性

形象思维通过个性反映共性，揭示个别事物的本质特征、必然的运动发展来认识某类事物的共同本质和普遍规律。

美国著名学者斯佩里（诺贝尔奖获得者）通过研究发现，人脑左半球主要管理人体右侧运动，具有逻辑思维、求同思维以及言语、计算等能力，名为"理性半球""逻辑半球""知识的脑"。左半球比右半球有强得多的控制能力。右半球主管人体左侧运动，具有直觉思维、求异思维，偏重于对音乐、舞蹈、节奏、绘画等空间形象感受和识别能力，与人的想象能力相对应，名为"情感半球"或"创造的脑"。形象思维的生理机制来自大脑右半球。实验证明，科学家在紧张进行研究工作时，大脑左半球是明亮的，表示其抽象思维异常活跃；而右半球也稍有亮点，但大半区域是暗淡的。相反，艺术家在艺术创作的高潮时，右半球是明亮的，左半球也有些亮点，但大片区域是暗淡的，表明形象思维在正常运动。同时也说明，在思维活动中，以某种思维为主，需要多种思维的相互配合、协调统一。

（二）形象思维的过程

形象思维作为一种认识活动，体现着感性和理性的统一，认识活动和指导实践的统一。形象思维作为一个完整的认识过程，它要经历"两次飞跃"，即经历从感性形象认识向理性形象认识的飞跃，再经历从理性形象认识向实践的飞跃，形象思维才能通过实践反馈而反复循环，不断由低级向高级发展。我们可以把它分为初级、过渡、高级三个阶段来理解。

1.初级阶段——感受摄像储存

（1）形象感受。形象思维须以形象感觉为基础才能进行。对事物较完整的感性直观产生于知觉。形象视觉和另一种感觉集合，一般会构成知觉形象，其他感觉对视觉形象起补充或修正作用。

形象感受是形象思维的第一个环节，是思维的基础，是艺术想象的依据。形象感受有主动与被动、局部与整体、有序与无序、初次与反复之分。列夫·托尔斯泰在创造安娜·卡列尼娜的形象时，曾经从普希金的女儿那儿得到形象感受，获得美感启发，把她作为原型，作为艺术想象的依据，不论在性格还是外表的塑造上，都贯注着她的神思。这是一种主动的、整体的、有序的、反复的感受。如果我们硬被拖去游览某风景区，从未到过那地方，心中老想着其他的事，那么对风景区的感受则是被动的、局部的、无序的、肤浅的。而形象感受则必须有主体的积极参与，多方面感知，反复思考，才能获得真切的感受。

（2）形象摄像。摄像是形象思维过程的起点形态。它是思维过程的第一个关口，它是由感性认识进入形象思维过程，既相互联系又根本区别的边界关口。

摄像是在表象的基础上摄取有特征影像的认识形态。它保留了表象的直观可感性，但它所摄取的是经过选择的富有特征的影像。摄像有动静之分，局部整体之别。

动态摄像。它是指摄取对象在活动中有特征性的影像。它通常是对象活动各发展阶段有特征的表象的综合。如《药》的第一部分，写华老栓买"药"，从准备出门，走向目的地，在刑场向康大叔买人血馒头，以及看客们"鉴赏"杀人"盛举"的场面。通过这些动态摄像，来反映华老栓与看客的愚昧、麻木，揭露封建统治阶级镇压、毒害人民的罪行，勾勒出夏瑜惨遭杀害的社会环境。以上摄像动中有静。

局部摄像。它是指摄取对象局部具有的特征性的影像。如郁达夫在《故都之秋》中对北国秋天的槐树进行这样的摄像："北国的槐树，也是一种能使人联想起秋来的点缀就像花而又不是花的那一种落蕊，早晨起来，会铺得满地。脚踏上去，声音也没有，气味也没有，只能感出一点点极微细极柔软的触觉。"作者对北国之秋所突出摄取的对象是槐树，从局部使人感到秋意悄悄来了。

整体摄像。它是指摄取对象整体有特征性的影像。如《祝福》的开头对祥林嫂的死和死前的悲惨形象就进行了整体摄像，借以突出悲剧色彩，造成强烈悬念，使小说一开始就具有动人心弦的艺术力量。

（3）形象储存。感觉形象和知觉形象在头脑记忆中的储存称为印象。表象是对记忆下的印象的回忆。表象与感觉、知觉印象相比，具有一定的间接性、概括性，它的反复进行就使表象可能变成反映事物特征的摄像。如从一张秋天红色的枫叶，概括出众多的秋天的枫叶都具有红色的特征。这就为感性形象认识向理性形象认识的转变提供了可能性。

形象储存是形象思维的第二个环节。既有形象的感受，又有形象的储存记忆，印象清晰，而且有可能把握住生动的细节，成功地进行艺术创作。

2.过渡阶段——判断加工意象

形象思维的过渡阶段要进行形象判断。这是继感知、储存之后，形象思维的第三个环节。它可分两类：一是简单直觉形象判断，指对客观事物表面形态的识别辨认。动物只有简单直觉形象判断，如军鸽能从千里之外飞回营地。二是复杂直觉形象判断，指对客观事物表面形态的识别与内在实质理解的辩证统一。

诗人与画家用不同的形式，创造了美的形象。这形象，反映了作者对自然美的感受、观照。当我们沉醉于美景，也许并未想到什么，而感到的是它的形式。诗人查慎行漫步溪边，见繁星、远山、园林、树荫、萤火、山泉，听蛙鸣、听水声，心感自然的优美，赏心悦目于美感中，似乎并未沉思。我们观自然美景，看文艺佳作，也离不开直观感性形象给人的印象，美学家就把人们在观赏美、创造美时的感性心理特征，叫作美感直觉，也叫审美直觉。过渡阶段，要由感性形象向理性形象过渡。这个阶段主要通过对感知印象的"由此及彼、由表及里、去粗取精、去伪存真"的过程而形成直觉。意象属于观念形象，表象、摄像是连接感性和意象环节，在表象、摄像基础上进行的形象思维。意象，是对摄取并储存在头脑中的影像信息进行改造，是对过去记忆中已形成的那些暂时联系进行新的组合，是对已有影像的新的加工与判断。通过加工与判断，人们便有"意"把某类事物的特征概括熔铸于创造出来的新形象之中。

语文教学中的意象，主要有以下几类。

（1）动态意象。指捕捉、概括对象某些动态特征，能够反映某类特定本质的意象，如《祝福》中的祥林嫂……脸上瘦削不堪，黄中带黑，而且消尽了先前悲哀的神色，仿佛是木刻似的；只有那眼珠间或一轮，还可以表示她是一个活物。鲁迅抓住"眼珠间或一轮"的特征所塑造的动态意象，仅一个细节就反映了祥林嫂惨遭迫害的悲剧命运。

（2）静态意象。指捕捉、概括对象某些静态特征，能够反映某类特定本质的意象。

如《琵琶行》中"别有幽愁暗恨生，此时无声胜有声"，"东船西舫悄无言，唯见江心秋月白"，就是在静中传出无限情意的动人意象。前两句使人感到余音袅袅，余意无穷。

（3）局部意象。指捕捉、概括对象局部特征，反映某类事物特定意蕴本质的意象。如《祝福》中对鲁四老爷房中陈设的描写，达到表现一定"气氛"和人物性格的目的。当鲁四老爷陈列福礼、恭请福神的时候，祥林嫂却怀着疑惑和极度的痛苦死在雪地里，通过这一意象，就揭示了封建礼教吃人的本质。

（4）整体意象。指捕捉、概括事物的整体特征，反映某类事物特定本质的意象。鲁迅说："人物的模特儿也一样，没有专用一个人，往往嘴在浙江，脸在北京，衣服在山西，是一个拼凑起来的角色。有人说，我的那一篇是骂谁，某一篇又是骂谁，那是完全胡说的。"当鲁迅和小说家们对他们的"模特儿"进行"拼凑"的时候，必然要多侧面、多角度地对其意象进行综合与概括，这样才能形成完整的整体意象。

（5）无形意象。指捕捉、概括视觉看不见的对象特征，反映某类事物本质的意象。如《阿Q正传》中阿Q在土谷祠里幻想革命，想到杀人、搬物，纯属心理活动。鲁迅将其无形的幻觉"复现"为具体的意象，就能揭示阿Q式革命的本质。

（6）变形意象。指改变事物的形体，以概括事物的特征，反映某类事物特定本质的意象。如古埃及的人面狮身像，安徒生童话的美人鱼塑像，《西游记》中有关孙悟空、猪八戒、白骨精等的意象，都是变形意象，它具有巨大的生命力，同样能从特定的角度揭示事物的本质。广泛而言，文艺中的一切典型，与现实生活中的真实形象相较，都是变了形的。

3.高级阶段——联想想象造像

形象思维从摄取影像，到意造新象，再到典型造像，就形成了形象思维过程由低级，经过渡，到高级阶段的三个层次。典型形象的造像，就是对意象的"部件"进行"总装"，就是要在意象对生活进行一般概括的基础上，对生活进行典型的概括。

典型概括的过程，是由个别到一般的思维过程，但这个过程主要不是抽象的判断与推理，而是典型形象的"再现"与"显示"，为此就离不开联想与想象。联想是从一事物想到另一事物的思维活动。意象是形象思维的细胞，本质上讲，形象思维的联想是从一个意象想到另一个意象的思维活动。联想以记忆为前提，没有对意象的记忆就没有联想。如我们保留在记忆中的"松树的风格"这一意象，可以联想到松树乃至杨柳的品行。联想通过揭示意象之间的关系，来反映意象的内容。如我们把穷人与杨白劳联系起来，可体现共性与个性的关系；把喜儿和黄世仁联系起来，可体现矛盾对立的关系；把杨白劳与喜儿联系起来，可体现父女之间相依为命的关系。意象的内容，就可在意象与意象的联系中揭示出来。

联想在反映意象之间关系的过程中，体现出对意象有所断定与评价的功能。联想要将各种意象联结来揭示意象内容。如杜甫的诗句"朱门酒肉臭，路有冻死骨"，反映了贫富差别，揭示了统治者剥削劳动人民的残酷社会现实。我国古典文学中常用的比兴手法，就是诗歌中以形象对比为主要形式的联想活动。

联想的基础是客观事物形象的相似性与接近性。但这相似与接近都不是绝对的。世界上没有两个人的相貌长得绝对一样，我们由浪里的鱼，想到梁山泊水中英豪张顺，是因二者在善游方面相似，故名之曰"浪里白条张顺"；我们由打虎武松的意象，想到卖烧饼的武大郎的意象，因他们是两弟兄，比较接近，但具有不确定性。

然而，形象思维的联想又有一定的确定性，它表现在"像与不像"之间有一定的伸缩范围，车队长，才像一条河，一辆车子不可能像一条河。张顺善游泳，才似浪里白条，若是"旱鸭子"，就不能如此取名。这"像与不像""接近与不接近"，就包含形象思维联想的确定性。所以，只有从确定性与不确定性相统一的观点出发，才能正确判断某一具体的形象思维联想是否符合客观实际。

想象，是人脑在联想的基础上加工原有的意象而创造出新意象的思维活动。联想只是由一种已知意象唤起另一种已知意象，从而揭示意象的内容与本质关系，并不创造新意象，而创造性则是想象的突出特点。例如《小二黑结婚》中的三仙姑及女儿小芹，就是赵树理用熟悉的生活实例在他头脑中形成的意象，创造出的新形象。

想象也要使用形象分析、比较、综合、概括等方式来加工理性意象，而绝非只是加工感知形象和表象。想象要在联想的基础上加工原有意象，创造新的意象。在联想和想象的基础上塑造典型形象，运用形象思维提炼、加工，使其具有典型性、立体性和真实性，这样产生的新形象才具有艺术的生命力。

（三）形象思维训练

形象思维训练从心理素质的角度考虑，在语文教学中，主要应对各种类型的联想、想象、表象、意象、情感等与心理成分相关的环节进行训练。

1.从仿写到创新的训练

仿写属模拟思维活动，模拟思维是对某种现成的事物或现象进行仿效的一种思维形式。学生进行仿写练习，有助于创造性思维的发展。在语文教学，仿写既可提高学生的写作能力，也能加深其对课文的理解，课文中获得的多方面的知识，得到进一步的巩固、提高。这种以写促读、以读助写、相得益彰的写作训练方法，对提高教学质量很有帮助。

（1）仿拟构思的训练。韩愈主张学古文要"师其意，不师其辞"。"师其意"就是指要学习范文的立意构思、选材剪裁、谋篇布局等方面的优点。如茅盾的《风景谈》，通过六幅画面——自然风光的描写，进一步赞颂主宰风景的人——解放区军民的生活和斗争，抒发深情。可结合课文，仿拟构思，以《风景新谈》为题作文。

仿写应从小学抓起，小学二三年级开篇就应以仿写为主，初中生的仿写，比高中生的仿写更为重要，小学、初中的仿写基础打好了，高中仿写就能出新意、创新篇。

（2）仿写技巧训练。写文章既要有好的主题与材料，又要掌握熟练的写作技巧，才能更好地表达自己的思想，使文章的形式和内容水乳交融。作者运用语言，通过一定的表现手法，处理材料与中心的关系，除了记叙、描写、抒情、议论等表达方式外，还有各种修辞手法的仿效与运用，各种写作特色与风格的借鉴、学习。

（3）仿写语言训练。如果说主题是文章的"灵魂"，材料是"血肉"，结构是"骨骼"，那么，文章的语言就好比构成人的生命基础的"细胞"。所谓"言之无文，行而不远"，从形象思维的角度考虑，主要应模仿练习那些生动形象、通俗朴实、含蓄简练的语言。

2.联想思维训练

联想是由一个事物想到另一个事物的心理现象。具体说，客观事物以一定的关系彼此联系作用于人脑时，会在大脑形成各种暂时联系；在作用终止后，这种暂时的神经联系以痕迹的方式留在头脑中；在一定条件下，这种联系可以活跃、恢复起来。

联想是想象的初级形态，它跟想象一样，在语文教学中具有重要的意义。比如，分析课文，须具有联想力，才能思考清楚现象与本质、内容与形式的关系；较强的联想力是作文精巧构思的基础，是用好语言的条件。修辞中的比喻拟人等，实际上是各类联想的不同表现，排比句、递进句，乃是横式联想、纵式联想的不同表现方式。各类体裁的文学类课文，从写作到教学都必须借助联想才能完成。

联想训练可以从对比、接近、相似、追忆、因果、推测和连锁方面进行。

（1）对比联想训练。对比联想是由对某一事物的感知引起相反特点的事物的联想。如古代民歌"月儿弯弯照九州，几家欢乐几家愁，几家高楼饮美酒，几家流落在街头"就运用了对比联想。中学课文中的对比联想很多，如《从百草园到三味书屋》，就是用充满无限乐趣、令人无限向往的百草园，来反衬对比枯燥乏味的三味书屋。再如《苏州园林》，作者采用对比联想的写法来突出事物特征，效果极佳。介绍布局，将苏州园内亭台轩榭的布局跟宫殿住宅相比，突出了苏州园林讲究自然之美、自然之趣的特点。对比联想的训练方法很多，如设计《××的变迁》《××的联想》之类的习题，让学生用对比联想的方法写作。

（2）接近联想训练。接近联想是指相邻的事物因时间或空间的接近而引起的联想。如《谁是最可爱的人》中有段文字："亲爱的朋友们，当你坐上早晨第一列电车走向工厂的时候，当你扛上犁耙走向田野的时候，当你喝完一杯豆浆，提着书包走向学校的时候，当你坐在办公桌前开始这一天工作的时候……朋友，你是否意识到你是在幸福之中呢？"这一组排比句写的事情都发生在清晨，因时间相同而发生联想。

（3）相似联想训练。相似联想是由对一件事的感受引起的同该事物性质形态相似事物的联想。如《绿》中写道:"那醉人的绿呀,我若能裁你以为带,我将赠给那轻盈的舞女,她必能临风飘举了。我若能挹你以为眼,我将赠给善歌的盲妹,她必明眸善睐了。"训练时,要让学生明确,其中有一组因形态与特征类似而构成的相似联想:"带"与"眼"分别显示舞女与盲妹的活力,人们又爱把"绿"视为生命的象征,故作者巧由潭的绿波颤动,联想到"带"的飘举和"泪"的流转。这样的相似联想,自然、优美、精巧。教师只做简单提示,学生便能由物及人,展开相似联想。

(4) 追忆联想的训练。追忆联想指由现实生活中的某一事物,引起人们对经历过的生活、见闻、知识等的回忆。徐迟写作《在湍流的漩涡中》,对周培源从20世纪30年代到70年代的经历,先是按时间顺序写,像记"流水账"一样。后来,他丢弃长达23000字的原稿,抓了"一刹那",把事件集中在一个晚上,再通过回忆加以展开,通过这种追忆联想的方法,使作品顺理成章,紧凑凝练,以7000多字的篇幅表现了人物坚定的斗争精神与丰富的内心世界。《祝福》先写祥林嫂在爆竹声中死去,再回忆她的一生,也是用追忆联想的方法。中学生写童年生活的回忆,就可用追忆联想。

(5) 因果联想的训练。因果联想是由原因想到结果,或由结果想到原因的思维方法。《荔枝蜜》就用了因果联想的写法:"小时候有一回上树掐海棠花,不想叫蜜蜂蜇了一下,痛得我差点儿跌下来。""从此以后,每逢看见蜜蜂,感情上疙疙瘩瘩的,总不怎么舒服。"后来是因为喝了"忙得忘记早晚"的蜜蜂酿造的荔枝蜜,才"觉得生活都是甜的呢";是因为了解蜜蜂用短促的一生"为人类酿造最甜的生活",就像辛勤的农民"为后世子孙酿造生活的蜜"一样,所以"我"才由讨厌蜜蜂,到"梦见自己变成一只小蜜蜂"。《荔枝蜜》的因果联想用得多么的巧妙啊!在作文中写自己喜、怒、哀、乐的人与事,可用因果联想的方法去写出原因。

(6) 推测联想训练。推测联想是根据已经知道的事情来推测不知道的事情的一种联想方式。例如,《从百草园到三味书屋》:"我不知道为什么家里的人要将我送进书塾里去了,而且还是全城中称为最严厉的书塾。"进书塾是知道的事情,只是不知为啥要进这"最严厉的书塾",所以才从童心出发展开推测联想:"也许是因为拔何首乌毁了泥墙罢,也许是因为将砖头抛到间壁的梁家去了吧,也许是因为站在石井栏上跳了下来罢。"作者运用联想推测原因。

(7)连锁联想训练。连锁联想是指运用联想的方法把几种事物一环扣一环地串联在一起,也可以从同一事物的不同方向进行两种以上的联想。如《荔枝蜜》由荔枝树想到荔枝蜜,由荔枝蜜想到蜜蜂的劳动,由蜜蜂的劳动想到农民的劳动。这是一环扣一环的联想。

3.想象思维训练

主要从再造想象与创造两个方面进行训练。

(1)再造想象训练。再造想象,就是根据别人对某一事物的描述,在自己头脑中形成新形象的过程。在阅读过程中,再造想象占据突出的地位。读者正是根据作者所提供的语言信息,唤起头脑中的有关表象,并根据作者的提示进行新的组合,从而再造新的形象。再造想象的训练,可将短小、生动、形象的古今诗歌,让学生改写为故事、散文,要求能再造出新的形象来。

(2)创造想象训练。创造想象就是不以现成的描述为依据,在头脑中独立地创造出全新的形象的心理过程。比如,"暴躁"是一种情绪,看不见,摸不着,茅盾在《追求》中,却直观地、具体地、形象地用语言把它描述了出来:"她暴躁地脱下单旗袍,坐在窗口吹着,却还是浑身热辣辣的。她在房里团团地走了一个圈子,眼光闪闪地看着房里的什物,觉得都是异样地可厌,异样地对她露出嘲笑的神气。像一只正待吞噬的怪兽,她皱了眉头站着,心里充满了破坏的念头。忽然她疾电似的抓住一个茶杯,下死劲摔在楼板上,茶杯碎成三块,她抢进一步,踹成了细片,又用皮鞋的后跟拼命地研研着……"在这里,人物的暴躁情绪具体生动地展现了出来。

培养想象创造力,可多做类似具体化的思维训练,如写一个"勇敢"的人,或者写一个"骄傲"的人,或者写一个"谦虚"的人,或只把其中的一个概念形象化,发挥想象,使其生动感人。

4.情感思维训练

一般的情感是人们对与之发生关系的客观事物(包括自身状况)的态度的体验。审美情感以日常情感为基础,不仅是个人需求的主观满足,而且是审美需要与理想的满足。其中包含着主体对审美对象理性的、社会的评价,故属高级情感类型。或者说,审美情感是为了满足自己审美活动的需要而产生的态度体验。情感作为人对客观事物的态度体验,是兴趣的诱因。它使人的注意、感知、思维倾向于某一阅读和写作对象,促进智能的更好发挥,学生对阅读写作有了稳定而深厚的情感思维,就会怀着浓情蜜意去从事阅读和写作。情感思维训练可从以下两方面进行。

(1)情境思维训练。"登山则情满于山,观海则意溢于海","情以物迁,辞以情发"情境思维训练,以课文语言为据,引导学生进入情境,产生情感。学习《海燕》,把学生带入暴风雨将起、暴风雨逼近、暴风雨降临三个情景交融的境界,学生的情感必然受到感染。如在暴风雨即发的场面中,作者呼唤"让暴风雨来得更猛烈些吧!"进入情境的学生,也会像海燕一样,感受一种战斗的激昂的欢乐的豪情。

(2)共鸣思维训练。课文的感染力是学生产生共鸣的客观条件。当学生的情感被课文的情感所"俘虏"、所"征服",就会引起强烈的情感反应。《琵琶行》中,琵琶女凄凉话身世,血泪抚孤琴,惹得江州司马青衫湿,情动于中的学生受到感染,引起共鸣。

学生带着情感思考社会生活,有利于把握社会生活现象的本质;但只有培养健康高尚的审美情趣,才会在情感上厌恶假恶丑,热爱真善美。

5.课堂形象思维训练

提高课堂形象思维的教学艺术水平,需要注意与形象思维的训练紧密结合,并注意以下环节。

(1)形象美的导入与练习。课堂导入的方法可以千变万化,而注意形象美的导入,效果必佳。据报刊介绍,在纪念周总理逝世一周年时,于漪老师教《周总理,你在哪里?》用了一则新闻开头:"同学们,你们知道吗?就在最近,我国男高音歌唱家李光羲在法国唱了一支歌,轰动了整个巴黎,博得了崇高的声誉。为什么呢?因为他唱的歌,不仅唱出了我国人民的心声,而且唱出了世界人民的心声。""今天,我们要上的课,就是这首歌的歌词。"

在生动形象的启发下,学生仿佛真切地感受到了歌曲深沉、高亢的旋律:仿佛山谷在回响,大海在呼啸,千山万水都在深情怀念周总理。学生们在练习朗读时,也就禁不住声泪俱下了。这样导入,就把教师从教学主体转化成了审美对象，因而能形象地激起学生美的思绪与情感。

（2）形象美的导读。不同的课文，应采用不同的形象思维导读方法。如，学过《荷塘月色》后，已领略了其中的"优美"情境，这是一般审美的满足。学《荷花淀》时，就可以旧导新，从而深入学习，白洋淀的美景把读者带入了一个诗情画意的境界，这个形象的境界与《荷塘月色》的一样"优美"，但与朱自清笔下的荷叶荷花在质地上又有区别，可要求学生展开形象思维，思考比较。

《荷塘月色》的描写是：

"荷叶——出水很高，像亭亭的舞女的裙。"

荷花——"有袅娜地开着的，有羞涩地打着朵儿的，正如一粒粒的明珠，又如碧天里的星星。"

《荷花淀》中的"相似"描写是：

荷叶——"迎着阳光舒展开，就像铜墙铁壁一样。"荷花——"高高地挺出来，是监视白洋淀的哨兵吧。"

两相比较，《荷塘月色》对荷叶、荷花的描写具有阴柔之美，《荷花淀》中的描写，则使人感到一种阳刚之美。这样就能发展学生的形象思维。

（3）形象美的导思。课堂教学训练学生的形象思维能力，需在导思上多下功夫。导思的方法很多，可通过优美辞章、典型人物、生动意境等方面展开比较思维，使学生更好地受到作品情操美、形象美的陶冶。以朱自清的三篇散文为例，学生先学了《春》，已形象感受到它的明朗、热烈，理解了作者怎样用细腻、形象、动人的彩笔，描绘了充满诗情画意的春天。教学中以读促写，是一条提高学生读写能力的好路子，也有利于发展学生的形象思维。学过散文后，可引导学生到生活中去采撷形象美的花朵。学生一旦张开形象思维的翅膀，就会发现，"物之生而美者，盈天地皆是也"。学生具有感受形象美的能力，一抔黄土，一株杨柳，一朵月季，一片朝霞，等等，可以成为咏赞的对象；绚丽夕阳，涓涓山泉，展翅春燕，可以勾起缕缕情思。只要学会了形象思维，就可以去思索自然美的奥妙，形象地感受美：春日踏青，夏日郊游，陶醉于青山绿水之间，感到万水千山总是情。学会了表现美，就会借鉴课文写法，去歌颂白塔晨钟，黄山烟云，太湖碧波，峨眉日出，西湖夕照，去歌颂千千万万的普通劳动者像青松、像梅竹一样的品格；去赞美园丁们像红烛一样的奉献精神。这就是形象思维结出的累累硕果。有了这样的基础，我们的青少年就可以自觉地向形象思维的创造高峰攀登。

二、抽象思维与语文教学

抽象思维与直观动作思维和形象思维相对应。根据思维活动的特点和人对对象的掌握程度，区分为抽象理性思维和具体理性思维；逻辑学界把思维分为形式逻辑思维和辩证思维；哲学界把思维分为形而上学思维和辩证思维。实际上，形式逻辑思维指的就是抽象理性思维。

（一）抽象思维的含义

人们在认识过程中，借助于概念、判断、推理等思维形式，进行理性思维或概念思维合乎逻辑地反映现实的过程，都属于抽象思维的范畴。

抽象思维来自客观现实变化的规律性。在实践中，人脑要对感性材料加工制作，逐渐产生认识过程的突变，一旦形成概念，抓住了事物的本质、全体、内部联系，就认识了事物的规律性。在此基础上，人们可以进一步运用概念构成判断，又运用判断进行推理。这个运用概念构成判断、进行推理的阶段，就是思维的理性阶段。概念、判断、推理，就是抽象思维的形式。概念、判断、推理是如何形成的？这就有一个具体、全面、深入认识事物的本质和内在规律性关系的方法问题。方法不少，如具体与抽象的统一、特殊与一般的统一、归纳与演绎的统一等。此外，抽象思维还要遵循同一律、不矛盾律、排中律、充足理由律等基本规律。

（二）抽象思维训练

1.概念思维训练

我们经常碰见的概念，是事物的特有的本质属性在人们头脑中的反映。对中学生的概念思维训练，应注意以下几点。

（1）初步了解概念特性

第一，概念的客观性与主观性。概念的客观性表现在它是客观事物抽象、概括的反映；它的主观性表现在形式上，即概念是人脑在感性材料的基础上，经过复杂的改造制作，抛弃了感性事物的丰富想象，舍弃了非本质的、偶然的东西，把事物中的本质的、必然的、普遍的、共同的东西抽取出来，以词语给它下一个定义，这才形成了反映事物本质的概念。

第二，概念具有确定性。客观事物虽在总体上处于绝对运动中，但每一具体事物及其过程都有相对稳定性，每一事物都有自身的质的规定性和确定性，一事物与他事物的区分也是确定的。这就从根本上决定着概念具有确定性。例如，由两个氢原子和一个氧原子化合而成无色、无味、无臭的液体，在标准大气压下冰点为零摄氏度、沸点为一百摄氏度、四摄氏度时比重为一……这些就是水的特有属性，人们就可以根据这些特性把水和其他事物相区别。

第三，概念的抽象性。抽象思维的概念，是内涵和外延的对立统一，概念既是抽象的，又是具体的。抽象思维在研究概念时，把概念的外延当作概念所反映对象的范围大小和数目多少，把内涵当作概念在这个范围内的所有对象的共同属性，进而得出一个规律！即概念的外延越大，其内涵就愈小；反之，外延越小，其内涵就越大。

（2）概念内涵与外延的训练

概念与语言的关系，是思想内容与语言形式的关系，二者联系紧密，区别明显。一方面，概念须借助语词才能形成与表达；另一方面，语词能表示一定的事物，说出来别人懂，在别人头脑中有相应概念。概念的区别可从以下四个方面训练。

第一，概念必须由词表达，但词不一定都表达概念。表达概念的主要是实词，虚词一般不表达概念。

第二，有的概念由一个词表达，如"建设""社会主义""精神""文明"；有的概念由短语表达，如"建设社会主义精神文明"。

第三，一个概念采用什么语词形式，不是必然的，同一个概念可以有不同的形式。如汉语中的"自行车""脚踏车""单车""洋马儿"（即自行车，四川方言）等都是一个概念。

第四，不同的概念可以有相同的语言形式。也就是说，同一语词可以表示不同概念。

2.判断思维训练

概念是浓缩的判断，判断是展开了的概念，是在概念基础上发展起来的一种更高级、更复杂的思维形式。判断是对事物情况的断定，或者说是肯定或否定客观事物具有某种属性的思维形式。

判断的基本形式是"主词—系词—宾词"。例如在"开好在北京举办的亚运会是全中国人民的共同愿望"这个判断中，主词是"亚运会"，宾词是"愿望"，"是"为系词。

表达概念的语言形式是词或短语，表达判断的语言形式，一般是陈述句，例如："巴蜀之春是美丽的。"感叹句、祈使句、疑问句一般不表判断。但也有例外，有些感叹句能表判断，如："青城山的夜晚，多么幽静宜人！"反问句是用疑问语气表达更为确定的意义，例如："我们难道就被这点小小的成绩冲昏头脑了吗？"

判断可分为简单判断与复合判断。

（1）简单判断训练。简单判断又叫直言判断，是只包含一个主词、一个宾词和一个系词的判断。简单判断还可继续分类：根据系词的性质，可分为肯定判断与否定判断；根据判断对象的数量范围，可分为单称判断、特称判断和全称判断。

（2）复合判断训练。由两个或两个以上的简单判断组成的判断叫复合判断。组成复合判断的那些简单判断，叫做复合判断的支判断。

3.推理思维训练

推理是由一个或几个已知的判断推出一个新判断的思维过程。例如，已知"符合入团条件的共青团员都是热爱中国共产党的"。根据这个判断，可推知"不热爱中国共产党绝不是符合条件的共青团员"。

推理由前提和结论组成。前提是指推理所依据的已知判断，结论是指前提通过推理得到的新判断。前提与结论的关系是理由与推断、原因与结果的关系。汉语中的因果复句和含有因果关系的句群，都是表达推理的。根据推理方向、推理形式可分为演绎推理与归纳推理。

（1）演绎推理练习。演绎推理的主要特征是从一般原理或普遍情况推出关于个别事物的结论。演绎推理有三段论、假言推理、选言推理等形式。

（2）归纳推理练习。归纳推理是由一些个别的特殊的事例推出同一类事物的一般性结论的思维形式。教师可结合阅读教学，通过具体课文的段落分析，让学生初步懂得一些推理的思维形式。例如《崇高的理想》第二自然段，先用归纳推理得出结论理想是有社会性、阶级性的。接着又以这个结论为前提，用演绎推理推出另一结论："因此，我们在谈到理想问题的时候，就要分辨出什么样的社会和什么样的人，而这些人又抱有怎样的理想，然后才能做出确切的评价。"

4.抽象思维规律训练

我们要用口头语言和书面语言准确地表达自己的思想，应该做到概念明确，判断恰当，推理合理。要做到这些，还必须遵守形式思维的基本规律，即同一律、矛盾律、排中律、充足理由律。

（1）同一律训练。同一律是关于思维准确性的规律，即是说，运用同一概念必须保持同一意义，保持同一的外延和内涵，不能偷换它的意义。一个判断，一个论题，也应保持同一性，不能中途任意转换、变更。

（2）矛盾律训练。矛盾律是关于思维首尾一贯的规律，即是说，在同一时间、同一关系上，不能对同一对象做出相互矛盾的判定，否则就会导致思维中的逻辑矛盾。

（3）排中律训练。排中律是关于思维明确性的规律，就是说，在同一时间同一关系上，对同一事物的两个互相矛盾或反对的论断，必须做出明确的选择，肯定其中一个而否定另一个，不能有第三种选择。

（4）充足理由律训练。充足理由律是关于思维根据性的规律，也就是说，一种思想必须有被证实的正确思想作为根据，一种观点必须有已被证实的正确观点作为充足理由，否则这种思想与观点就不符合充足理由律的要求。

以上四条规律相互联系在一起，任何正确的论断与论断体系，皆须同时遵守这四条形式思维的规律；也就是说，这四条规律是统一的，统一于正确的、符合逻辑的思维论断之中。

5.类比思维训练

在认识客观事物的历程中,有时可按照两类事物的相同属性,推出其中一类事物的未知属性与另一类事物的属性也完全相同,这种思维形式,就是类比思维。

类比是一种从个别到个别的思维方法,人们历来很重视它。开普勒把它喻为"自然秘密的参与者",是自己"最好的老师"。康德说"每当理智缺乏可靠论证的思路时,类比这个方法往往能指引我们前进"。黑格尔说,类比的方法,"在经验科学里占很高的地位,而且科学家也曾以这种推论方式获得重要的结果"。这些言论足见类比在思维中的重要性。

(1)立意类比训练。立意类比,就是抓住异类事物之间的相似点,进行由此及彼、由表及里的分析提炼,以求得与类比事物本质特征相似的道理,从而确立文章的中心论点。

(2)论证类比训练。论证类比法是将两种相类似的事物放在一块进行比较,根据已知事物的某些特点来推论、证明所要论证的事物,它是建立在类比推理基础上的一种求同或同中求异的论证方法。

类比论证与比喻论证的相同点在"比",都属于比较论证法。相异点在于:比喻论证重在以具体喻抽象,有助于生动形象地说明道理;类比论证则是着重于直接类推事理,揭示所论证事物的内涵,突出所论证事物的特征。

6.纵横思维训练

纵横思维训练包括纵向与横向两个方面。纵向思维是按时间推移、事物发展变化进程来思考问题的思维方法;横向思维是以一事物为中心,由此及彼、由近及远地向与之相关的其他事物进行广泛联想的思维方法。

(1)纵向思维训练。纵向思维是相对于横向思维而言,任何事物,从开端、经过到结局,总有一个纵向的发展历程。

(2)横向思维训练。此种思维方法,运用极广。在说明文中以空间转换为顺序的,即可安排横向思维结构。

7.课堂抽象思维训练

怎样通过课堂教学来训练学生的抽象思维能力呢?可以通过议论文的教学来培养学生的分析、综合、抽象概括、系统化等抽象思维能力。为了培养学生的分析综合能力,应先与单元教学相结合,就一篇课文来讲,可引导学生做常规性的总结段意、归纳中心思想等练习;就一个单元的学习来说,要引导学生将单元中零散的知识系统化。学期结束时也要对整册课文做综合分析。到初中、高中毕业时,由于学生平时具有了较强的分析、综合能力,就能有条不紊地进行总复习。

课堂中的比较教学,是培养学生抽象思维的条理性、深刻性的好办法。例如对中学课文中的论证方法加以分析比较,就会认识到归纳法、演绎法、类比法、层递法、引用法等各有何特点,它们在论证过程中,有何作用。这样,就能把握论证的思维流程。

为了培养学生思维的条理性、深刻性,中学各科都应注意知识的系统化。以语文科为例,要使学生的知识系统化,可让学生编写结构提纲、论证提纲、说明提纲、人物提纲、景物提纲、事件提纲、课堂讨论提纲等。就一个单元、一册课文来讲,还可写单元提纲、期末复习提纲,指导学生设计各种使知识系统化的表格,便于归纳整理。

对中学生进行抽象思维训练,总的来说,应结合听、说、读、写训练进行,不必在概念、术语上花费太多的时间。

三、辩证思维与语文教学

辩证思维是使运动着的包含多样性规定的客观对象,在人脑中得到再现的思维。即是说,辩证思维从多样性的统一方面去把握运动着的现实世界。

(一)辩证思维含义

(1)"所谓辩证思维,就是反映客观现实的辩证法,自觉或不自觉地按照辩证法去进行思维。"恩格斯说辩证的思维,不过是自然界中到处盛行的对立中的运动的反映。

(2)辩证思维与思维的辩证法既有区别又有密切联系。思维的辩证法是指思维自身所具有的辩证性质以及思维运动发展的辩证规律。

(3)思维内容的辩证运动与发展,如我们认识事物,是从无知、知之较少到有知、知之甚多，从认识部分到认识整体，从认识现象到认识本质，从认识个别到认识一般，凡此等等，这就是从感性具体，通过有目的的思维活动，到思维抽象，再从思维抽象上升到思维具体的辩证运动过程。这一过程通过概念、判断、推理等思维形式的矛盾运动而表现出来。思维的辩证法存在于思维领域，并在其中发生作用，它是认识发展的规律。最终，它把客观事物的辩证法在认识中加以再现，这就实现了辩证思维。

（二）辩证思维的特征

1.全面地、统一地认识事物

辩证思维考察事物，必须看到事物的正面与反面、侧面以至各个方面，由此将事物组成一个统一体去认识；力求从中找出决定事物本质和事物运动发展的特殊矛盾，即找出事物的既相互对立又相互联系的两个方面，把事物当成对立面的统一体来把握。

2.灵活地、变化地考察事物

辩证思维考察事物及事物在人脑中的反映，不是凝固不变的，而是运动变化的。它要考察事物的现状、历史、未来；它对已有的事物，总是把它当作历史发展全过程中的一个阶段或环节来考察。

3.系统地、联系地考察事物

辩证思维考察事物切忌孤立性、片面性，而是看作内部与外部联系的有机整体或系统。以此眼光去考察事物外部与内部诸因素的相互联系，考察一事物与其他事物之间的相互影响与制约。这样，就可把事物放在特定的系统中，进行相互联系的立体的思维。

4.具体地、实践地考察事物

辩证思维是从实践的观点出发，以获得关于认识对象的具体真理的思维。人们认识到事物及其联系的实践过程，必然制约、影响着辩证思维的全过程。也就是说，要进行辩证思维，必然把实践过程作为思维运动的基础。用实践的观点去研究语文教学的指导思想、原理原则、大纲、教材、教法是否符合教学要求、符合培养目标。只有这样，对语文教学改革才能看得深远，才能解决具体问题。辩证思维是具体的思维，这里的"具体"就是符合语文教与学的客观实际及其规律。

（三）辩证思维训练

辩证思维的任务是把事物的矛盾运动作为一个多样性的统一体在思维中再现出来。为此必须明确：思维须通过思维形式、思维方法的矛盾运动，经历一定的阶段和程序，这些必经的阶段和程序，就是辩证思维的规律。辩证思维既是过程，又是思维的结果，说它是一个过程是指思维活动必须经过一定的阶段才能实现辩证思维，人们一般把实现辩证思维之前的思维运动过程叫辩证思维的过程。辩证思维是思维运动的结果，这从相对意义上说是完成了的辩证思维，它已再现了对象多样性的统一。在多样性的辩证思维规律之中，最根本的一条是对立统一的规律。从唯物辩证法的角度考虑，它对其他规律起着影响与制约的作用。所以，在进行语文教学辩证思维的训练时，应该引起重视。

1.对立统一思维训练

其一，辩证思维是对客观事物的矛盾运动的反映，辩证思维规律受到矛盾运动规律制约。事物矛盾运动的根本规律是对立统一规律，它揭示了事物变化发展的源泉与动力，是整个宇宙的根本规律。质量互变规律、肯定与否定规律等，都可说是对立统一规律的具体体现。

其二，一切辩证思维的共同特征，都是应用对立统一的思维方法或思维规律去认识事物。为什么有的人具有很强的思维能力呢？就在于他们能掌握对立统一的规律，从根本上理解和把握思维对象的辩证运动的发展。

其三，在辩证思维的过程中，对立统一规律担任着统帅的职务，辩证思维的形式、方法和其他规律都得听它指挥。比如辩证思维中的概念，是确定性与变动性、个性与共性、局部与整体的对立统一；辩证思维中的判断，在揭示概念内容的过程中，也必然体现出对立统一的关系；辩证思维的推理，从矛盾一方推知另一方、从个别推知一般、从现在推知未来，同样体现出思维在对立中的运动。

再从辩证思维的方法来说，归纳和演绎相结合是对事物个性的认识和对事物共性认识的对立统一；分析与综合相结合是对事物部分的认识和对事物整体认识的对立统一；从具体上升到抽象是思维具体和思维抽象的对立统一；逻辑和思辨相一致，是主观与客观、理论与实践的对立统一。由此可见，对立统一思维规律，是辩证思维的形式、方法得以形成乃至构建辩证思维训练体系的内在根据。

2.质量互变思维训练

这条规律是对立统一规律的具体体现。事物不仅有质的规定性，还有量的规定性，我们要学会用质量统一的观点去分析事物。同时，还应懂得事物内部矛盾着的双方互相斗争，可以引起事物不断由量到质、由质到量的变化。认识事物量的积累到一定的程度，就可引起质的变化，学习用量变与质变统一的观点去分析事物。

（1）质量统一思维训练。课文中反映质量关系的内容很多。如叶圣陶《两种习惯养成不得》，先说好习惯，就有个量的积累过程。"在没有养成的时候，多少要用一些强制功夫，自己随时警觉，坐硬是要端正，站硬是要挺直，每天硬是要洗脸漱口，每事硬是要有头有尾。直到习惯成自然、不待强制与警觉，也能行所无事地做去，这些就是终身受用的习惯了。"有了这样的习惯，就证明量的积累引起了质的变化，质与量就统一起来了。再说坏习惯的养成，也有个量与质的统一过程。

（2）量变引起质变思维训练。量变引起质变的内容，在中学课文中也很多。就以《劝学》为例，文章首先阐明学习的意义：学习可以改变人的本性，"君子博学而日参省乎己，则知明而行无过矣"。这"博学"与"日参省"就有个量的不断变化过程，量变的结果是达到"知明"与"行无过"的道德修养的境界，这就发生了质的变化。

3.肯定与否定思维训练

这一条也是对立统一规律的具体体现。唯物辩证法认为，肯定一切、否定一切都是错误的；只能肯定应当肯定的，否定应当否定的。这就必须学会用一分为二的方法分析事物。

4.事物的个性与共性思维训练

这一训练主要帮助学生认识同中有异、异中有同的道理，学习从事物的个性与共性的相互关系上分析事物的方法。

个性与共性的思维训练，可结合课文导读、作文讲评、写电影戏剧评论等方式进行。

5.事物的矛盾与转化思维训练

矛盾存在于一切事物发展的过程中，每一事物发展过程自始至终存在矛盾，要训练学生用矛盾普遍性的观点分析事物。

矛盾存在着特殊性，同一事物在不同的发展阶段上具有不同的特点，要训练学生对具体的矛盾进行具体的分析。在众多的矛盾中，必有主要矛盾，要训练学生认识主要矛盾与次要矛盾的关系。要抓住主要矛盾分析事物。事物的矛盾还存在着主要方面与次要方面，要训练学生认识其中的辩证关系，学习用全面的观点分析事物。矛盾，在一定条件下可以互相转化，要训练学生用矛盾可以转化的观点分析事物。

（1）矛盾普遍性思维训练。课文《谏太宗十思疏》与高中第一册课文《邹忌讽齐王纳谏》，都是训练学生认识矛盾的普遍性的好例子。邹忌用自己的切身感受设喻，劝谕齐威王广开言路，纳谏除弊，修明政治，使齐国强盛。在这一过程中，必然自始至终存在着矛盾。怎样解决这些矛盾呢？邹忌先从私事说起，文章用了较多的笔墨写邹忌之妻、妾、客之美，忌自省。随后以私事比国事，让齐威王从两事相似之处受到启发，茅塞顿开。

《谏太宗十思疏》写于唐贞观十一年。时值唐代在文治武功上均取得了巨大成就，唐太宗的骄矜心理与享乐思想也随着滋长起来，加重了对人民的剥削，人民颇有怨声。这就是矛盾的普遍性的反映。魏征从实现国家的长治久安的立场出发，深切地论述了"居安思危，戒奢以俭"的观点，并向唐太宗提出"十思"作为"人君"的行动准则。这也可说是缓和君民之间具有普遍性的矛盾的对策。

（2）矛盾特殊性思维训练。矛盾的特殊性，也必然寓于矛盾的普遍性之中，是矛盾的特殊性与普遍性的辩证统一。

（3）主要矛盾思维训练。俗话说，牵牛要牵牛鼻子。认识纷繁复杂的事物就要抓住主要矛盾，处理好主要矛盾与次要矛盾的关系。对此，教师可给一些材料，让学生抓住其中的主要矛盾进行评议分析。

（4）矛盾主要方面思维训练。事物的矛盾存在主要方面和次要方面，要教育学生，正确认识这二者的辩证关系。金无足赤，人无完人。巨人也有缺点，但有缺点的巨人还是巨人，这就是抓住了事物的主要矛盾方面。

（5）事物的矛盾转化思维训练。矛盾都存在着主要方面与次要方面，主要矛盾与次要矛盾。矛盾的主要方面与次要方面，主要矛盾与次要矛盾，在一定条件下，是完全可以互相转化的。

6.分析与综合思维训练

从唯物的观点看，大千世界的任何事物都是多样性的统一体，语文教学正是这种统一体的多样性的再现。在语文学习中，为了认识事物的本质属性，需要对文章的各个部分进行分解，研究各部分的性质，揭示部分与部分、部分与整体之间的关系，从中看出这些部分是怎样为表达中心服务的。这种经过分解认识事物的思维形式，我们称为分析思维。

在分析的基础上，还要把文章的各个部分进行综合，从整体上去把握文章、把握语文知识，这样才能掌握文章的精神实质。这种思维过程，叫做综合思维。分析与综合既有区别，又有联系，在读写活动中，一般不能截然分开，故经常结合起来研究其思维训练。

议论文的分析与综合，从一般模式来讲，要经历提出问题、分析问题、解决问题的过程。但每一篇议论文的分析与综合，又有特殊的内容及表现内容的一定的语言形式。例如荀子的《劝学》，开头就提出了"学不可以已"这个综合性的论点。然后首先分析学习的意义，学习可以改变人的本性，"君子博学而日参省乎己，则知明而行无过矣"。这里偏重于从道德修养方面阐明"学不可以已"的道理。

7.比较思维训练

这是确定事物相似点与不同点的辩证思维。通过对事物差异、正反、变化等比较，使我们更深刻、全面地认识事物。各种文体均可作为比较思维训练的材料。必须在阅读教学过程中，进行有计划的练习，从而提高学生的比较思维能力。

8.递进思维训练

顾名思义，递进思维属于由此及彼、由表及里、环环紧扣、层层深入、循序渐进的辩证思维。递进思维的思路发展，一般是沿着事物的内在联系，遵循人们认识由感性到理性，由浅入深，由此及彼的思维活动规律，或逐层深入地触及事物本质，或由近及远地步步横向扩展。在这条或纵或横的思路线上，思维步骤一般体现在分论点上，思维联系可用承接过渡性句、段为之。

9.多侧面思维训练

矛盾着的事物往往存在着各个侧面，每一个侧面各有特点，要引导学生学习多角度地分析事物、分析问题。

进行多侧面思考不是漫无目的的，当选准了一定的目标、方向，就要深入、执着去思考，去研究。就写作来说，要博闻强记，善观察与联想，才能从一定的侧面入手，写好文章。

综上论述，辩证思维是语文学习的重要基础，只有加强辩证思维训练，才能纠正学生在听说读写活动中表现出的片面性、表面性、直线性和绝对化等思维缺陷，才能使学生的思维日渐广阔、深刻、全面、灵活、严密，才能使创造性思维的发展具备必要条件和良好基础，也才能使学生的思维发展适应四化的需要。

四、灵感思维与语文教学

灵感是人类创造性认识活动中一种非常神奇美妙的精神现象。灵感激发仍自觉或不自觉地在语文教学中发挥作用。灵感作为人类一种高级的创造活动、思维活动、心理活动，不管其表现形态多么复杂、激发机制多么奇特，总是有规律可循的。研究这些客观规律，将有助于通过语文教学，诱发学生的灵感，培养、发展学生的创造才能。

（一）灵感的含义

灵感是人们的主观世界与客观世界最愉快最敏感的邂逅，是人们的思维活动由量变到质变所产生出来的高度的创造能力。灵感是思维的一种突发现象，是思维活动的一种客观存在。离开对客观世界的"吸入"，就无所谓灵感。

（二）灵感的特点

1.突发性

灵感可由外界偶然机遇触发，也可由大脑内部思想闪光激发，这一切，都是人们事先不可预料的。

2.奇异性

灵感来无踪去无影，不能预期，难以寻觅，无论是外界事件的触发，还是内在思想的闪光，都不是自觉的。

3.综合性

钱学森这样认为："灵感是综合性的。人脑的综合功能是非常重要的。"综合性是灵感的本质特征之一，灵感激发系统的心理机制就根植在人脑的综合功能之中，具体来说，灵感与随同人类进化史形成的遗传因素有关，也与一个人的多才多艺、明白事理、知识积累、形象思维、理性认识等活动有关，因此它是综合性的。

4.不重复性

灵感活动是发生在认识的高级阶段上的心物感应活动，是主观的脑与客观的物在特定条件下的一种突然沟通。每个人所处的环境，所碰到的外界机遇、自身的心理生理特点都不完全相同，所以让50个同班同学在同一环境下，在灵感袭来时歌颂校园的春花，不让他们急于交卷，而让他们在情绪激动、非常想写的时候才写，结果50篇作文都各有特点。

5.跳跃性

创造性灵感是智慧在摆脱了一般的抽象思维的束缚下突然跃出的，它不是一种循序渐进的认识，而是在跳跃性的突变认识中实现的。

6.模糊性

灵感的心理活动以直觉、情感、潜意识活动等方式综合地表现出来，与大脑右半球有更多联系，因而具有模糊性的特点，有利于唤起人们丰富的联想，促成灵活的新形象、新观点的形成。

7.强烈性

这一特性，集中反映在文艺创作之中。灵感可以说是文艺家、诗人心灵的巨大震动。它使文艺家、诗人处在极度兴奋的状态,当灵感来潮,甚至忘了自我,也忘了周围的世界。

作为语文教师,应因势利导,拨亮学生的灵感之光,让学生全身心地去拥抱灵感,不失时机地谱写出优美如画的青春之歌。

(三)灵感激发三阶段

从灵感激发过程的实际着眼,大致可分为信息摄入、信息触发、顿悟贯通三个阶段。

1.信息摄入

一般说来,学生在课内外的学习活动中,有较明确的目的性,这种信息的摄入,属于显意识的摄入。但学生在节假日,或下河游泳,或登山观日出,或跳舞唱歌,或联欢聚会,或欣赏优美动人的文艺演出,情不自禁地受到自然美、社会美、艺术美的陶冶。这种陶冶具有"随风潜入夜,润物细无声"的特点,因而就摄入了大量潜意识的信息。一般说来,左脑更多地参与了属于抽象思维方面的显意识的活动,右脑是直觉思维、求异思维、空间知觉以及艺术欣赏等,是潜意识活动的天地。显意识与潜意识虽然是人脑的两个不同思维系统,但因都要进行信息摄入与输出活动,这就具有了共同的特点,而且这二者之间还相辅相成,相互转换,互为表里。大脑摄入的显意识多了,在记忆仓库里储存起来,就可能不断转化为深层次的潜意识;相反,潜意识也可因一定的原因而向显意识转化,以至突然爆发,就出现了灵感。

2.信息触发

一般说来,灵感的发生,不能坐等现成,而要主动去寻找获取。

诱发灵感的关键是触发信息的有效性。信息触发来自两个方面:一是大量来自外界的信息,一是来自自己头脑中的内部信息。二者交融,往往就成了触发灵感的信息。但信息触发的具体情况则因人而异:有的在写作过程中,全神贯注,如痴如醉,往往会获得触发灵感的信息。如在考场上,作文时间很短,那些优秀试卷中的作文,常有灵感之光闪现,这是在全神贯注的情况下产生的灵感。平时写作,虽也全神贯注,但并不一定就能获得触发灵感的信息。在百思难以寻觅灵感踪迹的情况下,间歇的休息、娱乐,往往还会召唤灵感一下到来。

3.顿悟贯通

顿悟贯通是指触发灵感的信息出现后，脑子里与创作灵感有关的信息就迅速集中，并使潜意识与显意识同步合一，闪现的灵感之光，一下使作者悟出了贯通其中的意义。

我国近代著名学者王国维在论述古今成就创造性大事业、大学问者所必经的三种境界时，引晏殊《蝶恋花》词说："'昨夜西风凋碧树。独上高楼，望尽天涯路。'此第一境也。"这"第一境"就有点像灵感激发过程的初始阶段，正在通过"独上高楼，望尽天涯路"摄入信息，酝酿灵感。接着，他引柳永《凤栖梧》词说："'衣带渐宽终不悔，为伊消得人憔悴。'此第二境也。"这"第二境"就有点像灵感激发过程的第二阶段，已经抓住了灵感触发的契机。继而他又引辛弃疾《青玉案》（元夕）词说："'众里寻他千百度，蓦然回首，那人却在，灯火阑珊处。'此第三境也。"这第三境界，正好像灵感激发过程的第三阶段，产生了对灵感出现后的顿悟贯通。

（四）灵感思维训练

1.通过特定事物启迪灵感

可以是人们在丰富的生活体验基础上，在酝酿、孕育阶段由其他事物的启迪而出现的。

2.学习新的思维方式

学生在作文中为什么会出现千人一腔、万人一调的被动局面？这和局限于一种固定不变的思维方式有关。如果被固定不变的思维方式束缚，灵感就会枯竭。只有不断用新的思维方式训练学生，灵感才会畅通。

3.善于捕捉灵感的训练

灵感具有突发性、不重复性，所以，要对其保持高度敏感，敏捷地、不失时机地捕捉住这稍纵即逝的心灵的闪光，以供写作之用。

4.学生的灵感则要靠教师启发

有位老师为了激发学生的灵感，引导说，古人所谓"山之精神写不出，以烟霞写之；春之精神写不出，以花树写之"。在老师的启发下，学生开始从自己的生活实践中去寻找意境，捕捉形象：青年人在松树前的留影，井下煤块上留存的枝叶印痕，一下在脑海里活跃起来，灵感也随之出现了，唤起了生动丰富的联想。

5.语文教学中一些训练捕捉灵感的具体方法

（1）专注法。指摒除杂念，全神贯注，集中思考，终于爆发灵感的方法。《蝉》的作者法国昆虫学家法布尔，一生忘我研究昆虫，写下《昆虫记》一书，《蝉》这篇课文节选自《昆虫的故事》。

教学时应告诉学生，蝉没有执着的追求，享受不到刹那欢愉；作者没有坚持不懈的努力，写不出这种像散文诗一样优美的语言。我们只有全神贯注地学习、积累，才会厚积薄发，在需要的时候，涌现灵感。

（2）选择法。学生的生活、知识积累有别，心理素质各异。若在学期结束或开学时，将数十道自由作文的题目及写作指导提示印发给学生，学生就有了更大回旋余地去选择时间与空间，就可有目的地到书山学海去采佳蜜，到生活的矿区去发现优质矿。如此去发现、酝酿、构思，必然在百花齐放的习作中，充满了灵感。

（3）放松法。写不出来的时候硬写，必然敷衍成篇；百思不得其解的时候煞费苦心，绞尽脑汁，效果并不见佳，那就干脆放松一下，或唱歌跳舞，或学习其他功课，或干脆睡上一觉，灵感这不速之客，必然在你精神疲劳消除之后，像春风吹绿原野般闯入你的思潮。很多同学作文，都有此切身体验，也就无须举例了。

（4）轮流法。就是把专注法、选择法、放松法加以交替使用，往往会使灵感之花常开不败。

（5）点化法。学生写作，有时思路受阻，颇有"山重水复疑无路"之困惑，谈何灵感之有！这就要靠教师的点化。

经常这样点化，学生在课内外阅读与社会交往中，就可能由于某种闪光的思想或事物的点化、提示作用，而触发创作的灵感。

（6）情境法。在语文审美教育中，教师有意创造一种气氛、一种情境，在这种气氛、情境的触发下，学生头脑中的创作素材，包括沉积在潜意识中的信息，会十分活跃地随灵感一道涌现出来。

灵感思维训练，还处在摸索阶段。可以设想，我们如果能通过科学的教育方式，把学生的灵感激发起来，就能使学生的创造才能得到更好的发展，将来就可能在向科学文化进军的道路上，做出更多的贡献。这就是我们要在语文教学中提倡灵感思维的训练。

五、直觉思维与语文教学

直觉思维与灵感思维都是非逻辑的思维形式，它们对客观事物的反应与认识，都是突发式的、非自觉的，往往是突变式的发现与发明，但它也要以知识、经验和其他思维发展为基础。

（一）直觉思维的含义

直觉思维是在早已获得的经验、知识的基础上，凭思维的"感觉"准确地把握事物的本质及其规律的心理过程。直觉可分为艺术直觉与科学直觉，二者的区别主要在感情方面，但都能迅速检验抽象思维的能力。

（二）直觉思维的特点

1.整体性

直觉是对具体对象的直观，从整体上把握对象，《歌德谈话录》中的一段话很能说明这一特点。莎士比亚最初想到要写《哈姆雷特》时，全剧精神是作为一种突如其来的印象呈现在他跟前的，他以高昂的心情巡视全剧的情境、人物和结局。

2.非逻辑性

这是直觉思维的又一特征。直觉思维往往是凭着对事物直接的觉察，所以思维就不可能按照严谨有序的抽象思维的规律进行。而往往是凭一个人的经验，所掌握的科学知识、艺术修养，敏捷的观察力，迅速的判断力，越过逻辑程序，一下获得了思维的结果。由于主体的认识来得迅速，因而在客观上对所进行的过程无法做逻辑的解释，即使这种认识是正确的，这种直观是可贵的，也说不出个所以然。

3. 潜意识性

直觉思维除了显意识的活动外，更多的时候，还是一种潜意识的思维活动。也就是说，有时它不是人们意识到的自觉的思维活动。

潜意识与显意识并非有一条不可超越的鸿沟，事实上，潜意识就是有意识或显意识的反应。因此直觉思维的这种潜意识特征，乃是显意识渐进性的中断。这种中断，往往酝酿着、潜伏着新的突破。

直觉思维活动中的潜意识，一旦与中断后新出现的显意识交融，其思维活动，就可能取得突破性进展。李斯特直觉地感到手术防腐消毒，看似偶然，实际上是以他的从医经验、掌握的科学知识等作为潜意识中的必然，才可能在显意识中出现这种偶然发现。这就是偶然中包含着必然，必然中存在着偶然的直觉思维辩证规律。

4. 飞跃性

直觉思维的产生绝非像抽象思维那样有条不紊地循序渐进，而是灵活地、敏捷地、突发式地、跳跃式地到来，鲜明地体现出它那飞跃性的特点。当直觉思维到来的时候，潜意识中的认识倾向、情感倾向，就会立刻与显意识沟通，瞬间获得直觉思维的满意的结果。

（三）直觉思维过程

1. 准备酝酿直观感觉

感觉，是人对客观事物个别属性的反应，是直觉思维的必要准备。

2. 触发直觉形成知觉

知觉是人在感觉基础上，对客观事物的整体属性的反应。但从审美知觉来看，它应当是这些感觉的个别特征的综合反映。现在，直觉思维能力在许多国家的教育中受到重视。

3. 综合思考发展表象

第二层次的知觉形象，较之第一层次的感觉形象，虽然不是对事物个别属性的反映，而是对事物整体属性的反映，但毕竟带有反映的特征。而表象形象，已带有综合概括的特征了，表象形象的进一步深入发掘，则进入了文学艺术的典型形象的创作过程。

表象指的是人在曾经感知过的事物的基础上，进一步形成起来的形象。客观事物可以不在眼前，但通过一定的符号，如文字、语言等在人的头脑中，综合再现出的形象，就是直觉表象。

由准备酝酿、直观感受，经触发直觉、形成知觉，到综合思考、发展表象，就是我们对直觉思维过程的初步理解。

（四）直觉思维能力训练

1.直觉观察能力训练

（1）由物景到情景。这属于直觉观察能力训练阶段，主要培养比物连类、触景生情的直觉观察的灵活性。其主要目的在于根据作文需要，把直觉思维引向一定的对象，使观察成为独立的主动的直觉过程。

（2）由景物到人事。这一阶段直觉思维的培养，主要把对景物、环境、人物的观察描写结合，开拓观察范围与直觉感受的广泛性。观察的范围包括事物的总体、过程、意义与特征。总体，指从运动中观察事物之前，要对事物的概貌、轮廓有个总的直觉印象。要注意观察它的各个部分的组合是否和谐、匀称、合理，以获得较准确的直觉印象，这是认识事物的开始。过程，指要从运动中观察事物。意义，指通过观察揣摩隐藏在事物背后的社会价值。特征，就是要对人与事物的差异、个性进行观察。

（3）由人事到社会。学生有了一定的生活与写作经验积累，就可进行由人事到社会的多侧面观察。中学生由人事到社会的直觉思维能力训练，最好结合学生熟悉的生活进行，以便收到更好的效果。

2.直觉间歇思维训练

实践证明，我们在阅读与写作中，先对需要解决的问题进行一段时间集中精力的思考，伴随着对解决有关问题的强烈欲望，再休息一段时间，或进行其他学习，或做其他工作，或尽情玩一番，恰恰是在这个间歇时候，凭突然到来的直觉，使无法解决的问题一下子就获得了解决。

当然，有时候歇了较长时间，所需的直觉并未出现，这并不足为奇，原因在于直觉的出现，由于主客观的诸多因素，有的出现快，有的出现慢，有的要经过循环往复的工作学习与间歇方能出现。

3.直觉艺术思维训练

艺术是通过个别特定的具体形象来表现现实的本质、典型的矛盾冲突，形象揭示所表现的人事情境的内涵。艺术家创造的艺术品，是人的情感生活在时间和空间上的双重投影，它既影响人的情感，又影响人的理智。这种影响，有助于直觉的出现。因此，为了培养学生的直觉思维能力，我们应通过语文教学中的文学艺术教育，适当地引导学生进行艺术实践。全国开展的语文第二课堂活动，对培养中学生的艺术直觉思维能力就起到了良好的作用。例如中学语文教材中，有些情节较为生动的小说，适宜改编为话剧，举行"把课文搬上舞台"的课外活动，有利于普及话剧知识，有利于培养艺术直觉思维能力。

4.直觉随记思维训练

直觉是一种突如其来的心理现象，它产生的影响是"爆发性"的，顷刻之间"涌上心头"。因此平时应教育学生，随时随地捕捉自己的直觉，并记录下来。要是不记，直觉的内容会很快淡忘，或者淡化，就不可能对自己产生多大影响。有的作家、诗人、发明家，随身带着笔和本子，随时将直觉记下，这对以后的创作或发明将极有用处。

语文教学活动中的直觉思维训练还应有所侧重，理论性的课文较适于抽象思维和辩证思维方面的训练；文学类课文，较适宜于直觉思维方面的训练。

同时，直觉思维训练，绝非三天打鱼两天晒网所能见效的，因此必须加强训练的计划性，如写观察日记，就是一种好的办法。另外，学生心不在焉，注意力涣散，也不会有好的直觉思维效果。这就必须激发学生读写的兴趣；良好的直觉思维，往往是在如痴如醉的状态下产生的。最后，直觉思维毕竟不同于科学思维。

六、创造性思维与语文教学

语文教学要"面向现代化，面向世界，面向未来"，必须在教给学生语文知识的同时，对学生进行创造性思维的培养与训练。

（一）创造性思维的内涵

1.创造力是指人们具有的从事创造活动的能力。创造力是在丰富知识经验的基础上逐渐形成的，它不仅包含敏锐的观察力、精确的记忆力、创造性思维，而且还包括一个人的心理品质、情感、意志特征等。因此，创造力是在人的心理活动的最高水平上实现的综合能力。

2.创造性是指思维活动或者体力活动具有的创造活动的特点或倾向，或者这些活动的产品带有的一定的独创性。判断中小学生的创造能力，不能脱离他们现有的经验与知识水平。

3.创造过程是指创造性产品的产生过程，它包括：准备、积累，酝酿，灵感、顿悟、完善、表达，实践检验等五个阶段。这是从全社会的角度来理解的创造过程。教学活动是一项全新的创造活动，不容忽视。现代教学论特别重视的正是学生在自己的知识和经验水平上进行的创造性活动，或进行具有创造性活动的倾向。对这种活动与倾向，语文教师应善于加以正确的引导。

4.创造性思维是"以解决科学或艺术研究中所提出的疑难问题为前提，用独特新颖的思维方法，创造出有社会价值的新观点、新理论、新知识、新方法等的心理过程"。创造性思维是一个多层次的思维系统。它是以不同层次的知识信息、不同智力水平为基础建立起来的不同层次水平的新价值系统。知识和智能高低不一样，个体心理素质不相同的人，在创造活动中表现出的创造性也不一样。

（二）创造性思维的特征

创造性思维的特征主要是：积极的求异性，洞察的敏锐性，想象的创造性，知识结构的独特性，灵感的活跃性。

1.积极的求异性

所谓求异，就是关注现象之间的差异，暴露已知与未知之间的矛盾，揭示现象与本质之间的差别的一种思维，即从多方向、多角度、多起点、多层次、多原则、多结果等方面思考问题，并在多种思路的比较之中，选择富有创造性的异乎寻常的新思路。

2. 洞察的敏锐性

洞察是知觉和思维相互渗透的复杂的认识活动。在洞察的过程中不断地将观察到的事物与已有的知识或假设联系起来思考，把事物之间的相似性、特异性、重复现象进行比较，发现事物之间的必然联系，获得新的发现和发明，这也是创造性思维所具有的特征之一。

凡是创造力高的人，必然对客观世界具有高度的敏感，心理经常处于高度积极的觉醒状态，经常发现和提出具有现实意义的新问题，并着手去解决问题。因此洞察的敏锐性是创造思维得以形成的重要心理特征。有了洞察的敏锐性，在语文学习中就能进行积极、周密的思考，对问题正确判断，迅速做出结论。

3. 想象的创造性

创造性思维始终伴随着创造性想象。创造性的想象，能不断改造旧表象，创造新表象，赋予思维以独特的形式。想象有时难免带上种种主观预测、虚假和错误成分，但它却是由感性认识上升到理性认识不可缺少的环节。

4. 知识结构的独特性

举凡科学文化教育的创新，皆建筑于既有知识结构之基础上。而创造思维的新成果，又是对已有知识的突破与创新。故创造性思维与已经掌握的知识密不可分。然而知识与创造思维能力又各有其内涵。因为创造性思维能力，包容着诸多因素，不仅需知识提供必要的内容，还需知识上升为思想因素与智力因素。否则知识就会成为死板的、凝固的、束缚创造力的桎梏。一般说来，良好的知识结构包括扎实的基础知识、精深的专业知识。

5. 灵感的活跃性

从创造性思维的角度讲，灵感作为一种综合性的突发的心理现象，是人脑以最优越的功能，加工处理信息的最佳心理状态的体现。灵感往往能突破关键性的问题，使兴奋的选择性泛化得到加强，造成神经联系的突发性接通，使思维空前活跃。语文教学的实践证明，那些创造性思维发展较好的学生，灵感思维也较活跃。

（三）创造性思维过程

创造性思维的过程一般可分为准备阶段、实施阶段和成功阶段三个部分。

1.创造性思维过程的准备阶段

创造性思维过程的准备阶段是指在未具体进入创造过程前所进行的主观与客观条件的准备，主要包括以下四个方面的准备。

（1）一般知识与专业知识的准备。就中学来讲，各科知识形成一个大的基础系统，语文是这个基础系统的基础。如果语文知识不扎实，其他学科也很难学好，创造性思维能力也不可能得到很好的发展。

"书到用时方恨少。"任何做学问的人都曾有过这方面的感受。要发展学生的创造性思维能力，必须拓宽他们的知识面。

（2）一般技能与专业技能的准备。一般技能指听、读、说、写的一般语文能力和进行创造性思维的起码条件，如记忆力、想象力、分析力、综合力等，都是一般技能。与语文这个专业结合起来则成为专业技能。这一切结合起来，就构成了学生语文学习的素质。

（3）理想、个性与心理的准备。要为"四化"大业做出创造性贡献，在中学时代就应树立崇高的理想。崇高的理想犹如灯塔，可以照亮创造之路。崇高的理想是强大的动力，可以推动学生战胜困难与挫折，不会因升学考试失利而走向沉沦。

（4）个性的健康发展，也是学生进行创造活动的必要准备。个性的健康发展要以必要的知识、能力为基础，还要在创造过程中处理好各种关系，分析、解剖、充实自己的知识，个性健康发展了，才能克服各种心理障碍，做好创造的准备。

2.创造性思维的实施阶段

进入具体创造阶段遇到的问题是：创造什么？怎样创造？首先是确定方向、总体设计。确定方向要考虑诸多因素：自己的特长、爱好、条件，应扬长避短，找到自己的恰当位置。总体方向确定后，应选择好具体的课题。选择课题要进行多方面的可行性分析，考虑好相应的方法。

创造性思维活动开始，还应学习有关资料，避免无效劳动，保证创造活动的顺利进行。资料要准确可靠，哪些该用，哪些不该用，师生可共同研讨。

在创造过程中，会有障碍、困难；主客观方面都存在有利与不利因素，应利用有利因素，克服不利因素，争取创造的成功。

（1）在诱发兴趣中创造。例如教《藤野先生》，教师可先指出，该文选自鲁迅散文集《朝花夕拾》，原名《旧事重提》，接着提问学生："鲁迅将'旧事重提'改为'朝花夕拾'，有啥好处？"一有比较，学生思维就活跃起来，议论一番，方知"夕拾"既反映回忆（即"重提"）的特点，又显示"拾取"朝花的情致。同时，鲁迅把青少年时期的生活喻为"朝花"，并说："带露朝花，色香自然要好得多，但是我不能够。"这就使题目诗意盎然，别具情趣。这讨论，让学生了解了回忆性散文的诗意和情致，激起了学习的兴趣。学完课文，教师再布置《朝花颂》《童年拾趣》的作文选择题，学生创造性思维的闸门，在兴趣盎然中一下就打开了。

（2）在质疑研讨中创造。创造，需在前人认识的基础上有所前进与突破，教师应善于启迪学生，在质疑研究中碰撞出创造性思维的火花。

（3）在分析、综合中创造。综合分析是思维能力的核心。通过分析，可以进一步认识事物的基本结构、属性和特征，可以分出事物的表面特性和本质特性，深化认识。通过综合，可以完整、全面地认识事物，认识事物间的联系和规律。创造性思维就建立在这种抽象思维的基础上。

（4）在发散中创造。创造性思维是发散性思维与聚合性思维的有机结合。发散需求异，它要求不依常规，寻求变异，从多方求索答案，以避免考虑问题的单一性，使思维不至僵化。发散思维具有流畅、变通、独特三大特征。

3.创造性思维的成功阶段

积极的创造性思维，能取得可喜的收获。就教的方面讲，要通过对创造性思维能力的测试来加以检验，有哪些收获，存在什么问题，以利改进教学；就学的方面来说，通过测试也能明白自己的长处与不足，有利于正确地自我评价，有利于创造性思维能力的进一步发展。

（四）创造性思维训练

1.思维灵活性训练

思维的灵活性可以从不同角度、不同方面，用多种方法思考问题来进行训练。此外，还有多种表达方法的训练、一题多做的各种设计等方面，来反复训练思维的灵活性。

2.想象能力训练

（1）再造想象训练。根据某些描述（图像的、语言文字的），在头脑中构造出活灵活现的，但又从未见过的事物的形象，如教《故乡》，要求学生根据课文对闰土的形象进行描述，要在脑子里浮现其形象，仿佛真的看见了闰土一样。

（2）创造想象训练。根据已有的表象，在头脑中构造出前所未有的新形象。要进行创造想象，必须储备丰富的表象，必须善于综合分析。

想象训练的方式很多，下面介绍几种。

第一，类比想象。由此一类事物想象与之相似、相关的另一类事物。"此一类事物"较实，"另一类事物"较虚，具有由浅入深的特点。

第二，因果想象。由事物的原因，想象事物的结果；或由事物的结果，想象事物的原因。第三，辐射想象。由一事物作为触发点，向四面八方想象熟悉的生活与知识领域。

3. 发散性思维训练

发散点包括材料、结构、形态、组合、方法、因果、关系诸方面，训练的目的是发展思维的流畅性、灵活性、新颖性。

（1）材料发散训练。以某个物品作为"材料"，以此为发散点设想它的多种用途。

（2）形态发散训练。事物有多种形态，如形状、颜色、音响、气味等，以此为扩散点，设想出利用某种形态的各种可能性。

以上两种主要训练流畅性思维，使学生能迅速而又多角度回答某一事物的多种用途。

（3）组合发散训练。以某一特定事物为发散点，尽可能多设想，与另一事物联结组合之后，所产生的新事物新价值的各种可能性。

（4）方法发散训练。以人们解决问题或制造物品的某种方法为发散点，设想利用该种方法的各种可能性。拿语文学习方法来说，我们可以列举出数十种，这些方法使用得当，可以帮助学生更好地掌握语文知识，促进学生创造性思维能力的发展。

4.聚合性思维训练

创造性思维是扩散（即发散）性思维同聚合思维的有机结合。只主张发散，而丢弃聚合，则不能提高创造的水平。因此，在语文学习中，应有目的地加强聚合性思维能力的训练。

（1）通过选择训练聚合能力。学生通过多向性的不同角度思考以后，可从所提出的众多假设中，选择一个最佳方案。选择的过程，需进行判断与评价，也需进行聚合性思维。

语文教学需精讲巧练。精讲，需在精选教学内容中，聚合精华传授给学生；巧练，需在精心设计与选择练习内容中，聚合精当的题目，指导学生巧练。精讲巧练相结合，才能以少胜多，以一当十，提高教学质量。选择聚合与实施精讲巧练的创造教学法是互为因果的。

（2）通过综合培养聚合能力。综合有正反之别。正向综合，吸取前人智慧精华，探索前人成功的因素再向前创造。语文教学中的综合训练路子很多，如进行议论、说明、记叙、描写、抒情等表达方式的综合训练，教师可据此进行各种创造性的设计。

科学的生命力在于创新。创造性思维能产生新理论、新思想，开辟新的科学道路。在语文教学中努力发展学生的创造性思维，尽力培养具有创造精神的新一代，开发智力能源，就能为"江山代有人才出，各领风骚数百年"做出应有的贡献。

第二节　语文教学的思维训练

在人的智力结构中，居于核心地位的思维，是整个智力活动的最高调控者。如果思维不能积极参与智力活动，知觉会缺乏理解性，记忆变成了机械重复，想象也难对表象进行加工，写作创新将是一纸空文。

语文基本训练包括教师的训导和学生的练习，两个互为因果的方面，有目的有计划地贯穿于语文教育的全过程，但一切语文基本训练无不是在思维指导下进行的。故思维能力的培养与发展，是语文课诸因素的核心因素，是语文课的本质。抓住了思维能力这一主要矛盾，就可带动各项教学任务，解决语文课中的各种矛盾。

根据不同的标准，可以划分出多种类型的思维，语文教学思维训练，应积极发展多种思维，如形象思维、抽象思维、直觉思维、相似思维、辩证思维、创造性思维等，通过这些思维的训练，提高学生多种思维的能力。

思维训练的方法很多，有人总结了28种思维方法：归纳、演绎、类比、扩散、集中、静态、动态、求深、求全、比较、七步、形象、综合、软性与硬性思考、反馈、提问、探索、综摄、系统最优化、模拟、求异、想象、超前、蒙太奇、媒介、全息、拟喻、冷处理。

下面，着重从听、说、读、写四个方面来谈谈语文教学中的思维训练途径。

一、阅读思维训练

阅读能力的核心是阅读中的思维能力。阅读过程始终充满积极的思维活动。同样一篇课文，有的学生读了不知所云，有的只记住内容大意，有的能融会贯通、深刻理解、恰当评价。能否在阅读中积极思维是造成这种差异的主要原因。阅读思维能力主要体现在阅读理解与评价上。

阅读理解既是思维过程，又是思维结果，是阅读思维能力的重要表现。阅读理解是指运用已有的知识与经验，将感知的新信息、新材料联系起来，通过联想、想象、判断、推理等思维活动，去把握阅读材料的内在联系与本质意义。

学生的语感能力，正是在阅读理解与评价的过程中逐步增强的。

当然，阅读理解，还需在认读感知的基础上进行，在阅读理解与评价的基础上，还有运用能力的培养，均离不开思维活动。

此外，在阅读训练中进行思维训练，还要激发学生的阅读兴趣，使学生集中注意力，处于积极思维的状态，审美情感就自然渗透其中了。这样，才能借助恰当的思维方法，在阅读练习中，能动地进行想象与联想、分析与综合、抽象与概括、归纳与演绎、评价与运用。

阅读的时间与质量，应严格要求，要有一定的量和度的规定，并适当提高阅读难度，使学生思维达到一定的强度。如要求学生在 20 分钟内大体上浏览一张报纸，即能向老师与同学清晰地说出报纸的主要内容。通过一定的训练，一般阅读水平的中学生，是可以达到这一量与度的要求的。

二、写作思维训练

写作是反映社会生活的复杂思维过程。从材料收集、主题提炼、内容安排，到语言选用，都离不开思维。

立意的优劣，往往是文章成败的关键。立意要看是否揭示了事物的本质，揭示了文章的思想意义。这就需在收集材料的基础上，反复思考，认真分析，抓住事物的本质，才能做到深入开掘。

其次，文章的结构，也是鉴别其优劣的标准之一。所谓结构，是指文章的布局谋篇，它要反映客观事物的内在联系及发展规律，通过作者构思在文章中得到反映。这里有方法与技巧问题，但关键在思路。

加强思路训练。对此，可通过列提纲、表解等方式，让学生正确划分层次段落；还可把同一题材不同写法，或不同类型不同表现手法的若干文章，让学生分析、讨论、借鉴，以拓展思路。

初中生的多数和高中生在逻辑思维中，求同思维起主要作用，思考问题往往朝一个方面聚敛前进、容易孤立地静止地看问题。为此，要注意培养求异思维、使作文构思不受消极定式束缚，能有新角度、新观点，敢于标新立异。

再次，运用语言的能力是衡量写作能力的重要标志。文章的用语要准确，又有赖于思维的明晰。

在语文教改中，不少教师经多年试验，创立了作文思维体系。他们的构想是：明确创立背景与依据，遵循科学的原则，设计合理的体系模型，进行科学的思维训练。其共同特点在于注意了思维训练体系的整体性、层次性、开放性、适用性。

三、听话思维训练

《语文大纲》所规定的听话思维能力训练，集中在初中阶段。

初一年级：听人说话，能集中注意力，听清楚意思。初二年级：听别人说话，能够分析、理解其用意。初三年级：参加讨论，能听出不同的意见和分歧所在；听议论性讲话，能把握住对方的观点以及持这些观点的理由。

根据《语文大纲》的规定，提出如下思维训练序列。

从培养良好的听话思维习惯入手。集中注意力是听清别人讲话内容的首要条件。进行听话思维训练，要训练学生的听知注意力。听知活动是听话人借助听觉分析器官，在思维的参与调控下，接收、理解、吸收口头言语信息的过程，也是听者把说者的外部言语转化为自己内部言语的过程。要促成这种转化，务必使大脑中枢神经形成"优势兴奋中心"，产生有意注意的意向。因为听人说话，稍纵即逝，要很快听懂对方的话语，并能很快把握住话的主次，分清是非，品评好坏，理出条理，筛选出急需的信息，没有高度的注意力和科学的思维是不行的。

训练学生的"听知注意力"，要求学生开动思维器官，依靠意志力，排除干扰，集中听觉于说者传输的信息，及时抓住声波，敏捷地在头脑形成清晰的印象。这就要端正听话态度，明确听话目的，养成良好的边听边思考的习惯。如听课听报告，主要是为了获取知识；听人谈话、听讨论发言主要是为了沟通思想；听演唱诵读主要是为了鉴赏；等等。目的明确，又认真思考，就会主动排除干扰，使注意力集中，久练成习，效果必佳。检验"听知注意力"最基本的方法，在于是否听清了说话者的意思。这包括两方面的内容。

第一，正确感知语音，听清每个音节，听清音近字和同音字，要能通过积极的思维活动，按上下句语意，说话场合，准确判断、识别话语的语调、重音、停顿是否准确，并体会说话者的感情色彩。

第二，通过积极的思维，听清说话的内容。如凡属叙事性说话，注意把握事件发生的时间、地点、人物、事件、起因、经过、结果，并分清叙述的事实与说者的评论；又如说明性谈话，要认真通过思考，把握被说明事物的特点与结构，并思考其科学性与实用性。

第三，在听话中培养敏捷的思维能力。学生善于感知外界的语言信息，应进一步通过思维理解外界语言信息的含义。如理解话语中心，谈话目的，说话人的感情，话语的深刻含义；有无通过一定的修辞手段和语言艺术表示的弦外之音、言外之旨，等等。这一切都要靠对言语的"听知理解力"与思维的敏捷力通力合作、协同攻关。在这过程中不仅提高了学生听知理解言语的水平，也会逐渐养成分析思考问题的良好习惯。

第四，独立思考，训练听话鉴别力。客观事物的丰富、复杂，决定了人们对它的认识必然是"横看成岭侧成峰，远近高低各不同"，在层次与角度等方面存在差异、距离。在学习生活中，我们常常会碰到说话人的观点、态度有时能引起听者强烈的共鸣，有时并不完全一致，有时因大相径庭而反感。这就要求听者对接收的话语通过思维加以分析：说话者的目的动机是什么？观点是否正确？用了一些什么事实和道理来支持他的观点？这些事实与道理是否符合客观实际？总之，只要是听议论性讲话，都要能听出话语的中心意思，说话人的观点，分析支持这些观点的理由与事实，方能对他人的议论获得准确的鉴别。在此过程中，也培养了听者的独立思考能力。

听话能力的训练方式很多，一般概括为随机训练与计划训练两类。

（1）随机听话思维训练。首先是听知，它包括辨音识义、理解句义语脉、概括归纳说话中心、理解寓意、比较多人发言的异同等思维活动。具体方式可分听想、听读、听说的训练。

"听想",如各校开展的讲故事活动,听者在兴趣浓郁中侧耳细听,有利于培养语感与听力,发展联想与想象能力,拓宽听者思路。

"听读"可听录音,听师生读。但目的应明确,教师应设计好听者回答的问题,由此培养学生的比较、鉴别、记忆、归纳等思维能力。

"听说",可听一人讲,也可听数人围绕一个话题发言、讨论。教师应提出明确要求,让听者回答说话的要点、特点、优缺点等问题,由此培养学生注意倾听的态度,迅速反应、归纳、识别等思维能力。

其次是听记与听写。听记就是边听边记,包括记纲目、要点、重要内容、原话、边听边想再追记等方式。听写指按照听到的内容,进一步通过思维活动,写出要求的文字,如提要、梗概、说明、简介,乃至感想评论等。

(2)程序听话思维训练。是指按《语文大纲》的要求,有计划地在听话训练中加强思维训练。训练应根据学生年龄与教材内容有计划地安排,结合阅读、说话、写作中的听话训练进行。

此外,还可进行专门的听话训练,其中包括听话过程中的观察力、注意力、记忆力、联想力、想象力、改变听话条件(指能适应较差的语言环境和声音条件的训练)、抗噪声干扰等训练。

四、说话思维训练

《语文大纲》对中学各年级的说话训练都提出了具体要求。说话能力是指运用口头言语表达思想感情的能力。思维水平的高低,决定了说话的逻辑性、条理性、言语的概括能力。

(一)说话能力这个综合体由三个方面构成

1.组织内部言语的能力。人们说话,皆先想后说,边想边说,边想——就是靠思维来组织内部语言。思考"为什么说""对谁说""说什么",这是取得好的说话效果的前提。

2.快速语言编码的能力。人们说话的过程,就是把内部言语经过扩展进行编码的过程。其条件有三：一是必要的口语词汇储备，二是要掌握把语词按正确次序组合的规则，三是靠敏捷、灵活的思维来调控。

3.运用语音达意表情的能力。人们说话是把内部言语加以扩展，编码为一定的语句，通过发音器官变成外部语言（有声语言），方能交际。说话人善于运用语音、语调、语速、语量的变化表情达意，就会收到动听的效果。这一切，同样要靠敏捷、灵活的思维来调控。

（二）说话训练可以通过如下方式进行

朗读、口头复述、看图说话、讲故事、口头作文、口头广播、口头解说、会议发言、演讲、致辞、口头问答、对话交谈、讨论、打电话、口头咨询、口头辩论、访问等，这些训练项目，都要靠思维来组织；反过来，说话训练又有助于思维能力的训练。说话能力的训练，可以说是一种最好的思维训练。首先，通过说话训练，学生增加了语言信息储备，也就是积累了思维原料，锻炼了快速选词组句的能力，有利于培养思维的敏捷性、准确性。其次，说话也是思维结果的反馈，有了这种反馈，可修正、补充思想，使之更符合客观实际。如有的语文教师，录下学生的即兴说话，再放给学生听，学生自己发现，凡说话结巴、停顿过长、颠三倒四的地方，一定是思维混乱"短路"所造成的。第三，通过讨论、辩论等说话活动，可学习别人好的思维方法、思维模式，培养良好的思维品质。所以，说话与思维训练是相互促进的。

（三）说话与思维训练相结合的方法很多

如反面相激、两头分说、抑扬评说、试探发问、引喻比方、婉转迂回、留有余地、曲折答问、补救失言、摆脱困境、以牙还牙等。这些方法的使用，均需开动思维器官，寻找恰当的谈话契机，设法打开对方的话匣子，扣住思路、意向谈话；还要根据一定的场合谈话，方能取得好的效果。

中学阶段是学生养成良好听说读写习惯的重要时期，中学生正当青春年少，有了成人感，自我意识、思维品质都在受教育中发展，各种知识的学习，社会交际的需要，要求他们准确、连贯、流畅地表达自己的思想情感，如果语言和思维能力跟不上，说话写文章就会颠三倒四，言不由衷；如果在听、说、读、写活动中，受到不文明语言的污染，不仅会养成说脏话的恶习，还会影响学生健康成长。

（四）语文教师要配合整个的学校教育

在培养学生良好的听、说、读、写习惯的同时，言传身教，有计划地训练学生用优美的、符合规范的语言说话；切合实际、诚恳地说话，不说假大空的套话；有条理有层次地说话，不胡言乱语；提纲挈领地说话，不啰唆拖沓；引人入胜地说话，使人感到生动、具体、亲切；不快不慢，随机应变地说话，使人感到机智聪敏；富有启发性地谈话，能开启思维的大门。这就是我们所追求的说话思维训练的理想境界。

以上主要从听、说、读、写四个方面谈了思维训练的途径，他们之间既有独特的任务，又存在相辅相成的关系。

第五章　语言训练的本质：基于语言的训练

第一节　语言的内容：从分立到统一

一、语言和言语的分立

对语言和言语进行区分是索绪尔完成的，但在他之前，德国语言学家在 1836 年就提出了"言语"的概念。索绪尔的《普通语言学教程》奠定了他作为结构主义语言学的鼻祖地位，这一地位的奠定就与语言和言语的分立休戚相关。当然，语言和言语的分立只是他对语言学结构"细分"的一个方面而已。

（一）语言的内涵和外延

语言是语言学研究的对象，语言学是研究语言的本质、结构和发展规律的学科。按照索绪尔的观点，语言是"言语活动的一个确定的部分，而且是主要的部分。它既是言语机能的社会产物，又是社会集体为了使个人有可能行使这一机能所采用的一整套必不可少的规约"。在此，作为"规约"的语言定义，索绪尔是从整个人类发展阶段中个体言语活动的角度进行阐述的。按照此定义，语言具有以下一些特征。

1.它是言语活动事实的混杂的总体中一个十分确定的对象。

2.它是人们能够分辨并加以研究的对象。

3.同质性：它是一种符号系统。

4.语言符号虽然是心理的,但并不是抽象的概念。

索绪尔提出的语言所具有的四个特征其实并非处在同一逻辑基础之上。言语活动是一个主体性的活动,而索绪尔提出的作为"符号"的语言并不是立足于言语活动而言的,它立足于言语活动的行为结果。如果从言语活动的行为结果而言,语言应该是作为"表达观念的符号系统"而存在的。与其他符号相比,语言的产生需要借助于声音的线性序列来完成,这应该是语言区别于其他符号所在。

无论是言语活动还是言语结果,语言都是作为一种交际的工具而存在的,是人们进行交际沟通的符号系统。人们借助于语言的工具来保存、传递和发展民族文化,语言也是文化的重要组成部分。按照语言存在和发展的状态,语言学可以分为共时语言学和历时语言学两种:共时语言学主要研究语言在某一特定时期的存在状态;而历时语言学主要研究语言在不同历史时期发展状态的演变轨迹。共时语言学和历时语言学都将语言作为研究的对象,其区别就在于语言存在的形式不同,共时语言学中的语言是以当下的状态而存在,历时语言学中的语言却在不断演变之中。这就意味着,我们所说的"语言"不仅是当下的,也是历史的。

(二)言语的内涵和外延

言语是与语言相对而出现的,语言是言语行为的社会部分,而言语则是言语行为的个人部分:言语中没有任何东西是集体的;个人的和暂时的言语的行为都是许多特殊情况的总和。

很多研究者在索绪尔的基础上对言语进行了详细的阐述。高名凯在《语言论》中对言语的解释就非常具体清晰:"通俗一些说,'言语'就是说话,它可以指'说',也可以指'话','说'就是言语行为,'话'就是这种行为所造成的结果或"作品"。言语行为既然指的是说的行为,而人们说的行为又可能同时就是设法创造某一语言成分的行为,我们就应该把言语行为理解为运用语言机能的行为,包括运用语言机能去设法创造语言成分和运用语言机能去使用已经存在的语言成分。人们运用语言机能时用已经存在的语言成分和他们临时创造的新的语言成分(如果有这种情形的话)加之一些超语言的表达手段组合在一起,体现人们所要表达的思想,结果就产生了言辞,也就是我们所说的'话'。"

岑运强等主编的《语言学基础理论》对言语做了如下解释:"所谓言语,有两方面的含义。其一,言语就是讲话(包括写作),是一种行为动作;其二,言语就是所讲的话(包括所写的话),是行为动作的结果。概括起来,言语就是个人讲话(写作)的行为和结果。"

从定义可以发现,对言语的理解主要体现在两方面:言语行为和言语结果。言语行为是一个活动,而言语结果就是作品。言语行为体现在两个方面:作为活动的外在行为和作为思维的内在行为。言语结果也体现为两个方面:作为话语的口头结果和作为文字的书面结果。

二、语言和言语的统一

索绪尔关于语言和言语的论述让我们看到了二者之间的区别,但这种区别只是理论上的,现实中的语言和言语的联系比区别更重要,很多时候,我们几乎忽略了二者之间的区别。

(一)语言的来源:言语

对于日常的生产生活来讲,我们甚至不需要将语言和言语进行区分,或者可以认为我们都是用语言的称谓替代和指称本属于言语称谓的范畴。所以,王希杰认为语言有广义和狭义之分,广义的"语言"包括狭义的"语言"和"言语",紧接着他指出:"语言是语言世界中的潜在物,而言语则是语言世界中的显性经验的事实。广义的语言乃是潜性语言和显性言语的总体。"

回到理论上来,语言是一种约定俗成的客观存在。这句话揭示了这样两个事实:第一,作为一种约定俗成,语言的来源是随机的;第二,作为一种客观存在,语言总是指称一定的对象。

当再一次回到索绪尔的观点时,我们发现在语言符号和事物名称之间潜藏着"认可"的东西。没有这个"认可",语言符号并不会与某个事物和名称建立一一对应的关系,这个"认可"就是个人的"言语"。当我们每一个人都从言语上"认可"某个语言符号与某个事物和名称之间形成的对应关系时,语言的约定俗成性也就这样形成了。

作为一套约定俗成的规则,语言是从言语中来的。可以从两个方面来分析:第一,从语言的静态性来看,语言符号和规则来自言语;第二,从语言的动态性来看,言语的发展程度制约着语言的发展。语言符号的多样性和语言规则的准确性离不开言语,言语个体的丰富性为语言符号的多样性提供了生成的素材,为语言规则的准确性提供了参考的依据。没有言语的丰富性作为前提条件,语言符号和语言规则的约定俗成就缺乏必要的时间和空间。当静态的约定俗成形成动态的演变流程时,语言的发展受到言语发展程度的制约也就顺理成章了。

(二)言语的规范:语言

言语是个体的言语,个体的言语是丰富多彩的言语,是各不相同、差异明显的言语。个体 A 的言语可以和个体 B 的言语完全不同,当然也可以部分相同、部分不同,甚至也可以完全相同。个体 A 和个体 B 的言语差异性就体现为如下三种关系。

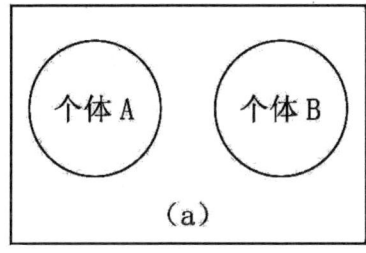
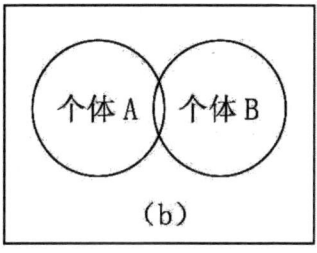
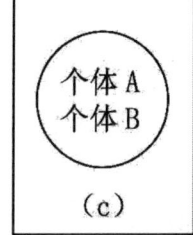

图 5-1　个体言语经验差异示意图

图 5-1(a)的关系表明个体 A 和个体 B 之间的言语完全缺乏可交流性,比如处在不同语言系统的个体之间就会发生这种完全缺乏可交流性的状况。图 5-1(b)的关系表明个体 A 和个体 B 之间的言语具有部分的可交流性。这是一种十分普遍的言语交际关系,其中交叉的程度就取决于个体之间对语言规则的掌握程度。而图 5-1(c)的关系表明个体 A 和个体 B 之间的言语具有完全的可交流性,这种情况在现实中也比较少见,传说中的"知音"就应该是这种关系的形象描述。下面可以通过一个具体的例子来证明这种可交流性

是如何在言语中具体体现出来的。

  但我们没有人根据了"礼尚往来"的仪节，说道：拿来！（鲁迅《拿来主义》）

  但我们没有人根据"礼尚往来"的仪节，说道：拿来！

  从这两句话的比较中可以看出语言作为言语规范的重要性。这两句话的差异就在于一个"了"字。有没有这个字，语句本身都不存在任何问题，没有"了"字读起来还更流畅。但问题是：作者为什么加上"了"字？能不能读懂这个"了"字的作用就体现了语言能否发挥作为言语规范的作用。类似的例子很多，除了词汇可以影响言语的交流性之外，还有语法、语义、语境等因素都可以影响言语的交流性。

  言语是变动不居的，这种变动不仅表现为个体的差异性，而且表现为时代的差异性。在不同的时间，不同的个体身上，言语是不一样的，因此，为了使言语具有可交流性就需要有语言的规范。但是，语言本身也在不断地变化，比如从文言文到白话文、从繁体字到简化字、从甲骨文到金文、从小篆到隶书等，这些变化都体现了语言的变化。当语言和言语都处在变动不居的情况下，那么语言和言语的规范也就处在一个混乱的状态之中，这就需要借助于外界的强制力量来控制语言和言语处于特定的发展规范。因此，每一次语言的变动都能够看到强制力量的原因就在于此。外界的力量之所以要强制介入语言的内部规则中，就在于外界认为语言的发展不符合某种人为的行为规则，比如白话文运动中的"国际"和"现代"的因素。当然，这种介入最终是否会将语言导向人为设定的"科学"轨道是值得怀疑的，这要视语言与外界力量博弈的结果而定。当然，作为一种强制的力量，绝大多数都是其占据上风并最终取得胜利。

三、语文教学中的语言和言语

  当认为语言和言语有根本性的区别时，语文教学到底是让学生学习语言还是言语就变成了一个问题。这个问题现在并没有定论，所以就有"公说公有理，婆说婆有理"的意味，让人有点不知所以，而我们似乎也在不停地反问：语文教学到底是语言的教学还是言语的教学？李海林在《言语教学论》一书中通过逻辑推理得出语文教学就是言语教学的观点，其从词源学的辨析开始，得出"语文=口头语＋书面语"的式子，又从口头语和书面语的属概念的推论中得出"语文即语言运用"的结论，最后把这个结论术语化为"语文即言语"的命题。李维鼎在《语文言意论》中也认为语文就是言语，他的说法是："'语文课'就是'言语课'。"而语文教育界的元老叶圣陶先生却认为语文教学就是语言教学。

什么叫语文？平常说的话叫口头语言，写到纸面上叫书面语言。语就是口头语言，文就是书面语言。把口头语言和书面语言连在一起说，就叫语文。

用一个等式表示就是：语文=语+文=口头语言＋书面语言=语言（广义）。如果再把这个等式与王希杰的观点结合起来，就可以进一步延伸为：语文=语+文=口头语言＋书面语言=语言（广义）=语言（狭义）+言语。这就意味着，语文教学既要学习约定俗成的客观社会性的语言规则（狭义的语言），又要学习个人化的丰富多样的语言作品（言语），只有这样才是完整的语文教学。

（一）作为语文教学目标存在的语言运用

教学目标是教学活动实施的方向和预期达成的结果，是一切教学活动的出发点和最终归宿。美国教育心理学家布鲁姆对教育目标的陈述如下："阐述教学目标，就是以一种较特定的描述在单元或学程完成之后，学生应能做（或生产）些什么，或者学生应具备哪些特征。"可简述为："目标是预期的教学成果"。张振国主编的《教学目标实验与研究》中将教学目标阐述为："通过具体教学活动所达到的具体教育目的，或者说是经过具体教学过程所期望学生发生的具体变化。"

这些定义体现了教学目标三个范畴的规定：①教学目标相对于具体的教学内容而言；②教学目标相对于具体的教学过程而言；③教学目标相对于学生发生的具体变化而言。这些定义都是基于泰勒原理的四环套"确定目标—选择经验—组织经验—评价结果"而来的。

语文教学目标也同样体现了教学目标的三个范畴：教学内容、教学过程和学生变化。从教学目标的三个范畴来看：教学内容体现了教学目标的先在性、教学过程体现了教学目标的现在性、学生变化体现了教学目标的指向性。很显然，教学目标的存在就是指向于学生的，学生发展变化的需要是教学目标存在的根本依据。而教学内容的先在性是通过语文教材具体体现出来的，标准通用的语文教材在教学内容上的确定性体现了语文教学内容的先在性。当然，教学目标是确定语文教材的客观依据，这是泰勒原理所揭示的。作为依据的教学目标是相对于语文教材的编撰而言的，对于教学中的语文教材而言，它是实现语文教学目标的凭借，因此就体现了教学内容的先在性特征。这就意味着，语文教材中的教学内容和教学目标是当下的。

从教学内容、教学过程和学生变化三个维度来考量教学目标的现实性意味着教学目标的产生和实现都是基于真实的语文教学。从语文教学的角度来看，教学目标的现实性指向学生在语文课堂上发生的实际变化——语言运用能力的提升，在《义务教育语文课程标准》中的表述是："语文课程致力于培养学生的语言文字运用能力，提升学生的综合素养，为学好其他课程打下基础。"这个表述中将"语言"和"文字"并列的意图为了凸显文字的重要性，而且"语言文字"这个说法也是经常使用的，符合语言惯常使用的逻辑。更重要的是，这一说法如果没有必要的说明就会引起理论上的困境：语文课程的目标是培养学生语言文字运用能力吗？语文课程培养在学生语言运用能力和文字运用能力之间有没有差异？当前语文教学目标模糊性依然是一个显著的问题，这主要体现在教学目标并没有很好地在语文教材中体现出来。

语文教材直接呈现的是教材内容，但教学内容却是教材内容的支撑。缺乏教学内容支撑的教材就缺乏存在的价值和意义。因此，为了使教材内容能够实现教学的价值，语文教材就必须体现恰当的教学目标，并通过教学内容将教学目标恰当地呈现出来。

语文教学目标体现在三个不同的维度：知识与能力、过程与方法、情感态度与价值观。语文教学目标的现实性指向教学内容、教学过程和学生变化三个范畴，因此，三维教学目标的阐述应该立足于教学内容、教学过程和学生变化的范畴来考量。

教学内容的先在性意味着三维教学目标必须通过语文教材体现出来。知识指语文教材所涉及的背景知识以及学生需要掌握的知识状况，此二者可能一致也可能存在差异，因为并不是所有的背景知识都需要学生掌握，学生掌握的知识也并不一定要在语文教材中全部以背景知识呈现出来。能力指向背景知识呈现的水平和状态。与背景知识呈现的直接性相比，能力的呈现是隐性的，它表现为语文教材中语言运用以及语言本身的科学性和审美性。或者说，能力在语文教学内容层面主要是以语文教材编者的状态呈现出来。背景知识的呈现状态是需要语文教材编者重点关注的内容，而当前的语文教材编辑却几乎没有关注这一点。背景知识的呈现状态可以体现出语文教材编者对语文教学内容的关注过程。只有始终很好地关注语文教学内容，才有可能在语文教材中呈现出流程化的教材内容，从而使教材内容和教学内容具有逻辑的关联性和同质性。方法就是呈现语文教材内容和语文教学内容的方法，这需要语文教学予以特别对待。语文教学目标指向学生"语言运用"能力的养成，能力的养成始终离不开方法的指引，而语文教材中教材内容和教学内容呈现的方法就是可以直接借鉴的样本。当然，情感态度与价值观始终是决定语文教材中教材内容和教学内容如何呈现、为何呈现、呈现多少的根本依据。

教学过程的现在性则需要将三维教学目标指向言语活动本身，而学生的变化也在这个过程中体现出来。这样，教学过程就演变成了学生学习的过程，教师退隐到了教学过程的幕后。这样的指向可以更好地关注教学过程中学生和教学内容之间的关联性，从而为建构符合学生需要的教学内容奠定基础。如果从学生学习过程中掌握教学内容的角度反思知识与能力、过程与方法、情感态度与价值观的三维目标，就可以发现三个维度之间体现了内在逻辑的一致性。知识就是学生在教学过程中掌握的教学内容，能力则是在教学内容掌握过程中所养成的能力，过程与方法就演变成了学生掌握"语言运用"的过程和"怎样运用语言"的方法，情感态度价值观也就演变成了在感悟和理解教学内容呈现的"怎样运用语言"的过程中实现学生个体和语文教学内容之间的情感态度与价值观的交融。

（二）作为语文教学对象存在的语言作品

上文在阐述语文教学目标时指出，教学内容是教学目标实现的先在性因素。教学内容与教材内容休戚相关，二者都来自语文教学对象。语文教学对象指向的是语文教材，语文教材就是指进入语文课堂教学的所有材料，特指当前通用的文选型语文教材。

文选型语文教材指的是以所选范文作为主体的一种教材类型。我国古代语文的文选教材当以南朝梁太子萧统编选的《文选》为宗，它是我国古代语文教材发展史上的里程碑，它的编辑思想为后世的语文教材建设提供了有益的借鉴。《文选》开我国文选型语文教材之先河，且符合我国的国情，因此一直为后世所仿效。历朝历代均有许多文章选本问世，并出现了诸如真德秀所编《文章正宗》，谢枋得所编《文章轨范》，吴楚材、吴调侯所编《古文观止》，姚鼐的《古文辞类纂》，曾国藩的《经史百家杂钞》等优秀文选本。这种文选传统一直延续到当代，成为中学语文教材的一种主要模式。当前使用的文选型语文教材由两部分内容组成：作者创作的"范文"和编者创作的"助读"，这两个内容都可以归结为"作品"的范畴。作品是由语言组成的，所以称之为"语言作品"，需要做到以下几点说明。

1.作者创作的"范文"只是语文教材中的一个特定现象，所有的"范文"并不是一开始就具有"范文"的特质，恰恰相反，几乎所有的文章最初都不是以"范文"的面目出现的。其之所以能够成为"范文"，这来自语文教材编者的主观判断。语文教材编者按照自己的认识水平、知识状况、价值观念、审美视野、编辑理念等多方面的因素对进入语文教材编辑视野的文章进行选择，然后把符合条件的文章按照特定的编辑理念进行整理编排，形成了语文教材中的"范文"。很明显，由于身处不同的时代地域，具有不同的认识水平、知识状况、价值观念和审美视野，作者所创作的文章几乎不可能全部符合语文教材编者所认定的标准，当语文教材编者认为一篇文章总体上符合标准，只是在某一个或几个方面存在缺陷时，他们就会根据自己的标准对文章进行修改，以使之符合语文教材的需要。

2.语文教材编者对文章的修改体现在两个方面：一是对文章本身做出修改，这是隐性的；二是对文章直接提示，这是显性的。对文章本身，特别是名家名作进行修改需要很大的勇气，因为很难保证语文教材编者的水平能够超越作者，即使能够超越也不一定能够保证修改后的作品能够超越原来的作品，因此这个修改在多元化的时代就会受到质疑，比如叶开的《对抗语文》

就对语文教材编者的修改提出了严重质疑。与此相对的是对文章直接提示，这种提示的风险要小得多，但是效果也差得远。直接说教的效果比不上潜移默化的语言熏陶，因此，许多语文教材编者都会选择第一种方式进行修改，只在一些无关大雅的细枝末节上才会选择第二种方式。

3.教材编者的"助读"在语文教材中以导言、阅读提示、注释、练习题等内容体现出来。编者的"助读"针对"范文"而来，旨在更好地将"范文"导向教材编者所设定的教学范畴，但这可能存在一些现实的问题：教材编者有选择性地"助读"能否涵盖"范文"内容的多样性？如果不能涵盖，那么取舍的依据何在？与"助读"无关的内容是否都应该摒弃在语文教学之外？如何保证与"助读"无关的内容不在课堂上出现？如果一堂课出现与"助读"无关的内容乃至全部无关的内容，那语文教材存在的依据何在？

很显然，这些问题表面上都是对语文教材的质疑，但从本质上来说都是指向先在性的语文教学内容的。上文已经分析了教学目标是确定教学内容的依据，教学内容又是教学目标实现的凭据，而教学内容又是通过语文教材体现出来的，因此，教学目标的实现就最终落在语文教材编者身上。

语文教材编者能否将教学目标很好地体现在语文教材中是非常关键的问题，其不仅需要很好地体现，而且需要以恰当的方式体现并能够让所有的教师准确恰当地领悟和执行。

（三）作为语文教学过程存在的语言活动

语文教学过程就是"运用语言"的活动过程，无论教师或学生都是如此。当具有先在性的教学内容进入当下的语文教学过程时，"运用语言"的教学目标也就自然会在学生身上体现出来。但是实现的方式却有几种不同的可能性：①完全实现；②部分实现；③没有实现；④产生意想不到的结果。

对于这四种结果需要区别对待。第一种表示语文教材中体现的教学目标完全实现，在学生身上得到了切切实实的体现。这是一种理想的状态，取决于两方面的因素：教学目标的科学性和教学过程的有效性。第二种情况表示语文教材中体现的教学目标只有部分在学生身上得到了体现，还有部分没有体现出来，这种情况在教学过程中经常出现。教学目标的部分实现需要区别对待，如果错误的教学目标没有实现而正确的实现了，那是一件好事；如果正确的教学目标没有实现而错误的实现了，那就是一件麻烦的事了。当然，这种情况在现实中更多的是实现了部分正确的目标，而部分正确的目标没有被实现。这种情况的出现并不是一件让人难以接受的事情，因为语文教材的模糊性决定了一个教学目标并不只在一篇"范文"中体现，其他的"范文"同样可以完成这篇"范文"没有实现的教学目标。第三种情况表示语文教材中体现的教学目标完全没有实现。在此，无论基于何种考虑都可以判定这样的教学完全是无效的教学，语文教学过程中出现的"语文课上与不上一个样"说的就是这个意思。第四种情况需要特别对待：意想不到的结果就是语文教材中体现的教学目标没有实现，但却达成了其他没有想到的结果，这就是"生成"的效益。在当前语文教学内容缺乏科学性的情况下，语文教学过程中到底产生什么样的教学内容是需要认真探讨的。

"生成"是相对于"预设"而言的。"生成"是根据课堂教学本身的进行状态而产生的动态形成的活动过程，具有丰富性和生成性。"生成"有两方面的含义：预设的生成和非预设的生成。相对"预设"而言的"生成"基本上指的是"预设的生成"，这也是教学中需要重点关注的对象，意思是说要使教学沿着特定的轨道进行，这是"科学性"的基本要求。而"非预设的生成"可能产生两种截然相反的结果：好的和坏的。很显然，因为缺乏预设性，到底是生成好的结果还是坏的结果是未定的。结果的好坏可能取决于教师个人的教学机制和专业素养，这为优秀教师充分发挥创造性和主动性提供了条件。但是，在教学过程中，如果任由"非预设的生成"大行其道，其后果并不是意味着语文教学中"师生双方主动性和创造性的发挥"，也不是对"个性的关注"，更不是"教学的创新"。恰恰相反，当前语文教学中的"混乱不堪"就是"非预设的生成"所"生成"的恶果。在当前并不能保证所有教师都是优秀或者具备优秀潜质并能成为优秀教师的前提下，这种"生成"在教学中需要慎重对待。

第二节 语言的层次：从语识到语感

与语文教学目标指向的语文运用密切相关的内容主要包括以下范畴：语识、语义、语用和语感。对于每一个学生来说，要想在语文教学中培养"语言文字运用能力"，就需要将语识、语义、语用和语感统一在语文教学的范畴之内。

一、语识、语义、语用和语感

在语文教学过程中，语识、语义、语用和语感的对象是一个相对复杂的体系。但是，为了能够很好地掌握语识、语义、语用和语感的形成，我们需要将这个复杂的体系进行过程的简单化呈现，从而为语文教学中如何进行语识、语义、语用和语感的教学奠定基础。

（一）语识

语识是语文知识的简称。语文知识是关于语文的知识，但什么是"关于语文的知识"呢？"语文知识"这个词在当下课程改革的语境中是一个颇受争议的词，对"语文知识"的理解也千差万别。在通常的语境下，我们所说的语文知识泛指与语文相关的文学史知识和语言学知识，以及一些相关学科的文化知识，这就是20世纪流传甚广的"双基"中的"基础知识"的范畴，但这个范畴的知识是当前课改所极力批驳的对象。很显然，以这个知识作为当前课改背景下的语文知识是不可行的。

在理解语文知识之前，有必要将知识的概念做一个阐述。因为对知识的阐述是准确理解语文知识的前提和基础。

《哲学大辞典》对知识的定义如下。

知识（knowledge）：是人类认识的成果或结晶。包括经验知识和理论知识。经验知识是知识的初级形态，系统的科学理论是知识的高级形态。知识通常以概念、判断、推理、假说、预见等思维形式和范畴体系表现自身的存在。知识可以区分为直接知识和间接知识。从总体上说，一切知识都发源于实践经验。知识通常可分为四大类：自然科学知识、社会科学知识、思维科学知识和数学知识。

《教育大辞典》对知识的定义如下。

人对事物的属性与联系的认识，即个体通过与其环境相互作用后获得的信息及其组织。贮存在个体头脑内，是个体的知识；通过书籍或其他媒介贮存，是人类的知识。可依据不同标准分类：按反映深度，可分为反映事物外部属性的感性知识和反映事物本质属性的理性知识；按反映内容，可分为自然的、社会的和思维的知识；按其来源，可分为间接知识和直接知识。但从总体来说，知识来源于实践，又在实践中发展。是学校教育的基本内容，实施德育、智育、体育、美育等的基础。

美国学者维娜·艾莉在《知识的进化》中给知识定义如下。

知识是被交流和共享的经验和信息。默认的知识是存在于个人中的私人的、有特殊背景的知识；明确的知识是在个人间以一种系统的方法传递的更加正式和规范的知识。

从以上有关知识的定义可以发现，《哲学大辞典》从哲学理性主义的视野建构知识和经验之间的统一性，试图调和知识与经验之间的矛盾。《教育大辞典》中的知识观是建立在信息论的基础之上，从知识的可教育性上阐述了陈述性知识和程序性知识的不同。在陈述性知识和程序性知识之外还有一种策略性知识，不过，认知心理学是将策略性知识涵盖在程序性知识范畴之中的。但二者之间存在根本的区别，策略性知识适用的情境通常处于变化之中，属于缄默知识范畴，而程序性知识的适用情境通常固定。因此，将策略性知识与程序性知识区分开来有利于探讨二者的差别而准确理解知识的类别。维娜·艾莉从知识的存在状态将知识分为"默认知识"和"明确知识"，又可以称为"缄默知识"和"显性知识"。

对语文知识的概念也有很多阐述。周庆元在《语文教育研究概论》中指出。

语文知识是对语文规律的科学概括和语文学习方法的科学总结，是为达到《语文课程标准》所规划的阅读、写作、口语交际等能力目标而必须教与学的概念、原理、技能、策略、态度、价值观等。语文知识的结构状态决定着语文课程的结构方式和课程序列。因为在形式上，课程表现为一种知识体系，课程研制的核心内容也就是要表现为对知识的选择和组织。

王荣生在皮连生、维娜·艾莉、阿普尔知识观的基础上提出从宽式和窄式两方面对语文知识进行阐述。通常语境下的语文知识都是窄式的，宽式的语文知识包括窄式的语文知识和语感。窄式的语文知识是应该或已经纳入语文课程与教学的，关于语言和言语、文学和文章的听、说、读、写的事实、概念、原理、技能、策略、态度，在课程的层面只包括与语感对应的语识，尽管从学习的结果看，学生对语文知识的掌握，既可以是语识的状态，也可以是语感的状态。这两种语文知识观从宏观的理论角度揭示了语文知识的范畴。综合两种观点可以知道，需要从以下几个方面理解语文知识的概念：①语文知识是在语文课程中必须体现出来的关于听、说、读、写过程中必须涉及的有关语文的事实、概念、原理、技能、策略、态度的知识内容而形成的知识体系；②语文知识是指学生在听、说、读、写过程中所涵盖的陈述性知识、程序性知识和策略性知识，是实现语文教学的准确性、科学性和完整性而必须涵盖的语文知识体系；③对学生来说，掌握这些语文知识仅仅是语文教学的基础环节。掌握这些语文知识的方式应该是训练，训练的方式可以多样，既可以是背诵，也可以是参与教学实践，还可以是通过做练习题的方式来掌握。

（二）语义

语义是一个具有多指向性的概念范畴。从通常的意义上来说，语义指的是数据的含义，而数据就是符号。因此，语义就是符号的意义。符号具有领域性特征，比如借助声音表现的符号和借助形象表现的符号就有显著的差异。而具体到某一领域或学科，语义就成了特定的概念的范畴。本书所使用的语义就是语言学范畴的概念，但本书所研究的语义又与语言学中的"语义"具有差异。准确地说，本书是从语言学中的语义学范畴来研究语文中语言的语义性特征，从而为语文教学提供服务。语言的结构由语音、语法、语义三部分组成，这三部分就是语言的三个层次，而每个层次又是一个系统。汉语的语音、语法系统更多属于语文知识的范畴，因此，我们将其放到语文知识的版块进行分层阐述。而汉语的语义系统，是由大量处于聚合关系和某些组合关系中的语义单位构成。

在探讨语文教学中的语义之前有必要首先讨论语义学中的语义概念，这是语文教学中的语义探究的前提和基础。语义学是研究语言意义的学科，其目的在于找出语义表达的规律性、内在解释、不同语言在语义表达方面的个性以及共性。语义学的研究对象是自然语言的意义，这里的自然语言可以是词、句子、篇章等不同级别的语言单位。这就意味着，语义学的探讨是从自然语言中的词语义开始，进而拓展到句子义和篇章义，其中以词语义和句子义为主要研究对象。

词义就是一个词所代表的意义，包括本义和引申义，它是以一定的语音形式固定下来的人们对某一事物和现象的本质特征的概括反映和现象的主观评价。句子义就是一个句子所产生的意义，在内容上，句子义是交际中最小的意义相对完整的片段，属于言语范畴；而在结构上，句子义是语义系统中最大的单位，属于语言的范畴；篇章义就是一篇文章所产生的意义，也叫言语作品义，是句子义的上一级单位，是言语中最大的语义单位。说话或写文章，从语义上讲就是将词义组成句子，再组成一席话或一篇文章，这是语言学中自下而上的言语作品形成观。这种观点为我们研究语义的组合关系提供了基础，由词义形成句子义，最后形成篇章义。但是，篇章义并不等于若干句子义的简单相加，同样，句子义也不是词义的简单相加。这是语言系统中个体和整体之间复杂的相互关系。

语义可以分为广义、狭义两类。广义的语义指语言和言语所有的内容部分或意义方面。广义的语义又可进一步分成反映义和语法意义两种。狭义的语义是指语义学研究的语言、言语的内容部分或意义方面。在没有特定说明的情况下，现在通常所使用的语义指的是狭义的语义。

语言中的语义具有相对复杂的内在特质。从不同的形式上，语义体现出客观性与主观性、概括性与具体性、稳固性与变异性相统一的内在特征。语义中的词语反映客观存在，但又不完全等同于客观存在。语义是人们对客观事物的认识，属于主观世界的范畴，它只能在一定程度上反映客观事物的特征。词义在使用过程中也会出现一定程度的主观差异。词义是对客观存在抽象概括的反映。词义是概括的，但在具体使用过程中，其反映的内容却又是相对具体的。语义在一定程度上表现出与具体事物相对应的特征。为保证交际的顺利进行，就需要保持语义的稳定性，词义在历史的演变过程中一旦形成就相对稳定，但其也处在不断发展变化之中。社会的发展，客观事物的变化和人的认识能力的增强都会使原来的语义不断变化，生成新的语义，导致旧的语义消亡。

（三）语用

对语用的研究属于语用学的范畴。语用学是语言学各分支中一个以语言意义为研究对象的新兴学科领域，是专门研究语言的理解和使用的学问，它研究在特定情景中的特定话语，研究如何通过语境来理解和使用语言。在语用学中有两个十分关键的词语：意义和语境。语用学是一种对意义的研究，但语用学所研究的意义与语义学所研究的意义有根本的差异。语义学中所研究的意义是指语言本身的意义，而语用学所研究的是语言在一定的语境中使用时体现出来的具体意义。由此可知，语境对意义的作用在语用学研究中十分重要。

语境是语用学中一个非常重要的概念。语境是语言学研究中使用非常广泛的概念，在语言交际过程中都离不开对语境的探讨。离开了语境，语用的意义也就不存在了。语境即语言环境，它包括语言因素，也包括非语言因素。上下文、时间、空间、情景、对象、话语前提等与词语使用有关的都是语境因素。语境这一概念最早由英国人类学家 B.Malinowski 在 1923 年提出。他区分出两类语境："情景语境"和"文化语境"，也可以说分为"语言性语境"和"非语言性语境"。而按照何兆熊的观点，他将语境分为语言的知识和语言外的知识，用示意图可以如下表述。

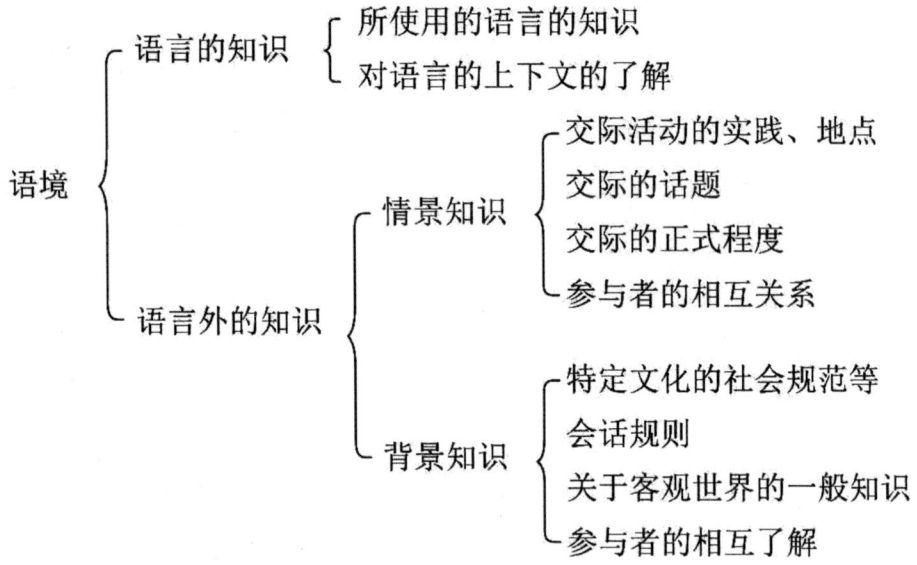

图 5-2 语境知识组成示意图

语用指向"语言运用"的语文教学目标体系的范畴。培养学生运用语言的能力就体现为语用学的目标体系：从语境的立场来研究语言的意义。语言在语境中实现交际的意图主要有两种功能：达意和交际，通常表述为"追求语言交际的准确性和适应性"。准确性是就语言所传达的内涵本身而言的，不能歧义多义，要确定无误地传达个体的思想。适应性是就语言与交际的对象而言的，要求传递恰如其分的意义以被恰如其分地接收和理解。为了实现运用语言交际的目标，就需要满足格赖斯会话理论所提出的"合作原则"。

1.量准则：①所说之话应包含交谈目的所需的信息；②所说之话不应包含超出需要的信息。

2.质准则：努力说真话。①不要说自知虚假的话；②不要说证据不足的话。

3.关系准则：要有关联，即要切题。

4.方式准则：要明白清楚。①避免晦涩；②避免歧义；③简明扼要；④井井有条。

这就意味着从语用的视角研究语言交际意图的实现要满足"合作原则"的要求，但几乎没有办法保证"合作原则"被准确无误地执行，因此，研究语言交际意图就需要考虑对准则的遵守和破坏两个方面的因素，就会出现艾柯所阐述的"诠释"与"过度诠释"的问题,这是语言交际过程中必须引起重视的问题。

(四)语感

对语感的理解是存在差异的。按照李海林的考证,对语感的定义有二十余种,他将之前出现的语感归纳为两种类型:感受论和直觉论,在此基础上又提出了语感同化论的观点。感受论者把语感定义为"对语言文字的一种感受",直觉论者把语感定义为"对语言文字的一种直觉",而在《言语教学论》中,李海林在对这两种观点进行分析评论的基础上提出了新的语感观,认为语感是"对言语对象的一种直觉同化"。

王尚文在他的专著《语感论》中对"语感"进行了全方位的考察,按照他的分析,语感"专注于人对言语的感知、领悟和把握,涉及语言的发展和言语的生成和理解,语感之'感'与'美感''乐感'之'感'相同,只是所感的对象为'语'——言语。所谓'感',往深奥里说,深不可测,人类至今尚未完全揭示出它的奥秘;往浅显里说,感觉庶几近之。"当王尚文这样来阐述语感时,李海林就可以把其归为"感觉说"一类了。

把语感定义为"对语言文字的一种感受",这就需要首先明确"感受"的意思。《现代汉语词典》中作为名词的"感受"指接触外界事物得到的影响和体会。"感受"是一个心理学名词,但林崇德主编的《心理学大辞典》却没有收录这个词,可见对"感受"这个词的理解还没有形成一致的定义。感受是个体的主观判断,不同个体对同一外界事物可能会产生完全不同的感受。感受的个体差异性决定了将语感定义为"感受"就意味着语感的个体差异性,这是毫无疑问的。

把语感定义为"对语言文字的一种直觉",这就需要首先明确"直觉"的意思。《现代汉语词典》将"直觉"定义为:"未经充分逻辑推理的感性认识。直觉是以已经获得的知识和累积的经验为依据的认识能力。"《辞海》中"直觉"指:"不经过逻辑推理就直接认识真理的能力。"《哲学大辞典》中"直觉"指:"人的一种创造性的心理活动和认识能力。一般指没有经过严格的逻辑推理和演绎过程而直接获得知识的认识能力。"《心理学大辞典》

中"直觉"指:"不经过复杂的逻辑思维过程而直接迅速地认知事物的思维。同一般的思维活动不同,是对事物的直接察觉而不是间接认识,时常在直接感知外部事物的基础上进行。"纵观这些不同学科范畴内的"直觉"定义都可以发现:直觉是一种不经过逻辑推理而直接感知外界事物的思维创新能力。将语感定义为"直觉"也就意味着语感的获得是一种不需要逻辑推理而形成的语言感受能力。那么,语感的形成真的不需要逻辑推理的作用?答案显然是否定的。

李海林的"同化说"借助了皮亚杰认知心理学中的"同化理论"。同化理论认为人们在认识客观对象时用已经形成的心理图式来解释和说明对象的过程,图式相当于人的认知结构。同化理论揭示了学习过程中学习主体原有认知结构的作用,新知识的获得就是原有认知结构在新知识作用下而形成新的认知结构的过程。语感是原有的言语结构与新的语感材料在个体心理上的联结,从而使原有的言语结构发生改变而形成新的言语结构。新的言语结构的形成过程就体现了个体的言语创造过程,因此,"所谓语感,就是建立在言语材料意义基础上的主体内部的言语创造。"在论述"言语的直觉同化"时又指出,语感同化是一种语用同化,而当语用同化难以实现时,言语主体就会回到"语构"——语汇和语法,甚至"语基"——语音和语义的结合物上寻求意义的获得。"这种通过语基、语构层级,根据语音、语义、词汇、语法和语言成分,用逐层归纳演绎的方式获取意义实现言语同化的过程,是一种逻辑的言语同化过程,也是对言语的逻辑同化。"很明显,李海林发现了逻辑在语感中的重要性,但他又不能放弃直觉的作用,因此,这种内在的矛盾就通过外在的行为显示出来:调和直觉和逻辑的矛盾从而混淆了直觉和逻辑的区分。但是二者的矛盾可以调和吗?从方法论来讲,直觉和逻辑是可以结合起来的,但二者在本质上却有根本的差异,试图调和二者的矛盾是不现实的。

二、语文教学中语识、语义、语用和语感

(一)语文教学中的语识

《全日制义务教育语文课程标准》指出:"不宜刻意追求语文知识的系统和完整;不必进行系统、集中的语法修辞知识教学;不必过多传授口语交际知识;语法、修辞知识不作为考试内容"。其中的"知识"就是当前语境中所指称的语文知识概念。但是,在新修订的《义务教育语文课程标准》中这些指示都不见了踪影,而代之以"关于语法修辞知识"的专题,可见即使在研制《语文课程标准》的专家心里,其都是摇摆不定的。按照国家语文课程标准修订工作组负责人巢宗祺先生的观点,语文学科当然是需要知识的,但它不是"由一套抽象的知识和客观的定律规则之类支撑起来的",所以就需要换一个新的思路,即"希望将来能摸准语文知识的'机理',通过艰苦的努力,重修语文知识的'谱系',抓住语文教育的核心要素,探索本学科的'支柱',建设'语文'的学科体系"。

语文教学中必须要有语文知识,这是毫无疑问的。而且,语文教学只能是知识的教学,除了知识,语文教师难道还能教授别的?能力是语文教师在语文教学中能教的吗?过程与方法是语文教师在语文教学中能教的吗?情感态度价值观又能教吗?这些在语文教学中必须要教,但又不是语文教师能够直接施教的对象。对语文教师来说,只能通过恰当的知识教学来实现培养能力、丰富情感、完善态度、塑造观念的目标,这就意味着需要重新认识"语文知识"的价值。

上文中所阐述的语文知识意指背景知识,也就是语文教学中完成培养能力、丰富情感、完善态度、塑造观念的目标所需要的背景知识。在此,语文知识仅仅是一个手段而已,而20世纪的语文教学中的语文知识却成了语文教学的目的。当这样理解语文知识的概念时,我们才不会重犯历史的错误。那么接下来的问题就是,哪些知识属于语文背景知识的范畴?很显然,要将所有的语文背景知识罗列出来形成一个语文知识目录是一件不自量力的事,因为所有的相关知识都有可能进入语文背景知识的范畴。

既然不可能将所有的知识罗列出来，那我们就只能从另外一个视角进入语文知识的范畴：既然语文知识具有泛知识性的特点，那就意味着所有的知识都有可能成为语文知识的范畴。如果这样来理解语文知识，同时可以真正发挥语文知识作为背景知识的作用。那么，又从什么角度来反思语文知识呢？很显然，在当前语文教学的境遇中，以听、说、读、写的范畴来理解语文知识具有重要的价值，因为培养学生听、说、读、写的语文能力是语文教学的根本目标，从这一根本目标出发来考量语文知识作为背景知识的价值具有重要意义。那么，听、说、读、写又要涉及哪些知识范畴呢？这就需要进一步借助于笛卡尔的方法论：将阅读细分为实用类文本、论述类文本和文学类文本；将写作分为论说文、叙述文和解说文；将口语交际细分为社会生活类、家庭生活类、学校生活类。同时，对这些内容还可以进行不断地细分，从而不断地细化语文知识的范畴。同时，这种划分也只是很多可能的分类中的一种。但是，无论用哪一种分类方法，都需要将种属概念限定在特定的概念范畴之内，从而能够体现种属概念的包容关系。在横向的范畴内，又需要引入陈述性知识、程序性知识和策略性知识的概念。

表5-1 语文知识分类表

内容	范畴	陈述性知识	程序性知识	策略性知识	备注
阅读	实用类文体				
	文学类文体				
	论文类文体				
写作	论述文				
	记叙文				
	解说文				
口语交际	社会生活类				
	家庭生活类				
	学校生活类				

（二）语文教学中的语义和语用

上文主要从揭示语义和语用区别的角度对语义和语用的含义进行了论述。在语文教学中，对语义和语用的看重更多地体现为二者的融通，因为语义和语用都是立足于"意义"的研究，而"意义"的阐述又是语文教学需要重点关注的对象。因此，就有必要从"意义"的角度对语文教学中的语义和语用进行融合性的探讨。当然，不容否认的是，这种融合性的探讨丝毫不能掩盖语义和语用的内在差异。在语文教学中，语义和语用的区别是显而易见的，上文已经从二者的根本区别上阐述了语义和语用的差异性。这种差异性在语文教学中也是客观存在的。

语文教学的目标是培养学生的语言运用能力。而语言的运用首先体现在听、说、读、写的教学过程中，其次就体现在听、说、读、写的生活和工作过程中。我们研究语文教学问题的立足点是在学校的语文教学过程之中，因此语言的运用也在听、说、读、写的教学过程中，通过听、说、读、写的教学过程来培养学生的听、说、读、写能力，从而为实现在工作和生活中更好地听、说、读、写奠定基础，以体现教育为未来生活做准备的根本目的。

培养学生运用语言的能力只能通过不断地运用语言实践而实现，只有通过不断地听、说、读、写活动才能实现个体语言运用能力的提升，而语义和语用的范畴就体现在听、说、读、写的活动过程之中。

首先看一个阅读的例子：

"你放着吧，祥林嫂！"四婶慌忙大声说。

她像是受了炮烙似地缩手，脸色同时变作灰黑，也不再去取烛台，只是失神地站着，直到四叔上香的时候，教她走开，她才走开。这一回她的变化非常大，第二天，不但眼睛窈陷下去，连精神也更不济了。而且很胆怯，不独怕暗夜，怕黑影，即使看见人，虽是自己的主人，也总惴惴的，有如在白天出穴游行的小鼠；否则呆坐着，直是一个木偶人。不半年，头发也花白起来了，记性尤其坏，甚而至于常常忘却了去淘米。（鲁迅《祝福》）

这段选文来自鲁迅的小说《祝福》，位于原文的倒数第四和第五自然段，很多高中语文教材都选用了此文。小说是叙事的艺术，这一段文字就是叙事的典型。对话是一种非常重要的叙事手段，也是小说经常采用的一种叙事手段。这一段选文有一个简单的对话，四婶对祥林嫂说了一句：你放着吧，祥林嫂！下面一段就是祥林嫂在接下来半年时间里一连串的行为变化。从行文结构来看，四婶的一句话与祥林嫂的变化具有内在的因果性，但又不符合日常的生活逻辑，这就是小说的艺术，通过叙事来揭示内在的矛盾，从而扩充其艺术张力。下面就从语义和语用两个层面分析这段话，这是阅读教学经常进行也是必须进行的教学流程。

首先看四婶说的一句话，这句话从语义的角度来说很好理解，就是让祥林嫂不要拿前文提到的祭祀用的"酒杯和筷子"。作为一个女工，做这些事情是理所当然的，四婶为什么不让祥林嫂拿？很显然，这个问题就属于语用学的范畴了。从语用学的范畴来理解这句话可以有很多种不同的意思。

1.觉得祥林嫂干的事情太多了，很累，想让她先休息会。况且剩下的事情也不多了，四婶自己做完就可以了。

2.担心祥林嫂在拿酒杯和筷子这两件事上出现纰漏，影响祭祀活动的展开。

3.想让祥林嫂先干别的活，干完了再来摆放酒杯和筷子。

4.按照鲁镇的习俗，祭祀用的酒杯和筷子应该是由主人来摆放的，而祥林嫂不知道，为了不伤及她的自尊心，所以四婶间接提醒她。

5.按照鲁镇的习俗，嫁过两个丈夫的人不吉利，不能摆弄祭品，否则祖宗就不吃，也是对祖宗的不恭敬。

仅仅从这句话本身来说，这五种解释都是有可能的，但到底哪一种情况符合四婶本身的意思呢？这就需要借助于这篇文章的语境了。从这篇文章的语境来说，应该是第五个解释更符合四婶的意思。因为在文章的前面有这样的说明：

当她初到的时候，四叔虽然照例皱过眉，但鉴于向来雇用女工之难，也就并不大反对，只是暗暗地告诫四婶说，这种人虽然似乎很可怜，但是败坏风俗的，用她帮忙还可以，祭祀时候可用不着她沾手，一切饭菜，只好自己做，否则，不干不净，祖宗是不吃的。

但问题依然没有解决，因为后面她按照柳妈的建议去土地庙捐了门槛，按理说通过这一次"救赎"她已经获得了"新生",所以就无所顾忌了。但在四婶眼里,土地庙的门槛不可能消除祥林嫂身上"不吉利"的名分,所以无论祥林嫂付出什么努力,依然不能改变她的宿命。四婶和祥林嫂之间的对话很好地体现了格赖斯会话理论的"合作原则":量准则上没有多余的信息,质准则上真实地传递了信息,在关系准则上能够很好地体现二人之间的关联性,在方式准则上清楚明白地表达了意思,这从下面篇幅很长的一段祥林嫂在接下来半年里的行为变化就可以看出来。

最直接的表现:炮烙似地缩手、脸色变作灰黑、不再去取烛台、失神地站着;第二天的表现:眼睛窈陷、精神更不济、很胆怯、怕暗夜、怕黑影,即使看见主人总是惴惴的,有如在白天出穴游行的小鼠、呆坐着,直是一个木偶人;半年来的表现:头发花白、记性尤其坏、常常忘却了淘米。

语文教学中语义和语用,我们通常以言表之义和言下之意代之。言表之义即为语言本身的意义,而言下之意即为语用使用过程中产生的意义。其中言表之义是言下之意的前提和基础。这从另外一个例子中可以看出来:

但我们没有人根据了"礼尚往来"的仪节,说道:拿来!(鲁迅《拿来主义》)

这是一个引用过的例子,在此处也很有说服力。为什么鲁迅要加一个"了"字?其实删掉更好,因为语言更流畅,更简洁,也就更加符合格赖斯会话理论的"合作原则"。要解释这个问题,首先就需要从语义学上来解释"了"字的意蕴。汉语中用"了"字表示完成,比如:"吃饭"和"吃了饭"的区别就在于前者表示动作的进行,而后者则表示动作的完成。这两句话也一样,鲁迅的原文增加一个"了"字就表示动作的完成。到此以后,就可以进入对这段话的语用分析了,借助于语境,在作者写这篇文章之前,大家都是"闭关主义"和"送去主义",当时没有人根据"礼尚往来"的仪节实行"拿来主义",而现在作者认为应该根据"礼尚往来"的仪节实行"拿来主义",所以他就用一个"了"字表示完成。

通过这两个案例的分析可以归纳出语言交际过程中的教学价值。语文教学中的语言交际过程就是对教学内容的"意义"的阐述,这是语文教学活动的关键和核心。在语言交际过程中,需要立足于三个方面的因素:人的语言智力因素、语言环境的设定、语言符号的借鉴。为了叙述方便，可以将其简称为语智、语境和语符，用如下示意图表示。

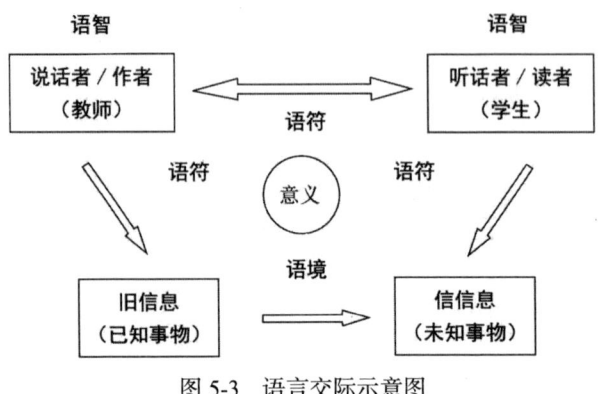

图 5-3　语言交际示意图

（三）语文教学中的语感

像李海林、王尚文等很多其他的语文教学研究者一样，他们都把语感教学当作语文教学的重点来看待，这种观点既具有重要的理论价值，又具有重要的现实意义，不过他们眼中的语感教学有些许的差别。王尚文的观点认为"语感中心说"是语文教学新的路标，语感是"思维并不直接参与作用而由无意识替代的在感觉层面进行言语活动的能力。也许可以简称之为'半意识的言语能力'"。李海林则从心理学的角度来阐述"语感中心说"，认为语感是"言语智慧教育的心理学描述"，而从语文能力的角度来说，语感就是语文能力的心理学表达，因此，"语文能力目的论也就转化为语感目的论"。

无论是李海林还是王尚文的观点，以及上文中李海林所阐述的语感的三种定义：感觉说、直觉说和同化说，他们都存在将语感"神秘化"的倾向，没有关注到语感形成过程中的逻辑力量，尽管李海林注意到了这一点，但是他依然用"直觉同化"来概括语感的本质。皮亚杰的同化理论是建立在他的儿童心理学的基础之上的，即在儿童发展中把环境因素纳入机体已有的结构之中，以加强和丰富主体的动作。也就是说，当儿童在整个心理发展过程中，遇到与自身原有图式相吻合的经验时，就会加以同化。反之就会打破原有图式来顺应新环境。这个过程的发生更多地应该是直觉或感觉的因素在起作用，比如"幼小婴儿尝试着去抓一个悬挂客体"以证明同化的例子就说明了这一点。

如果将语感导向了心理学中带有"神秘"色彩的概念，那么给语文教学带来的危害将是显而易见的。在语文教学中，我们应该怎样去理解和把握这个概念？又应该通过怎样的教学内容来实现语感教学的目标？怎样考核语感教学目标是否实现？显然，从教育学的视野来看，将语感导向心理学的视野只能导致语感教学走向现实的困境。

为了将语感教学引入科学的教学轨道，这就需要重新理解语感和语感教学的内在本质。无论是感觉说、直觉说还是同化说，他们揭示的都是语感的形成机制，这是心理学的形成机制。简单地说，这种形成机制的结构就是要形成对语言的敏感性。因此，从语感形成的结果来看，语感就是对语言的敏感，这个敏感不仅仅要知其然，而且要知其所以然，否则敏感可能就只是暂时的。要想实现对语言自始至终、完整统一的敏感性，就需要建立语言逻辑的内在机制，只有这样，才能实现"举一反三"的语言敏感性。语感教学的目标就是要让学生通过对语言形成规律的有意学习的积淀，然后形成对语言的有意学习，从而实现一种语言敏感性。

对语言的感觉是每个人都拥有的，并不需要单独的语文教学来实现，即使从没进过学校的人一样拥有语言的感觉。这是因为语言的获得有两种途径：习得和学得。通过习得就能够获得语言的感觉，甚至也有可能获得比较敏锐的感觉，但这种感觉是只可意会而不可言传的。语文教学的目标要实现的语感肯定不是这一种，而是要形成建构于逻辑分析和直觉领悟方法结合之上的语言敏感性。按照王宁教授的观点，语感应该是一种语言修养。良好的语言修养可以通过以下参数进行检测。

1.语言材料把握的数量和质量。质量包括准确度、系统性和自如程度。

2.表现为语用效果的语用能力：①内部能力：语料选择的能力和与语用同步的思维强度；②外部效果：说话的流畅性、感染力、对不同环境的适应性和语言风度；听话的理解力，阅读的速度和通过语言吸收思想的深度。

3.学习能力：语感形成的快慢、优劣，对语言现象的敏锐程度，解释语言现象和总结语言规律的能力，学习兴趣和学习习惯。只有这样的语言修养才与语文教学中的语感培养相匹配。如果将语感理解成"感觉直觉"或"直觉同化"，不仅窄化了语文教学中语感的内涵，更重要的是，它包括了消解语文教学的可能性。

（四）语文教学内容的分层

在语文教学中，文选型语文教材呈现的只是语文教材的教材内容，而不是教学内容。在教学过程中，按照王荣生的分析，语文教师是这样生成语文教学内容的：①按教参所提供的结论去"理解"选文；②"揣摩"教材编撰者的"意图"（即"思考和练习"题）；③"想出"具体的"教学内容"。

这是一般意义上的语文教学内容生成的路径，但是在课改的语境下，这种路径选择出现了阻碍。

1.教参的结论越来越不确定。换言之，教参中有关语文教材中的"问题"的结论越来越多元化，它只提供了研讨问题的思路，并不是结论。当然，思路的可行性另当别论。

2.思考和练习题并不能很好地体现教材编撰者的"意图"，只要比较不同版本同一选文中的思考和练习题就可以明确地看出来。不同版本的语文教材将同一篇选文做不同的处理，而思考和练习题居然相差无几。那么这怎么能够体现出教材编撰者的"意图"？

3.即使思考和练习题能够体现语文教材编者的"意图"，但是教材中的思考和练习题在教参中有明确的答案，只有这个答案在教参中是明确的。因此对语文教师来说，这是不需要"揣摩"的。

4.具体的"教学内容"怎么"想"出来？或者说"想"出"教学内容"的路径何在？来自经验，通过自己在教参上、网络上、书本上、自己读书时教师的讲解等不同的方式获得对某一篇选文的具体教学方法，然后再将课文中的教材内容附会到教学方法之上，按照通常的教学逻辑进行教学。

当然，上面的分析是通常情况下语文教学内容的生成状况，不包括研究型教师发挥语文教材编者的功能而生成合乎教学需要的教学内容，因此才会出现当前语文教学中五花八门、杂乱无章的教学内容。那么，语文教学面临的艰巨任务就是如何生产出符合教学需要的语文教学内容。上面从语文教学的角度论述了语识、语义、语用和语感的内在意蕴和外在形式，这种阐述对理解语文教学内容的分层具有非常重要的意义和价值。

语识处于语文教学的底层，为语文教学活动提供基础性的背景知识。语文知识的泛知识性特征为丰富和扩充语文背景知识的范围提出了现实而紧迫的任务。要想让语文知识发挥背景知识的作用，而不是成为散落一地、杂乱无章的珍珠，就应该将知识纳入特定的逻辑结构。只有形成了严密的逻辑结构，背景知识才会显示它的力量，并发挥它应有的作用和价值。所以，布鲁纳指出："不论我们选教什么学科，务必使学生理解该学科的基本结构……一门学科的课程应该决定于对能够达到的，给那门学科以结构的根本原理的最基本的理解。"

在语义和语用的范畴理解语文教材中的选文就属于语文教学活动的意义探究过程。语文背景知识的深厚性是语文教学活动中的意义探究过程顺利有序进行的基础和保证。而语义和语用的探究过程又可以进一步深化语文背景知识的理解和把握，二者之间是相辅相成、相互促进的作用。对语义和语用的探究过程不仅可以丰富语文背景知识的范围，更可以深化语文背景知识的结构，从而共同塑造学生的语感。语感的形成是语文教学活动的行为结果。语识、语义和语用相辅相成、相互促进的相互作用为语感的形成创造了积极的条件。通过有意识的逻辑分析和无意识的直觉感知，形成语言敏感性。这个过程揭示了语文教学活动对学生个体的有效性和适应性，从而为语文教学提供了新的思路和研究视角。因此，语文教学目标的设定就应该立足于学生掌握语言运用的有效性和适应性，从背景知识的深厚性、意义探究的深刻性、语言感知的敏锐性三个角度来切入，宽基础，深探究，敏行为。如果从学生掌握语言运用有效性和适应性的角度加入语文教学内容的设定，那么语文教材的编撰、语文课程的制定也就有了内在的根据，这种"自下而上"的课程改革才应该是语文教育改革成功的关键所在。

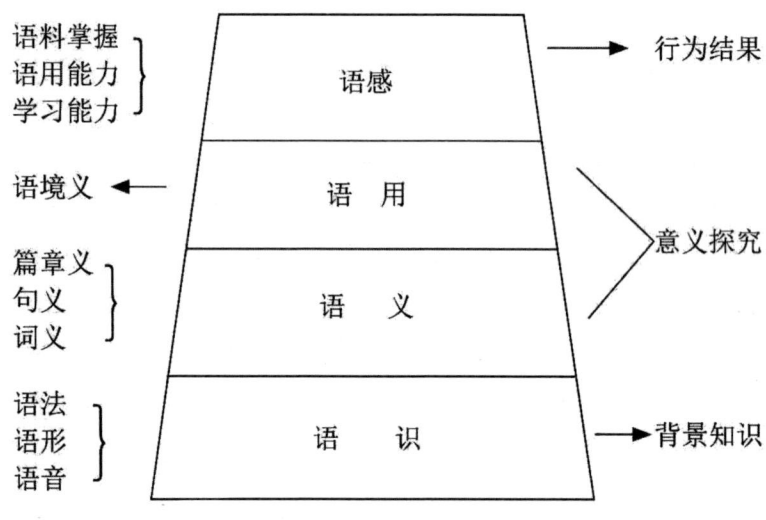

图 5-4 语文教学内容分层示意图

第三节 语言训练的本质

一、训练的本质

无论是从主观思想还是客观行为来说，训练都是语文教学必不可少的元素，但在课程标准层面是否需要将其放置在重要的位置则另当别论。为了在语文教学中能够科学地理解和运用"训练"这一教学方法并很好地发挥培养学生语文运用能力的任务，这就有必要厘清"训练"的本质。

训练是一个合音词，由"训"和"练"两个字组成。许慎在《说文解字》中指出："训，说教也，从言川声；练，湅缯也，从系柬声。"段玉裁分别注为："训，说教也。说教者，说释而教之。必顺其理，引申之；湅者，澜也。澜者，渍也。渍者，汰米也。湅缯汰诸水中，如汰米然。考工记所谓湅帛也。已湅之帛曰练，引申为精简之称。"《现代汉语词典》将"训练"定义为"有计划有步骤地使具有某种特长或技能"。而《教育大辞典》将"训练"界定为：①教育的基本方法，对培养技能、能力、意志、行为方式和习惯具有特殊功能。偏重于通过强制性的实际操作活动，实现教育目的。如学生军事训练，体育代表队训练以及品德、习惯、艺术技巧和其他技能的训练；②与"培训""学习"通用。通过专业训练，增加专业知识。军事教育通常把教学称为训练。

张志公通过系统研究传统语文教育后，梳理出了启蒙识字、读写基础训练和阅读作文训练三个阶段组成的步骤和方法。叶圣陶先生也指出："什么叫训练呢？就是要使学生学的东西变成他们自己的东西。譬如学一个字，要他们认得，不忘记，用得适当，就要训练。所谓训练，当然不只是教学生拿起书来读，提起笔来写，就算了事。第一，必须讲求方法。怎样阅读才可以明白通晓，摄其精英，怎样写作才可以清楚畅达，表其情意，都得让学生们心知其故。第二，必须使种种方法成为学生终身以之的习惯。因为阅读与写作都是习惯方面的事情，仅仅心知其故，而习惯没有养成，还是不济事的。"杜威指出："如果我们能训练一个人，使他考虑他的行动，并且深思熟虑地实行这些行动，这个人到达这种程度就是一个有训练的人。如果在这种能力以外，加上在外诱、迷乱和困难面前，坚持明智地进行所选择进程的能力，他就拥有了训练的真髓。所谓训练就是具有运用自如的能力，能支配现有的资源，以实现所从事的行动。"在语文教学中训练学生掌握运用语言的能力也要实现"运用自如"的要求。对于"运用自如"，按照杜威的观点，应该体现在行为和行为背后的控制力两个方面，行为指向事实本身，而行为背后的控制力则体现了行为主体对行为实施结果的积极的认识程度。只有这两方面的有机结合才能实现训练的真正养成。在当前的语文教学中之所以产生训练的异变，就是训练主体缺乏积极的认识态度的养成。为了养成积极的态度，语文教学内容的兴趣就必不可少。

钱梦龙对"训练"也有自己的看法，他在《为"训练"正名》一文中指出："何谓'训练'？'训练'不等于'练习'更不是做习题，跟通常在语文课上所见的刻板的字、词、句'操练'也不是一回事。'训练'的过程，其实是一个师生互动、合作的过程。'训'指教师的教导、指导、辅导，也就是教师在教学过程中发挥主导作用；'练'指学生在教师指导下的实践、操作,也就是学生在教学过程中发挥认知主体的作用。可以这样说,'训练'是教师(训方)和学生(练方)在教学过程中赖以建立互动、合作关系的必要形式。只要你真正确认学生的主体地位,那么,'训练'必然贯穿于语文教学的全过程。"

从上面引用的一系列有关训练的论述可以知道,训练是一种借助外界力量来促使个体行为内化,并最终实现行为自主、运用自如的过程。在这过程之中,必须注重方法的指导,通过方法的指导实现举一反三的目标。而教学过程中的训练就是借助于教师有目的、有计划的方法指导和操作示范,使学生能熟练地掌握规范的技巧和要领,使学生的活动方式规范化。

在语文训练过程中,教师的"训"和学生的"练"主要体现在三个方面:是什么、怎么办和为什么。"是什么"就是要让学生清楚地知道在教学过程中出现的知识的内涵和外延的具体所指;"怎么办"就是要让学生找到发现知识内涵和外延的恰当方法,并能实现方法的运用自如。"为什么"就是要让学生知道知识背后的逻辑基础,即让学生知道知识的来龙去脉,实现对知识产生的原理和规律的掌握,从而实现举一反三的效果。

从这三个方面的内容来看,教师的"训"主要体现在以下几个方面的内容:①引导——创设合适情景,激发学习动机,推动训练活动按照科学的程序展开;②讲解——在重点问题和关键环节上通过方法指导和操作示范让学生实现知识的理解、方法的运用和原理的掌握;③分析——盘点重点难点,拨开疑难之迷雾,揭示要害关键,擦亮思想之火花;④评价——确认知识、方法和原理的掌握,修正不足和缺陷;⑤规范——促进"是什么"的知识、"怎么办"的方法和"为什么"的原理规范。而学生的"练"则包括:①练基本知识——掌握"是什么"的知识,扩充基础知识范围;②练方式方法——通过发散性的方式方法训练,提高方法选择的适应性和运用的自如性;③练行为习惯——好的行为习惯的养成需要持之以恒、持续不断的毅力坚持和动力支持;④练思维品质——思维品质是推动教学活动健康发展的"内驱力",通过方式方法的运用和行为习惯的养成,提高思维品质的深度、宽度、敏度和效度。那么,通过教学过程实现学生从知识的掌握到思维品质的塑造,从而为学生的发展奠定坚实的基础。

尽管一再地对语文课程的工具性进行批判，但语文课程依然摆脱不了工具性的窠臼；尽管课程标准将根深蒂固的"训练"删除了，但语文教学中的"训练"依然存在，甚至有愈演愈烈的倾向。当以这样的思路来理解语文课程中的训练问题时，我们就可以将问题拓展到事物的本源上去。

从个体语言运用能力的养成来说，训练是必需的，而且，语文教学中的训练也是一以贯之的，尽管当前语文教学中的"训练"是一种异变，但异变的训练也依然是训练。可以说，从古至今，语言的获得、语言能力的养成都是训练的结果。从语言学习的实践来看，语言学习主要有两个途径：模仿和积累。这两种途径都体现了训练的内在本质。儿童的语言习得主要借助于模仿，婴儿的牙牙学语，小学生的识字、写字、写作等都是通过模仿进行的。随着年龄的增长，语文能力的提升主要依靠积累，包括：语言积累、知识积累、经验积累等。积累需要大量的时间，并通过持续不断地反复来对抗遗忘；积累需要大量的内容以扩充积累的数量。有了充足的时间和数量的保障就基本可以实现积累的顺利进行，并取得相应的效果。

学生语言学习的过程体现在三个层面：技能层面、观念层面和精神层面。技能层面要求学生知道怎样使用语言，在日常生活中能恰当熟练地操作和运用语言进行沟通和交流。观念层面要求学生知道为什么这样使用语言，能在理论上明晰语言使用的规则和恰当有效地使用语言的细则。精神层面要求学生知道必须这样使用语言，以传承语言的审美价值，体悟语言之美，这是有意识的文化自觉，更是无意识的思想维权。学生语言学习的过程可以跨越第二个层面，通过语言积累直接从技能层面进入精神层面，在潜移默化中感悟语言的审美价值。不过在实现这种跨越之后而感悟到的语言审美价值是只可意会不可言传的。当然，在更多的情况下，学生的语言学习依然停留在技能的层面。其实，只要实现了这个层面，一个人就能够熟练地运用语言进行沟通和交流以满足生活的需要。

从课程标准的层面来说，这段话是毫无问题的，但如何实现这段话在语文教学中的可操作性和可检测性就是现实的大问题。

1.什么是"热爱祖国语文的思想感情"？达到什么程度算"热爱"？"热爱"与"不热爱"的区别在哪里？

2.什么是"语言积累"？什么程度才算"丰富"？"语感"是什么？以什么标准判断有没有"语感"？"发展思维"应该达到什么程度？在语文教学中应该怎样"发展思维"？

3.语文学习的"基本方法"包括哪些内容？良好的"学习习惯"又包括哪些内容？什么才算"正确运用祖国语言文字"？不写错别字、能看懂报纸、能写文章、能和别人进行口头交流这些目标算不算"正确"？

4.哪些是"优秀文化"？什么是"和谐"？什么样的"思想道德修养和审美情趣"算语文教学的任务？怎么考核"提高"与否？"良好的个性和健全的人格"是指什么？

5.语言的模糊性和多义性决定了上面这些问题从语言本身来说很难有一个清晰的答案，而从这些问题的内容来说，在当前的语文教学语境中也没有确定的答案。面对这样的现实，语文教学又将何去何从？

如果面对这些必然的问题都是模糊不定的答案，那么"必然性"本身就是值得怀疑的。如果"必然性"本身不一定是必然的，或者对"必然性"的认识不是必然的，那么将这样的课程理念作为语文教学的参照和指标就存在现实的问题，其能否实现就要打上问号。如果实现不了，作为课程理念，其存在的依据也要打上问号。

在当前不确定的语文教学语境中，语文教学的科学性是无从谈起的，那么，语言的学习只能依靠日常的积累来实现了，而日常的积累就是一个不断"试错"的过程，不仅需要充足的时间和数量的保障，而且"少、慢、差、费"。在没有观念层面的科学理论和方法的指导下，要想通过技能层面"少、慢、差、费"的日常积累无意识地跨越到精神层面，这显然不是一件容易的事，想要实现这个目标就不是语文教学能够完成得了的，而取决于个体的天赋和悟性，借助于日积月累的"试错"过程，通过天赋和悟性的作用实现个体从量变到质变的跨越。在此境遇下，少数天分极高的人完成了这种跨越而实现了语文教学的目标，但这显然不是语文教学的功劳；而更多的人由于无法实现这种跨越而成了历史的牺牲品，依靠日常积累语言学习中的"少、慢、差、费"也就成了必然的存在。可以想象，在今后的语文教学过程中，类似"少、慢、差、费"的批判会依然存在。

二、基于语言的训练

（一）知识的预设

王荣生在他的博士学位论文《语文科课程论建构》中区分了语文课程内容、语文教材内容和语文教学内容三个概念，而关于语文教学内容的阐述是："语文教学内容，是语文教学具体形态层面的概念。从教的方面说，其指教师在教的实践中呈现的种种材料及所传递的信息，它既包括在教学中对现成教材内容的沿用，也包括教师对教材内容的'重构'——处理、加工、改编乃至更换。"

此处的"语文教学内容"的概念是从教师教的角度出发的。如果从学生学习的角度来说，那么语文教学内容又应该是另外一番景象。

1.在课堂上语文教师呈现的语文教学内容并不一定就是学生的语文教学内容，因为语文教师呈现的语文教学内容并不一定进入学生学习的视野。

2.语文教师呈现的语文教学内容在学生身上会出现几种不同的情况：照单全收、部分吸收部分抛弃、全部抛弃、照单全收后生成新的内容、部分吸收后形成新的内容、全部抛弃后形成新的内容。出现何种情况的可能性是随机的，具有偶然性和不确定性。其中"抛弃"又有几种不同情况：弄不懂而不得不抛弃、反对而抛弃、没有动力而放弃、受到干扰而不知不觉抛弃。"形成新的内容"也有几种不同情况：与原来内容相关、与原来内容相反、与原来内容毫无瓜葛。

3.学生 A 与学生 B 面对同一个语文教师在课堂上呈现同样的语文教学内容，但两个人之间会出现三种不同的情况：完全一样、完全不一样、部分一样部分不一样，这三种情况出现的概率取决于语文教师呈现的语文教学内容、学生的个体差异性。但是具体的差异性千差万别，完全一样和完全不一样两种情况的发生只有理论上的可能性。当一个语文教师面对班上几十个不同需求的学生，由于学生个体的差异性决定了对语文教师呈现的语文教学内容存在理解上的差异性，从而导致了不同的学生对语文教师所呈现的语文教学内容产生理解上的千差万别，这就有可能给语文教学目标的实现带来现实的困境。实际上，当前语文教学中的"杂乱无章""少慢差费"等现象的出现就是这个困境的具体体现。

那么，我们面临的一个严重的问题就是：如何通过具有共性的语文教学内容的选择来满足个性化的学生需求。这个问题其实比如何选择语文教学内容来得更直接、更有现实的针对性和指向性。当然，如何选择语文教学内容是前提和基础。在当前的语文教学语境中，对"语文教学内容的选择"是一头雾水的情况下，要想解决"如何通过具有共性的语文教学内容的选择来满足个性化的学生需求"的难题几乎是不可能的。面对不可能的问题，我们却必须面对，因为在教学过程中就经常发生这样的情况：语文教材呈现错误的教学内容被语文教师纠正从而在课堂上呈现了正确的语文教学内容，语文教师呈现错误的教学内容却被学生纠正而导致学生掌握了正确的语文教学内容，语文教师呈现了正确的教学内容却对不同学生产生了截然相反的结果，等等。这些情况在语文教学过程中经常发生，这就意味着我们的语文教学离"科学性"还相差十万八千里，而这与"艺术性"也是风马牛不相及。这样的语文教学显然成了可有可无的东西，从而出现了吕叔湘先生所说的"少数语文水平较高的学生，你要问他的经验，异口同声说是得益于课外看书"。学生语文成绩的好坏如果与语文教师毫无瓜葛的话，这样的语文教学确实失去了存在的必要性。因此，我们面临的严重问题就是如何提高语文教学的"科学性"，只有"科学性"才能保证语文教学实现最低的目标：语言运用能力培养。只有实现了"培养"的目标，语文教学才尽到了自己的责任。而要实现这一目标，训练也就成为必然的方法论依据。这就为教师提出了现实的难题：选择什么教学内容、如何选择教学内容、选择教学内容的依据何在。这三个方面的问题刚好归结到上文提到的"训练"的三个方面：是什么、怎么办和为什么，即内容、方法和原理。"是什么"就是让学生清楚地知道在教学过程中出现的知识的内涵和外延的具体所指。"怎么办"就是让学生找到发现知识内涵和外延的恰当方法，并能实现方法的运用自如。"为什么"就是让学生知道知识背后的逻辑基础，也就是让学生知道知识的来龙去脉，实现对知识产生的原理和规律的掌握，从而实现举一反三的效果。而要让学生知道这三个方面的内容，语文教师就必须首先对这三个方面的内容有清晰的认识，并能够通过恰当的内容选择和方法指导呈现在学生面前。

为了实现这个目标，语文教学内容的选择就必须有清晰的课程意识和课程论依据。语文教学内容的课程理论依据体现在三个方面：学科知识结构、学生成长需要、社会发展需要。只有这样的知识选择才能够体现作为背景知识的价值。无论缺少哪个方面的语文教学内容选择都是残缺的，不科学的。

学科知识结构意味着语文教师需要找到选择教学内容的知识论依据：选择什么知识、怎样选择知识、选择知识的依据何在。学生成长需要意味着语文教学内容的选择必须具备主体性的依据：语文教学内容的选择是为了学生成长的需要，而学生在成长过程中哪些东西是必不可少的、必不可少的东西中哪些还不知道、用什么办法使其掌握等问题都需要有一个清晰的答案。社会发展需要则意味着学生成长的指向性，这就要求语文教师必须具有将来的视野，从而为面向将来的教学提供正确的方向。

只有语文教师在知识预设的过程中具备清晰的课程意识，从学科知识结构、学生成长需要和社会发展需要三个范畴厘清语文知识的具体指向，语文教学才会迈入"科学性"的轨道。

（二）能力的培养

语文训练就是以听、说、读、写等语文活动为依托，在教师引导下使学生积极主动地理解并运用语言的过程。因此，在语文教学过程中，语文教学内容的生成就要以培养学生的语言运用能力为旨归。要培养学生运用语言的能力就必须在语言运用的实践过程中通过恰当的方法指导学生通过训练掌握一些基本的方法和技巧，以推进学生语言运用能力的提升。

语文训练与其他训练具有显著不同。训练的直接对象是语言，语言本身不像其他物质工具一样是无情物，而是"存在之家"，它本身蕴含着丰富的人类情感和价值依托，这是基于语言的训练而存在的语文教学的本体论意义。语言作为一个现实的存在对于每个人来说体现为三个特征：交流的工具、思想的工具、语言即思想本身。

当运用语言交流时，我们都把它当成工具在使用，无论是有意识的还是无意识的。这就意味着，作为工具而存在的语言是我们必须掌握的一种生活手段，即语言是一种媒介的语言。当然，我们在生活中也能够掌握这种手段，因为语言可以直接通过日积月累的沟通交流运用而获得，这种方式就是在不断"试错"的过程中逐渐养成运用语言的习惯。这就是很多人即使没有接受过教育也能够恰当运用语言的原因，甚至还可能通过这种"习得"的方式养成很高的语言运用能力。与此相比较，学校教育的任务就属于"锦上添花"，通过系统的语言训练使学生不仅能够很好地运用语言，而且实现语言运用的有意识性和有目的性。也就是说，"习得"的语言运用能力是一种无意识的生活养成，而"学得"的语言运用能力是一种有意识的学习行为。

与此同时，语言又是一种非常特殊的工具，它是交流思想的工具，这是语言和其他一般工具的本质差异所在。在作为工具的交流过程中，我们总会赋予语言以思想。所以，马戎站在民族社会学的立场指出："语言为族群历史事件的记载方式和文化传统的象征，也成为各个族群发展历史和传统文化的基本载体，而人们通常把本群语言看作族群的象征，把本族语言的前途看作族群传统文化的前途。"社会文化是个体思想通过语言这个工具而形成的行为结果的集合体，因此，语言在交流过程中就必然地体现出"文以载道"的特性，而语言也就成了民族的象征，所以法国作家都德借用韩麦尔先生之口说出了"亡了国当了奴隶的人民，只要牢牢记住他们的语言，就好像拿着一把打开监狱大门的钥匙"的话，意在揭示语言作为思想承载工具的价值，即语言是思想的语言。这就意味着，基于语言的训练就要通过语言的工具来砥砺思想，扩充思维，从而提升思维的深度、广度、厚度和敏度。从语言的训练进而深化到思维的训练，这是语文教学走向科学化和艺术化的必然之路。

在麦克道威尔眼里，语言作为"交流的工具"和"思想的工具"都是第二位，其真正重要的特征却是自然语言。当把语言理解为一种本体论的存在时，这就超越了个体语言的差异性，从而使语言具有了一种超越个体存在的价值。这是语文教学的最高境界，把语言仅仅当作语言来训练，仅仅通过语言的玩味来领悟语言的美妙和魅力，用潘新和的话来说就是语言训练显然是超越了当前语文教学现实的理想存在，但它应该是语文教学追求的崇高境界。

语言训练与其他训练不同之处还在于训练过程中知识不是简单地仅靠重

复就能转化为能力，而是要融入学生的智力和非智力因素，语文训练的过程是认知与非认知的统一融合，这是基于语言的训练而存在的语文教学的方法论意义。

智力因素通常是指记忆力、观察力、思维力、注意力、想象力等，即认识能力的总和。它是人们在对事物的认识中表现出的心理性，是认识活动的操作系统。智力因素对人类社会发展的主导作用显而易见，今天人类社会的科学技术进步，主要取决于人类大脑智力的活动。非智力因素是指与认识没有直接关系的情感、意志、兴趣、性格、需要、动机、目标、抱负、信念、世界观等方面。这些非智力因素，在人才的成长过程中，有着不可忽视的作用。一个智力水平较高的人，如果他的非智力因素没有得到很好的发展，往往不会有太多的成就。相反，一个智力水平一般的人，如果他的非智力因素得到很好的发展，就可能取得事业上的成功，做出较大的贡献。

在基于语言的训练过程中不能忽略这两种因素的集体协同作用。因为语文教学过程中不仅需要通过语言的训练培养学生运用语言的能力，更应该塑造学生健康完善的个性心理，实现逻辑和直觉、情感和理性等智力因素和非智力因素的有机结合，从而塑造完整的人格。以往的语文训练都忽略了基于语言训练的特点，只从认知的角度去认识和对待语文教学中的训练，故而导致了训练的"异变"。

（三）从知识到能力：语言训练的路径

通过上面的分析，我们从学习的视角揭示了知识预设和能力培养之间内在的逻辑一致性。语文教学中的知识是作为背景知识而存在的，背景知识存在的价值就在于能力的培养，通过背景知识的作用而培养学生的能力。

语文教学内容以知识的形式而存在，体现在三个方面：是什么、怎么办和为什么，实现了知识的现象和本质、知识的产生和发展、知识的本体和方法的有机统一。背景知识在实现从知识预设到能力培养的过程中体现了语言训练的内在价值。通过语言的训练，促使学生运用语文能力的生成，而语文能力又体现为三个层面的内容：掌握语言工具以实现语言的工具价值、通过工具的恰当运用传达思想感情以实现思维价值、通过语言的训练感悟语言的魅力以实现语言的本体价值。在这个价值实现的过程中就要通过智力因素和非智力因素的协同作用，为学生的人格完整创造条件。

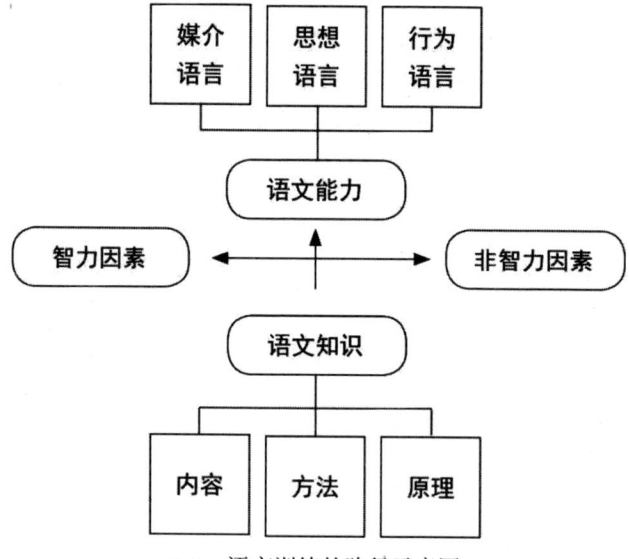

5-5　语言训练的路径示意图

第六章 语言训练的开展：语文教学的实践变革

第一节 阅读教学：基于文本的语言训练

阅读教学是语文教学的重中之重，语文教材是以阅读为基础，这是文选型语文教材的一大特色。所以叶圣陶先生从阅读和写作内在关系的角度入手提出了"阅读是写作的基础"的观点。一方面，阅读教学是基础，"语文教学以阅读课本为基本教材，阅读课时占整个语文课时的 65%～80%，事实上阅读教学一直是语文教学的核心"；另一方面，阅读教学也是"少慢差费"的集中体现，花费了语文教学最多的时间，但阅读低效的现实却不容忽视，阅读的低效进一步影响了写作和口语交际，从而形成了语文教学的恶性循环。那么，本节的任务就是从语文教学内容的角度来探讨如何提升语文教学的效率。

一、阅读教学的取向

取向决定阅读教学的发展方向。按照结构细分的方法论选择，基于文本的阅读教学依据文学类、实用类和论述类文本的差异可以分成三种不同的训练模式。

（一）文体特征取向

从文本的文体特征来看，文学类、实用类和论述类分别对应于文本的情、事、理，即文学类文本侧重于情感的表述，意在对"美"的探寻，注重审美价值；实用类文本侧重于事实的叙述，意在对"真"的探寻，注重实用价值；论述类文本侧重于道理的阐释，意在对"善"的探求，注重科学价值。其实，这种分类方法是非常机械的，优秀的文学类、实用类和论述类文本都是真善美的统一体。但是，不同的文本还是有所侧重的，这种分类方法只是从文本的侧重点来说的，而且，基础教育中的语文教学注重基础的把握，这种对基础的把握就需要将最基础的内容呈现出来让学生掌握，从而为以后的发展奠定基础。这就意味着这种分类方法是现实可行的，也是必要的。而当前语文教材中却没有体现出这种分类方式，恰恰相反，当前使用的语文教材在选文的选择上却掩盖了文学类、实用类和论述类的区分。

文学类文本中的诗歌高度集中概括地反映了社会生活，它饱含作者的思想感情与丰富的想象，语言凝练而形象性强，具有鲜明的节奏，和谐的音韵，富于音乐美，注重形式结构美。小说是以塑造人物形象为中心，通过完整故事情节的叙述和深刻的环境描写反映社会生活的一种文学体裁，它是以完整的布局、合理的发展及贯穿主题的美学原理为表现的文学艺术作品。剧本即为戏剧文学，一般指供演出用的文学底本。散文是指用凝练、生动、优美的文学语言写成的叙事、记人、写景、状物的短小精悍的文章，不讲韵律、对仗和排比。

实用类文本中的新闻侧重于当前事实的即时叙述，具有时效性强的特征，实用类的新闻包括消息、通讯、特写等。传记遵循真实性原则，用形象化的方法记述人物的生活经历、精神风貌及其历史背景，注重真实性和艺术性的结合。报告是一种很重要的公文样式，是下级机关向上级机关汇报工作、反映情况和问题、提出建议、答复上级机关的询问或要求所使用的一种陈述性公文。报告按内容可分专题报告、综合报告、总结报告等。科普文章通过轻松活泼的笔调，解说和介绍科学技术知识。科普文与论文具有显著的差异，科普文属于实用类文本，注重通过故事的修辞学阐述来间接地传递知识，而论文属于论述类文本。

论述类文本以理性思维为主要思维方式，以议论为主要表达方式，以阐述观点、说明道理、分析事实、辩驳旧说、介绍新见等为主要内容，具有理论性强、逻辑性强、针对性强的特点，包括论文、杂文、评论等。论文常指用来进行科学研究和描述科研成果的文章，它既是探讨问题进行科学研究的一种手段，又是描述科研成果进行学术交流的一种工具。杂文则是直接而迅速地反映社会事变或社会倾向的一种文艺性论文，内容广泛，形式多样，以短小、活泼、锋利为特点，有关社会生活、文化动态以及政治事变的杂感、杂谈、杂论、随笔等都可归入这一类。评论是针对新近发生的，具有普遍意义的新闻事件和迫切需要解决的问题，发议论，讲道理，直接发表意见的文章。

（二）个体创作取向

文选型语文教材中的选文并不是为了教学而产生的。作家或写作者创作文章或文学作品的原因可以称之为创作意图或创作动机，它是指驱使作家或写作者投身于创造活动的内在动力。动机是在需要的基础上产生的，马斯洛的人本主义心理学将人的需要划分为五个层次：生理的需要、安全的需要、归属与爱的需要、尊重的需要、自我实现的需要。个体从事创作活动的动机多种多样，这五个层次的需要都有可能成为驱动个体创作的内在动力。

个体不同的创作意图会通过不同的文本书体表现出来；当创作者需要表达某种需要时，他会主动地选择合适的文本书体，这是创作者的基本功，是约定俗成的结果。因此，不同文本的文体特征也体现了创作者的创作意图，这就是阅读教学需要重点关注的对象，正好体现了叶圣陶先生的"阅读是写作的基础"的理论，通过阅读不仅要学会阅读，更重要的是学会写作。

文学类文本重在抒发感情，通过艺术的假定而实现人类集体心理的真实性，从而体现出情感的审美性。诗歌直接抒发个体内心的思想感情；小说借助于叙述的方式，通过虚构的故事情节来体现作者的思想感情和价值观念；剧本则可以理解为小说的变体，通过人物对话和舞台提示来抒发感情。而散文介于二者之间，通过不经意地抒写经历和感受来抒发思想感情。

实用类文本重在叙述事实，通过介绍事实来实现知识传递的作用以体现知识的实用性特征。其中的新闻通过对当前即时发生的事实的介绍来体现传递信息的要求，以尽可能地实现信息的宣传性和导向性；传记通过文以载道的方式介绍历史人物的优秀事迹以实现感染和教化的目标；报告通过对理解掌握的事实和道理进行总结而实现传递知识和信息的目标；而科普文重在通过科普知识的呈现让学生了解和掌握必要的科普知识以实现知识启蒙和普及的目标。

论述类文本重在阐述道理，通过直接阐述道理的方式揭示事物的本质和规律，让读者了解其最终的目的是让别人了解和接受文章所阐述的观点。论文通过严密的说理论证，凭借充分的论据来阐述个体对某些前沿理论中相关问题的思想认识和学术水平，具有创造新科学和新技术的作用；杂文借助联想的思维方式，以幽默、讽刺的文笔鞭挞丑恶，针砭时弊，求索真理，剖析人生；而评论则以新闻材料为背景，通过逻辑的概念、判断和推理的方式，建立起论点、论据、论证间的密切关系，对新闻事件形成鲜明好恶判断的价值取向。

上面的分析主要揭示了三种文本的文体和创作取向的差异性，这为语文教学中有差别性和选择性的语言训练提供了路径选择。人首先要生存，因而强调科学的、实用的价值，要讲真和善，真和善是理性思维的具体体现。但是，作为完整的人，光有理性是不够的，除了理性还需要感性、需要美。人的精神世界的完善除了不断地提升个体的理性思维创新能力以外，还需要不断地促进个体的情感、意志、自尊、个性、想象力等非理性思维创新能力的提升。对于学生来说，语言训练的目标就要实现理性思维创新能力和非理性思维创新能力的共同发展，从而促进个体发展的完善性和协同性。

二、基于文本的语言训练

（一）文学类文本

当前语文教学中借助于语言学的知识体系来解读实用类和论述类文本的

阅读教学模式对理性思维创新能力的培养具有现实的可行性和必要性，但将这种思维模式运用于文学类文本解读时，阅读教学的问题也就随之而生：一篇篇文质兼美的文章演变成空洞干瘪枯燥的语言说教，这是语文教学存在困境的根本原因，也是语文教学低效的根源所在。当前语文教学内容在文学类文本的阅读中体现了如下的路径选择。

第一步：在整体感知的基础上借用语法修辞知识解读文学作品中的语言；

第二步：借用文章学的知识掌握文学作品的内容，体现为"是什么"的层次；

第三步：借用社会学、政治学的知识解读文学作品的价值，体现"文以载道"的特质。

文学作品中的语言只是一种"工具"和"手段"，"工具"和"手段"的背后则体现了人的思想感情和价值观念，支撑思想感情和价值观念的内核就是文化。可以说，文化是文学的内核和关键，而文化又是人类集体的文化，是人类集体在长期的社会生产生活的实践过程中积淀的物质和精神财富的总称，因此才有了"文学是人学"的经典表述。下面就以鲁迅的《祝福》为例来说明语言训练应该怎样体现出文学类文本的文体特征。

《祝福》教学内容设计样章：

预习提示

1.你还记得以前读过的鲁迅的小说吗？可能的话，找出来再读一读，可以和《祝福》对比着读，看能否获得一些新的体会。

2．将《祝福》一文认真读三遍，掌握生字和生词，在有疑问的地方用笔做上记号。读完以后通过网络、书籍等参考资料搜寻这些问题的答案。

3．读完以后，尝试着概括文章的主要内容，可以借助于网络、书籍等参考资料收集整理概括文章主要内容的一些基本方法。

课文介绍

《祝福》写于1924年2月7日，是鲁迅短篇小说集《彷徨》的第一篇，最初发表于1924年3月25日出版的上海《东方杂志》半月刊第二十一卷第6号上，后收入《鲁迅全集》第二卷。

整体感悟

1．这篇小说的叙事线索是什么？

2．小说着重写了祥林嫂哪几个生活片段？

3．小说反映的是什么时代的生活环境？你是否了解这种生活环境？

文本研读

一、解题：关于《彷徨》和《祝福》

1．俗话说，题好一半文。写文章对标题非常有讲究，小说更是如此。《彷徨》是鲁迅的第二个小说集，他的第一个小说集叫《呐喊》，请思考：鲁迅为什么要用"呐喊"和"彷徨"这样的名字？二者之间有什么内在的关联？

2．对于小说的标题"祝福"，需要明确以下问题：什么是"祝福"？在"祝福"中发生了什么事？事件的最终结局怎样？人物的命运最终如何？

这些人和事与"祝福"有什么关系？

3．请结合以下链接材料，回答：文章内容明明讲祥林嫂的故事，作者为什么要以"祝福"命名？用"祥林嫂"命名可不可以？

链接之一：常见的小说命题方法

（1）以人物（形象）为题，如《孔乙己》《阿Q正传》等。

（2）以事件为题，如《林黛玉进贾府》《失街亭》等。

（3）以地点为题，如《荷花淀》等。

（4）以线索为题，如《药》《项链》等。

（5）以主旨（寓意、情感）为题，如《差别》《春之声》等。

（6）以问题为题，如《丧钟为谁而鸣》等。

链接之二：常见的小说标题意图

（1）点明时间地点，创设故事背景，渲染环境氛围。

（2）概括故事情节，暗示比喻象征，揭示小说主旨。

（3）结构线索，组织全文，寄托情感，深化主题。

（4）铺开情节，呼应细节，对比讽刺，强化效果。

二、关于小说的语言

1．语境中的语言意义

联系语境可以对小说中的语言的意义进行分析和阐述。下面是几个有代表性的例子，可以尝试着对这些句子的意义进行分析和解读。

（1）旧历的年底毕竟最像年底，村镇上不必说，就在天空中也显出将到新年的气象来。灰白色的沉重的晚云中间时时发出闪光，接着一声钝响，是送灶的爆竹；近处燃放的可就更强烈了，震耳的大音还没有息，空气里已经散满了幽微的火药香。

（2）冬季日短，又是雪天，夜色早已笼罩了全市镇。人们都在灯下匆忙，但窗外很寂静。雪花落在积得厚厚的雪褥上面，听去似乎瑟瑟有声，使人更加感到沉寂。

2.语言的精练

鲁迅是很讲究语言精练的，可作品中几乎一字不改地两次写了祥林嫂追述儿子阿毛被狼叼走的情节，作者为什么这样重复？作者为什么反复地叙述祥林嫂说的"我真傻，真的"的话。祥林嫂为什么会认为自己傻？为什么阿毛被狼吃了，她就变傻了？阿毛不被吃她会不会变傻？她的命运会不会更好些？同桌之间用缓慢低沉的语调读一读这些话，体会其中的思想感情。

三、关于小说的人物

1.祥林嫂

（1）两次写到祥林嫂长胖，第一次是她在鲁四老爷家做工的时候，第二次是她嫁给贺老六之后。对此该怎样理解？

（2）小说对祥林嫂有三次比较集中的外貌描写，这三次描写的不同之处反映出祥林嫂在精神上经过了一个怎样的历程？

（3）比较祥林嫂三次在鲁家祝福时的行为表现和精神状况的差异性。应该怎样理解这种差异性？祥林嫂最后是在什么样的心境中惨死在祝福声中的？

（4）祥林嫂被鲁四老爷赶出家门而沦为乞丐后，作者为什么不写她流落街头，挨饿受冻的情景，仅写了一个很简单的细节：她向人询问"一个人死了之后究竟有没有灵魂"？为什么她不问别的问题？

（5）亡夫丧子是妇女的大不幸，贺老六病死，阿毛被狼叼走，这两件事在一般作家笔下可能要大力渲染和描绘，但鲁迅却出人意料地把它放到幕后，作者为什么这样处理？

（6）祥林嫂改嫁后，夫死子殇，再回鲁镇时，"大家仍然叫她祥林嫂"。为什么改嫁后的祥林嫂，人们并不改称她为"贺嫂"或"贺六嫂"，却仍叫"祥林嫂"呢？作者为什么将这一句话另作一段？

链接之三：画眼睛

鲁迅在《南腔北调集》中的《我怎么做起小说来》一文指出："要极省俭地画出一个人的特点，最好是画他的眼睛。俗称为'画眼睛'法。"祥林嫂的悲剧命运主要是通过"眼睛"来表现的。《林黛玉进贾府》中凤姐的"丹凤三角眼"，宝玉的"目若秋波。虽怒时而若笑，即瞋视而有情"，黛玉的"似喜非喜含情目"。其实，鲁迅"画眼睛"的方法不仅仅是描写人物的眼睛，它还是一个形象的比喻，是一个理论上的概括，是艺术创作中典型化的一种手段或准则。

链接之四：祥林嫂：一个没有春天的女人

春天，一个美妙的季节。春暖花开，万物复苏，充满生机，孕育活力。然而，对祥林嫂来说，这充满生机和活力的季节却见证了她悲惨的遭遇和残酷的命运。

在春天里，祥林嫂被迫失去了一个女人该有的一切——丈夫、孩子、精神以及最宝贵的生命。

祥林嫂本是一个善良、朴实、淳厚的贫苦农村妇女，但对于命运坎坷的她来说，春天却意味着生命的终结。《祝福》中，祥林嫂从始至终都没有看到冰雪融化、大地回春、新芽抽绿，也永远没有看到生机勃勃的世界孕育出的美丽生命。

小她十岁的丈夫在春天里离开了人世，尽管她结束了一段短暂而没有幸福的婚姻，但却使她掉进了另一个更深的陷阱——年纪轻轻就成了寡妇。封建社会"三从四德""从一而终"的社会伦理让她只能独守空闺。然而对她来说，独守空闺也许只能是梦。家规的苛束、婆婆的严厉让她度日如年，特别是在面临被贩卖的罪责时，她选择了逃跑，跑到鲁镇四叔家做起了女工，毫不懈怠，"扫尘，洗地，杀鸡，宰鹅，彻夜的煮福礼，全是一人担当"，渴望以自身的气力来换取生活的安定和生命的尊严，过着安分守己的日子。然而，命运的天平并没有朝她倾斜。过了三个月的安稳日子以后的第二年春天，婆家人在她去河边淘米时将她抓了回去，以换取小叔子娶媳妇的财礼。以八十千的价钱，祥林嫂被转嫁到了深山野墺的贺家墺。"好女不嫁二夫，忠臣不事二主"。从此以后，"从一而终"的社会伦理就像一把利剑扎在她的胸口，时不时地在她那受伤的心灵里增添一注鲜血，最后被迫血竭而亡。

在新的丈夫贺老六家里，幸福的生活似乎朝她走近了一步。"上头又没有婆婆，男人有的是力气，会做活；房子是自家的。"还生了一个白胖的儿子，"娘儿俩，母亲也胖，儿子也胖"，然而，幸福的时光似乎总是那么短暂。年纪轻轻的丈夫死于要命的伤寒，一碗冷饭就让人一命呜呼。唯一寄托的儿子在暮春时节被狼叼走，死于非命。大伯收屋后光身一人，走投无路。几年光景不到，昔日似乎交了好运的祥林嫂又一次站在了昔日的东家门口，渴望再一次得到一份生活的安定和生命的尊严。

"我真傻，真的"，一句没有听众的独白空谷无音，自言自语的告慰无人能解。物质世界的空虚可以用辛勤的劳动填满，而精神世界的空虚只能让人空荡无存。哀莫大于心死，穷莫大于心穷。心已死，人安在？"手脚已没有先前一样灵活，记性也坏得多，死尸似的脸上又整日没有笑影"。

在礼教余孽滋养的四叔家里，伤风败俗的祥林嫂只能在怜悯和同情中得到苟活于人世的机会，其他的一切都早已随她的"二嫁"灰飞烟灭了。"祥林嫂，你放着吧！"四婶的一句话就仿佛一道剑影刺在祥林嫂的心里，提醒她的伤风败俗和不干不净。从此，告慰先祖的"祝福"再也没有祥林嫂和她那毫不懈怠的身影。柳妈捐门槛做替身的建议让祥林嫂又重新点燃了生活的勇气和生存的意志。在新春到来的前夕，花了将近一年的工钱去土地庙捐了替身的门槛，祥林嫂似乎又看到了黎明的曙光，"神气很舒畅，眼光也分外有神"。但是，四婶一句同样的"你放着吧，祥林嫂！"将她永远钉在了精神的十字架上，使她的梦想彻底粉碎，掉进了心灵的万丈深渊，毫无生还的可能，"受了炮烙似地缩手，脸色同时变作灰黑，也不再去取烛台，只是失神地站着"，残酷的现实彻底消磨了祥林嫂生存的希望。成了乞丐的祥林嫂最后只能在热闹的迎春"祝福"中了却残生。

祥林嫂的一生注定是悲剧的一生！

2.鲁四老爷

有人认为鲁四老爷与祥林嫂之死无关，你认为这种说法对吗？请从鲁四老爷的语言及他书房的陈设两个方面对这个说法做一番分析和说明。

3."我"

（1）参阅拓展阅读材料之五：《〈祝福〉中"我"的故事》，在课文第二节结尾写道：无论如何，我明天决计要走了。第三节开头写道：况且，一想到昨天遇见祥林嫂的事，也使我不能安住。请思考：我要走的原因有哪些？

（2）本书是以"我"的视角来阐述故事。第四节写道："其实，究竟有没有魂灵，我也说不清。"请分析："说不清"说明了什么问题？为什么"见识得多"的我对魂灵"说不清"？"我"的"说不清"和短工的"说不清"有没有区别？

（3）第四节中的心理描写表现了"我"怎样的心态？

链接之五：叙述视角

小说的叙述视角有两层含义，一是叙述者的叙述视角，也就是作者的叙述视角；一是人物的叙述视角，即小说中的人物的叙述视角。前者，主要表现为人称的变化，即第一、二、三人称的叙述视角；后者，就是小说中从某一人物角度看人看事。这样，我们看到，小说的叙述视角，并不等同于人称，有时，人称不变，但人物视角却变化了。

三种叙述人称：

第一人称叙述视角。第一人称叙述角度，从"我"出发，一以贯之。凡是"我"没有出场的地方，没有看到的东西，都无法写。即使"我"在场，除"我"之外的人物内心活动，也不能直接写，只能通过人物的行动、言语、表情等间接表现。

第二人称叙述视角。运用第二人称写作，有两种情况，一是在小说中既出现"你"，同时也出现"我"与"他"；二是小说通篇只出现"你"，而不出现"我"，更不出现"他"，这就是真正用第二人称写作的小说。

第三人称叙述视角。这种叙述视角，叙述者不但了解小说里全部细节的发展，而且了解小说中所有人物的心理动态，就连两个人之间的悄悄话，叙述者也知道；甚至第二个人都无法知道的人物内心最隐秘的想法，叙述者也了如指掌。它的最大优点是比第一人称和第二人称在叙事方面更方便，无所不知，全知全能；不足之处是导致作者与读者之间的隔阂，作者总把读者排斥在外。

第一人称叙述，主要有利于"我"的心怀袒露；第二人称叙述更能让读者与作者进行心灵沟通；而第三人称叙述，则似乎有冷眼旁观的意思。

四．关于小说的主旨

1．鲁迅的朋友许寿裳曾说：人世间的惨事，不惨在狼吃阿毛，惨在封建礼教吞吃祥林嫂。北京师范大学中文系教授王富仁在《中国反封建思想革命的镜子》一文中指出："真正对祥林嫂施行了严酷的精神苦刑的，是夫权和神权，是'从一而终'的封建伦理道德观念的力量，无情地绞杀着祥林嫂的精神和肉体。"

（1）你可以举出礼教的有关内容吗？

（2）致祥林嫂于死地的是礼教的哪一条？

（3）你能不能也讲一讲礼教杀人的故事？

2．阅读课文第一、二节，画出辛亥革命之后鲁镇情况的句子。请思考以下问题。

（1）你了解辛亥革命吗？辛亥革命对中国的社会生活产生了什么影响？

（2）文章开篇描述了辛亥革命以后鲁镇的社会生活情况。这种情况与你所了解的影响有什么异同？辛亥革命对鲁镇的影响和对中国的影响有何异同？

（3）分析辛亥革命的不彻底性与祥林嫂被吃之间有什么内在关系？

3．阅读课文柳妈对祥林嫂说的一段关于再嫁再寡的人死后要受锯刑的话，如果这段话换由四婶说，对作品思想有何影响？

4．有人认为：中国传统文化中存在"儒治世、道治身、佛治心"的观念，鲁镇是一个儒释道三教合流的社会，鲁迅通过祥林嫂的被吃，宣判了中国传统文化的死刑。你怎么看待这个观点？

5．有人认为，祥林嫂是封建礼教的一个反抗者；而另外有人认为，祥林嫂是封建礼教的卫道者。你能不能从书本中找出证据来证明这两种说法的合理性？

拓展运用

根据对祥林嫂的人物形象的分析，请以"我眼中的祥林嫂"为题，写一篇文章，注意文章的叙述视角。

拓展阅读

1. 唐荣昆：《关于祥林嫂的死——也谈〈祝福〉的思想和艺术》，《名作欣赏》1986年4期，第86-89页。

2. 陈科华：《论祥林嫂悲剧的文化批判精神》，《北方论丛》2004年6期，第38-43页。

3. 王月芹：《浅析鲁迅〈祝福〉的叙事结构及叙述语言艺术》，《小说评论》2011年2期，第86-88页。

4. 甄洪永：《祥林嫂之死与中国文化的走向》，《名作欣赏》2011年8期，第124-126页。

5. 钱理群：《〈祝福〉中"我"的故事》，选自《走近当代的鲁迅》，北京：北京师范大学出版社1999年版，第158-161页。

下面就对《祝福》案例进行分析，以期为文学类文本中的语文教学内容提供思路。

第一，文学类文本中最简单的是诗歌，其次是散文，剧本再次之，而小说是最复杂的文体。对于诗歌和散文来说，重点是掌握作品通过何种方式体现了怎样的思想感情，并进一步阐述思想感情的历史性和现实性，从而实现情感的共鸣和融通。比如，李清照的《声声慢》开篇的叠词组合"寻寻觅觅、冷冷清清、凄凄惨惨"，用了"寻、清、凄、惨"几个生硬刺耳的齿音字，将行为动作、外在表现和内心感受有机结合，包含恍惚、寂寞、悲伤三层递进的意境。

散文也大同小异。比如史铁生的《我与地坛》，讲述了我与地坛之间悲欢离合的故事，节选的第一部分阐述了作者在突遭不幸双腿瘫痪后对于生命和死亡的深沉思考，第二部分阐述了作者悔恨在母亲过早去世后才理解了母爱的无私与伟大。生命、死亡和爱都是个体灵魂深处最隐晦最深层的内核，对这些问题的阐述能够很好地体现散文对人性的关注，能够很好地体现教育的本质。

小说和剧本相对来说复杂一些，这两种文体都是通过故事来揭示道理、表现情感。道理的揭示和情感的表现是通过故事间接隐晦地体现出来的，因此，从教学内容上来看，除了作品的语言和内容两个方面之外，还需要关注人物，而人物恰恰又是小说和剧本的重中之重，所以《祝福》案例就将人物分析作为教学内容的切入点和重中之重，体现出了与散文和诗歌教学内容的差异性所在。

第二，文学类文本的教学内容体现在三个方面：联系语境分析作品中语言的意义、用文化学和解释学的视角来解读作品的内容、用文学和美学的视角理解作品的价值。文学作品中的语言仅仅是一种媒介和手段，其背后则体现了人的思想情感和价值观念，支撑思想情感和价值观念的则是文化，文化是文学的核，而人就是文学的根。因此，从《祝福》教学内容的设计案例来看，第二部分"小说的语言"是文学类文本教学内容的基础，通过语文背景知识的作用，不断地扩充语言理解的范围：从词到句子到篇章、从言表之义到言外之意，从而为语感的形成创造条件。第三部分"关于小说的人物"是小说教学内容的重中之重，因此，本书也从不同的角度对小说中的人物进行了分析和阐述。人物的分析组成了小说内容的核心，而小说中的故事情节就体现在人物的活动流程之中，因而对人物的分析也就蕴含了小说内容的阐述。将人物置身于特定的历史文化背景，通过解释学的知识来解读人物就成为小说人物分析的重点。第四部分"关于小说的主旨"则从人性的角度阐述小说的意义和价值。而无论是小说的语言、人物还是故事情节，其根本的指向还是思想文化背景下的人性选择，因此，对小说主旨的挖掘就应该进入到人性探讨的内核，从人的范畴来理解小说中人物的思想感情和行为习惯，只有这样的分析才会让人物变得鲜活、立体，成为有血有肉的存在。

第三，具体到《祝福》中的祥林嫂。案例选择了祥林嫂的细节描写、作者的写作技巧、规律性的故事情节三个方面的内容展开分析。这三个方面从形式到内容共同构成了语文教学内容的三个层面：内容、方法和原理。祥林嫂的细节描写和规律性的故事情节体现为"内容"层面的具体化；作者的写作技巧揭示了写作"方法"的重要性，实践了"阅读是写作的基础"的理论；而支撑祥林嫂的细节描写、作者的写作技巧和规律性的故事情节三个方面内容的主旨就是"原理"：塑造人物形象的原则和要求，通过细节描写塑造人物，通过侧面烘托塑造人物，通过反复强调塑造人物等。这些叙述方法的使用都是为了使人物形象更鲜明、更立体、更突出。而这些问题阐述的背后意在揭示祥林嫂的悲剧特征：作为封建社会中丧夫、改嫁、丧子的劳动妇女的人生悲剧。鲁迅在《娜拉走后怎样》一文中指出："娜拉出走后只有两条路可走，要么回来要么堕落。"祥林嫂也一样，生活在那个年代的人，她一样难逃时代和历史的宿命。第四部分"关于小说的主旨"中的最后一道题：无论是封建礼教的卫道者也好、反抗者也罢，这个问题存在的逻辑基点就是祥林嫂是一个封建社会的存在者，逃脱不了封建社会的牢笼和枷锁，她的反抗也只是人性本能的反抗，她的屈服也是人性本能的屈服。通过这道题不仅训练了学生寻找证据的能力和辩证思维创新能力，更揭示了思考问题的逻辑基础。对问题存在的逻辑基础的掌握是个体语言能力发展的关键和根本，其直接的表现就是语言运用过程中对交际意图的领悟。而对鲁四老爷、"我"的分析也意在强化祥林嫂的悲剧命运。同时祥林嫂的悲剧命运又通过主旨的问题揭示出来：祥林嫂的社会悲剧和人生悲剧。

　　第四，对于高中生来说，对故事情节的掌握放在了课前预习中完成，这不仅符合高中生的思维发展水平，也体现了高中语文教学时间的紧迫性。整体感悟的任务旨在从总体上把握课文的结构和内容，三个提问从思路、情节、人物、环境入手，着重训练学生抓住要领、捕捉重点和分析概括的能力。小说的标题"在吸引和支配读者的注意力方面具有相当大的力量"，而开头则是"设置在我们居住的世界与小说家想象出来的世界之间的一道门槛"。因此，对标题和开头的分析就显得非常重要，那是迈入小说语言情境的第一步。案例中的链接材料和补充阅读材料都意在提供思考问题的背景知识，从而为问题的解决提供借鉴。

　　总之，文学类文本的教学内容应该以情感为主线，立足于语言的媒介和手段的作用，通过作品中的人物或者事件来阐述思想感情。通过语言训练，不仅体现了教师的"引导—讲解—分析—评价—规范"作用，更重要的是，学生在教师的作用下，实现了"基本知识—方式方法—行为习惯—思维品质"的内在提升，从而实现了学生从"语识—语义—语用—语感"的发展演变，为语文素养的提升创造了条件。

（二）实用类文本

实用类文本就像它的名称一样，意在突出其实用性。阅读这类文本就是需要了解和掌握实用类文本中所揭示的知识，从而为扩充背景知识的范畴，为人的发展尽可能奠定宽厚的背景知识基础。对于实用类文本，要求："阅读评价中外实用文本；了解传记、新闻、报告、科普文的文体基本特征和主要表现手法；准确解读文本，筛选、整合信息；分析思想内容、构成要素和语言特色，评价文本产生的社会功用，探讨文本反映的人生价值和时代精神。"在基础教育阶段，语文教科书中重点介绍的是新闻和传记，选修教材中也只有新闻和传记两个板块的内容。而且，从笔者了解的情况来看，实用类文体在教学过程中都处于一笔带过的境况。因此，对实用类文本教学内容的关注也远远低于文学类文本和论述类文本。下面就结合传记的案例来谈谈在实用类文本的教学内容中应该如何实现语言训练的内在要求。

很显然，从教学内容的三个层面来说，实用类文本的教学内容与文学类、论述类文本的教学内容是存在显著差异的。无论是新闻、传记、报告抑或科普文，语言的通俗性和晓畅性都是首要的前提，不会有什么微言大义需要分析和揭示。传记、科普文也要求语言明白、易懂，而报告作为一种公文，语言必须简明扼要、通俗易懂、不能含糊。实用类文本语言的简明扼要实现了"一看就懂"的目标，从而导致了对这种文体的忽略和漠视。因为"一看就懂"，所以也就没什么东西可教，然后就是简单地一笔带过。"一看就懂"指的是借助语言的媒介和手段的作用实现对文本信息的准确领悟，因此获取实用类文本的信息——关于何人在何时何地发生何事的信息。对于实用类文本的教学内容来说，所谓获取信息，主要不是指文本的事实信息，而是指在文本的叙述中所隐藏的信息。通过对事实、背景和意图，客观叙述与主观评价的辨析，使学生成为理性而具有批判意识的阅读者。与此相对，文学类文本重在培养学生的审美意识，以促进情感的丰富、细腻和完善。通过实用类文本和文学类文本的协同合作，从而促进学生个体在理性和感性、情感和逻辑、审美和批判的协调发展，促进个体完善。

（三）论述类文本

在当代社会中论述类文本的重要性无论怎么强调都不过分，通过这种文本的阅读训练可以很好地锻炼人的思维创新能力。思维创新能力包括理解力、分析力、综合力、比较力、概括力、抽象力、推理力、论证力、判断力等能力，它是整个智慧的核心，参与、支配着一切智力活动。

概念、判断和推理是思维的基本形式，思维的过程是通过分析、综合、概括、抽象、比较、具体化和系统化等一系列活动，对感性材料进行加工并转化为理性认识及解决问题的过程。无论是学习活动，还是人类的一切发明创造活动，都离不开思维，思维创新能力是学习能力的核心。

思维创新能力的训练体现在五个方面：①创造性。创造性指思维活动的创造意识和创新精神，不墨守成规，奇异、求变，能够创造性地提出问题和创造性地解决问题。突出表现在：独立性、分散性、新颖性。②系统性。系统性指善于抓住问题的各个方面，又不忽视其重要细节的思维品质。考虑问题，总是要从整体出发，能够很好地处理整体与局部的关系。③深刻性。深刻性指思维活动的抽象和逻辑推理水平，表现为能深刻理解概念，分析问题周密，善于抓住事物的本质和规律。④敏捷性。敏捷性是指思维活动的反应速度和熟练程度，表现为思考问题时的快速灵活，善于迅速和准确地做出决定、解决问题。⑤灵活性。思维的灵活性指能从不同的角度按不同方法解决问题，能恰当运用分析和综合等思维方法，具有概括和迁移能力，善于运用规律，触类旁通，获得合理而灵活的答案。为了通过论述类文本的教学使学生在思维创新能力的创造性、系统性、深刻性、敏捷性和灵活性上获得系统的训练，就需要通过"内容""方法"和"原理"三个层面的教学内容选择来提升教学的有效性。

对于论述类文本来说，考试大纲要求能够"阅读一般论述类文章。理解文中重要概念的含义；理解文中重要句子的含义；筛选并整合文中的信息；分析文章结构，把握文章思路；归纳内容要点，概括中心意思；分析概括作者在文中的观点态度"。这些要求也就成为论述类文本教学的参考和依据，但它与《普通高中语文课程标准》中论述类文本要求"把握观点与材料之间的联系，着重关注思想的深刻性、观点的科学性、逻辑的严密性、语言的准确性"还是相差了一大截。

对于论述类文本的教学内容来说，需要关注几个核心的要素。

第一，论述类文本是需要阐述观点的，这就存在观点"对不对"的问题。第二，阐述观点需要借助于材料，这就存在材料"对不对""好不好"和"够不够"的问题。

第三，用材料来论证观点，这又存在材料能否证明观点的问题。对于读者来说，又存在一个批判性阅读的问题，同意还是反对观点？怎么看待材料的正确性、适应性、充分性？怎么看待观点和材料之间的衔接性？

第二节　写作教学：语言训练的三维模式

从信息输入输出的立场来看，语文教学听说读写过程中的"听"和"读"意在解决信息输入中语文教学内容的"内容""方法"和"原理"，而"说"和"写"意在解决信息输出中的语文教学内容的"内容""方法"和"原理"。信息的输入是手段，输出是目的，因此，一方面就有了叶圣陶先生的"阅读是写作的基础"的观点，通过"阅读"的基础性的作用为写作积累"内容""方法"和"原理"；另一方面又有了"读和听的能力，是包含在写和说之中的"的观点。这两种观点的结合就形成了听、说、读、写教学的全过程。

一、写作教学实践案例分析

在当前的文选型语文教材中，由于对阅读的看重，自然的表现就是对选文的看重，语文教材可以看成是选文的集合体，写作教学无论在理论上还是实践中都处于"被冷落"的境地。按照潘新和的观点，对于听、说、读、写四种语文能力，"语文界在理论上是一视同仁的，但在实践中却有主次之分。长期以来，形成了读为优先，写次之，说、听又次之的规范。"其实，这个观点中"理论界对听、说、读、写一视同仁"的说法是有待商榷的,但实践中"读优先,写次之,说、写又次之"的观点却十分中肯。这种实践中写作教学的缺失为学生写作能力的缺失埋下了隐患,从而导致阅读教学缺乏最终的目标指向,语文教学的"少、慢、差、费"也就顺理成章。实践中的写作教学缺失表现在三个方面:重视作文的结果而忽视写作的过程、写作教学中教师"没法教、不会教、随意教"、学生"不会写、不愿写、不敢写"。这些具体的表现形式可以进一步归结为:语文教师缺乏有意识地写作指导,写作指导中的教学内容缺乏现实的针对性和有效性。

其实,二者是相辅相成的关系,因为语文教师缺乏有意识的写作指导,被逼无奈,就只能胡乱地选择教学内容,从而导致教学内容缺乏现实的针对性和有效性。教学内容缺乏现实的针对性和有效性又直接导致写作教学指导的无效,因为无效,所以语文教师就普遍畏而远之、弃而远之,这又加剧了写作指导意识的缺失。

对于写作来说,需要关注的问题也就落脚到两个方面:输入和输出。"输入"解决写作所需要的"原材料"问题;而"输出"解决对所需要的"原材料"进行"组织加工"问题,即材料的选择和取舍。

为了获得输入和输出两方面相应的写作能力,写作教学就应该体现语言训练的三维模式。下面我们先通过一个写作教学的案例来分析写作能力形成的路径选择。应该说,这个案例应该较好地体现了语文教师的写作指导意识,但是其中凸显的问题也依然十分明显。

(一)"细节描写训练"写作教学指导案例

原来你希望在这里——细节描写训练之一

学习目标

学会找准描写的地方,将适当的描写运用到写作中去,通过恰到好处的描写表现人物的性格特点,表达自己的主观情感态度。

学习过程

一、创设情境,提出问题

静听《海洋天堂》视频片段,写出电影《海洋天堂》中你印象最深的片段。

二、比较分析，探究描写

（一）分析比较

学习任务：学生分组讨论，比较分析每组的A、B文段，并完成思考题。

第一组

A.我看见他爬过月台，很努力的样子。这时我看见他的背影，我的泪很快地流下来了。

B.我看见他戴着黑布小帽，穿着黑布大马褂，深青布棉袍，蹒跚地走到铁道边，慢慢探身下去，尚不大难。可是他穿过铁道，要爬上那边月台，就不容易了。他用两手攀着上面，两脚再向上缩；他肥胖的身子向左微倾，显出努力的样子。这时我看见他的背影，我的泪很快地流下来了。（朱自清《背影》）

思考：B段属于什么描写？比较一下，两个文段有何不同？你更喜欢哪个？为什么？

第二组

A．我懊悔得很，后悔当初不应该不努力。韩麦尔先生要离开了，我真对不起他。

B.我几乎还不会作文呢！我再也不能学法语了！难道这样就算了吗？我从前没好好学习，旷了课去找鸟窝，到萨尔河上去溜冰……想起这些，我多么懊悔！我这些课本，语法啦，历史啦，刚才我还觉得那么讨厌，带着又那么重，现在都好像是我的老朋友，舍不得跟它们分手了。还有韩麦尔先生也一样，他就要离开了，我再也不能看见他了！想起这些，我忘了他给我的惩罚，忘了我挨的戒尺。

（都德《最后一课》）

思考：B段属于什么描写？作者想要通过此种描写表达什么情感？

第三组

A.奶奶终于去世了，妈妈为奶奶清洗遗体的时候，流下了泪。

B.奶奶终于去世了，妈妈为奶奶清洗遗体的时候，流下了泪。奶奶干瘦的臀部，因长时间卧床，已经溃烂，长长的手指甲，蓄满了黑色的污垢。灰色的头发因为长久不曾剪过，凌乱地堆在枕头上。

思考：用线画出B段在A段基础上增加的内容，并思考这属于什么描写。为什么要详写奶奶临死前遗体的"丑陋"模样？加入的描写对情感的表达有什么作用？

第四组

A.时候既然是深冬；渐进故乡时，天阴暗起来，从船里向外一望，远近横着几个村庄，没有一丝活气，我的心禁不住悲凉起来了。

B.时候既然是深冬；渐进故乡时，天气又阴晦了，冷风吹进船舱中，呜呜地响，从缝隙向外一望，苍黄的天底下，远近横着几个萧索的荒村，没有一丝活气，我的心禁不住悲凉起来了。

思考：这两个段落都属于什么描写？B段比A段增加了哪些景物的描写？增改后的语段，读起来，多了一些什么味道？

（二）归纳小结

根据以上四段，归纳总结，哪些地方加入细节描写，才能产生更强的感染力。

父亲的背影是作者最为感动的，小弗朗士当时的心理感受是使他彻底醒悟的关键过程，奶奶临死前的细节是终生难忘的，故乡冬天的环境是能影响作者心情的……他们能让场景展现得更生动，让感情表达得更细腻；能使人物形象更丰满，给人留下深刻的印象；有利于表达主题，抒发感情。所以要详细地描写。

三、写作引导，归纳技巧

（一）展示问题作文片段我的母亲

我的母亲自1999年开餐厅至今，中间有许多的酸甜苦辣……

每天早晨起来，洗刷完毕后便去市场买餐厅需要的材料，例如：冬菇、肉类、青菜、鱼、鸡、鸭……然后运回餐厅，让厨师们准备。

（二）添加描写示范

每天天刚蒙蒙亮的时候，母亲就匆匆洗漱完毕，头发胡乱地挽成一个髻，挎上磨毛了边角的斜挎包，直奔菜市场。凌晨的菜市场格外拥挤热闹，母亲在黑暗中钻进拥挤的人群，挑选着各类材料，那些滴着晶莹露珠的青菜，肥肥的香菇，活蹦乱跳的鱼，嘎嘎乱叫的鸭，都是母亲的首选。遇上斤斤计较的菜贩子，母亲就满脸堆笑地讨价还价。而后，一个人把鼓鼓囊囊的装菜的蛇皮袋扛进汽车尾箱。遇上下雨天，母亲总会淋得浑身湿透；大太阳的天气，凉爽的清晨也是挥汗如雨……

（三）思考：范文增加了哪些内容，为什么要增加这些内容？

（四）小结

加入的细节描写都是为了表现母亲的苦：苦在起得早，苦在洗刷匆匆，苦在与菜贩子讨价还价，苦在一个人扛重重的袋子。将笼统的"苦"细化下来，紧紧围绕"苦"来写，这样就更具体形象了，也就能很好地表达自己对母亲的敬佩之情和对母亲不易的理解之情。

四、小组合作小试牛刀

观看视频：《海洋天堂》的结尾部分。小组抽签完成下列题目：

①爸爸回音回忆图；②海龟游水图；③大福游水寻找海龟图；④海龟大福嘻嘻图。

要求：①确定写作要表达的情感；②选择准确的地方加入各种细节描写；③一人执笔，其他同学讨论，综合整理，并记录下来。

（二）案例分析

接下来就从教学内容的角度对这个案例进行阐述，以期为论述语言训练的三维模式奠定基础。在分析之前有必要先做一个说明，写作应该分为论述文、叙述文和解说文三类，那么，在此进行写作教学的语言训练分析时也就应该从三方面的内容来切入，只有这样才能体现内在逻辑的一致性。但与阅读教学不同的是，写作教学在内容上的差异性并没有阅读教学内容那么大。对于三种不同的写作类型来说，其最终的指向都能够落实到一点：发表意见，阐述事理，抒发情感。用一句通俗的话来概括就是：向别人阐述自己的想法。因此，写作教学的重点也就落脚在用什么方法来恰当地阐述自己的想法，即通过具有"类别性"的方法指导来体现写作教学方法的方法论价值。这也就意味着，将三种不同类型的写作教学通过"类别性"的方法阐述出来，从而体现出方法所具有的"举一反三"的内在特质。但这种差异性不足以成为将论述文、叙述文和解说文三种不同类型文体中都需要学习"细节描写"的理由所在。有了这个前提性的说明，下面论述也就顺理成章了。

首先对这一堂课中的教学内容进行总体阐述。阐述的内容有些是上文中引用的案例能够显示出来的，有些是在教学过程中生成的，但所有的内容都立足于教学内容的视角，揭示教学内容所存在的问题。

这个案例的优点在于教师已经具备了相应的写作指导意识，当然，存在的问题就是写作指导意识还缺乏教学论的依据，也就是说，写作教学指导意识要建立在教学内容的科学性和有效性的基础之上，要实现这个目标就需要使教学内容体现语言训练的内在理据。

从案例的实施过程来看，第一个环节"创设情境"的视频导入显得多余，因为这段内容与案例的主旨关系不大，删掉这段内容不仅可以使教学内容显得更紧凑，更集中，同时还可以节省宝贵的时间，为下面的教学环节提供时间的保障。从案例实施的过程来看，在一节课的时间内没有完成最后一个版块也是最重要版块的内容的教学，这从教学内容的角度来说应该是本案例的失误之一。与此相应的是，第二个环节"比较分析"的案例选择缺乏学理的依据，也就是说，从案例本身来看，我们很难发现教师选择教学内容的依据何在，为什么是四个案例？既不是三个也不是五个？按照通常的理解，如果采用枚举法的话，就应该将所有的细节描写都通过例子描述出来，细节描写至少应该包括肖像、语言、动作、神态、心理、场景等几个类别。如果仅仅是举几个例子的话，那么，三个还是四个抑或五个都是一样的，因此，如果仅仅是举例子的话，那么，从写作能力形成的关键和核心要素来说，就可以只选择三个案例来例证细节描写，而把节省下来的时间放到学生的写作实践中去，因为写作能力的形成必须通过长久的训练才能养成，而教师的任务是通过科学的方法指导尽可能地缩短训练的时间，从而实现"高效率"的目标。因为前面的环节花费了太多的时间，从而缩短了学生训练的时间，这也致使将外在的语文知识转化为内在的写作能力的过程缺乏充分的时间保障，影响了训练的有效性。

其次，由于缺乏对细节描写知识科学有效的归纳提炼，没有很好地实现细节描写训练的"转个为类"，致使细节描写的"内容""方法"和"原理"缺乏科学有效的可迁移性和可操作性，也就是说，这个案例中并没有告诉学生在什么地方要用细节描写，为什么要用细节描写，怎么运用细节描写。对于这些问题，依然是需要学生自己去"悟"的。在当前仅有的写作教学案例中，类似的问题非常普遍，这就意味着写作教学要想体现科学性和有效性还有很长的路要走。

二、语言训练的三维模式

为了有效地提升学生的写作能力，写作教学指导就需要体现语言训练的三维模式：贴近生活、体现观念和阐述文化。贴近生活从外在世界的角度揭示了生活的重要性，体现观念从个体生命的角度揭示了观念的价值，而阐述文化则从历史时间的角度揭示了作文的文化内蕴。用一个示意图可以表示如下。

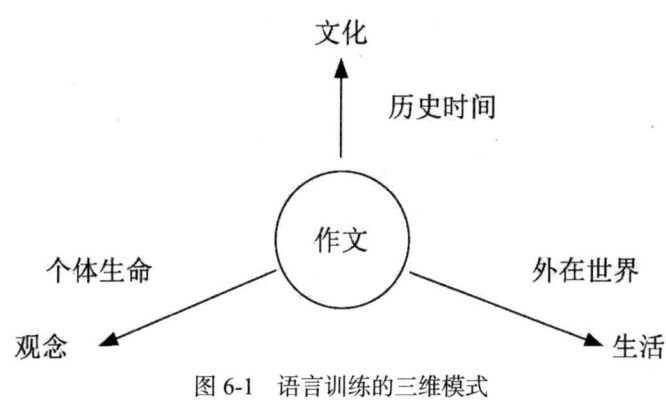

图 6-1 语言训练的三维模式

（一）贴近生活

生活是作文的源泉，作文必须贴近生活，这是毫无疑义的。没有外在客观的生活体验，作文就如同无米之炊、无本之木、无源之水。

学生生活的内容极为丰富多彩，无论在学校、家庭还是社会，都有多种多样、形式各异的活动，充满了时代特色。要丰富学生的写作素材，就必须引导他们去接触自然和社会，广泛参与社会生活，留心观察周围的人、事、物，聆听千变万化的生活旋律，感受丰富多彩的美妙生活。只有通过训练学生运用多种感官感知、认识世界，从客观世界中摄取多种营养，才能不断充实和丰富生活积累。从促进学生发展来说，贴近生活是作文的第一诉求。作文不能贴近生活，对学生的成长将毫无意义。这就好比一块美味的牛排对一个没长牙的婴儿毫无意义一样。贴近学生的生活实际，才能让其有话可说。

按理说，学生不应该缺少生活积累和体验，我们每天都离不开生活，每时每刻都在生活中汲取养料、获取智慧、领悟人生。但为什么学生写出来的作文依然千差万别呢？这意味着并不是有了生活就能够写好作文，学生要写好作文，还需要对生活反复不断地思考。对生活缺乏思考也就导致与生活的背离。尽管每天都在生活中度过，但只是过客而已，感受不到生活的美妙，写出来的作文就永远是那几句从别人那里借来的、干瘪的、没有生命活力的口号。

作文在实现贴近生活的目标后又要脱离生活、超越生活、变革生活乃至创造生活。这才是作文的根本，这不仅体现了教育作为一种学习方式的现实性，更体现了教育促进学生全面发展的将来性。为了实现这一目标，反思就成了最重要的思维方式和学习品质。不仅教师需要对自己的教学进行反思，学生更需要对自己的学习进行反思。反思是促进情感成熟和提升思维品质的重要途径。培养学生的反思意识和反思精神应该成为教育的终极诉求和最高标准。显然，当前的语文教学在这一点上还相距甚远。

（二）体现观念

体现观念是作文的内在需要。观念是人们在长期生产和生活实践中形成的对事物的综合认识。作文必须体现观念，而且必须是符合社会长远发展需要和学生成长需要的观念，通过作文也必须培养学生有价值的观念，这是教育的根本诉求。所以基础教育课程改革就将"情感态度和价值观"作为语文课程三维目标中的一维体现了出来，而且还应该是最重要的一维。价值观是观念的一种，也是最重要的一种。对学生进行价值观的教育就是培养学生最高尚、最积极的观念。

通过作文塑造学生的观念是语文教育的最高要求，也是最现实的需要。观念的基础是情感，正确观念的养成必须以纯真的情感做铺垫。

写作就是用文字来阐述思想情感，以实现与他人沟通交流的目标。因此，个体的自我意识是写作的前提和基础。自我意识是人对个体身心状态以及与客观世界的关系的认识，体现在思维、情感和意志三个方面。如果一个人都没有感觉到有别于他人的存在，没有体现出异于他人的情感观念，没有体现出独到的思维品质，那么，写出来的作文就只能是空洞的口号和虚假的感慨。

塑造多样化的思想观念，但不是唯一的道德灌输，这是作文必须体现观念的本质内涵。塑造多样化的思想观念需要提供多样化的选择机会。每次选择都意味着不一样的人生。选择的机会越大，对人的思维创新能力和情感张力的要求就越高。显然，这样的作文对思维创新能力和情感态度的要求也越高，也就越能体现学生的思维创新能力和情感态度。

（三）阐述文化

文化是民族的血脉，是在社会历史实践过程中所创造的物质财富和精神财富的总和，它包含一系列共同遵守的价值观念和行为准则。

共同文化是维系民族存在和发展的精神纽带，具有凝聚民族的支配意义，为民族成员所认同、遵循和依托。文化传承是文化的内在属性，是人类社会不断发展的内在要求。通过文化传承，从而实现文化生产与再生产，使民族文化的精神维系化作自觉、持久而稳定的民族认同感和内聚力。

教育是文化的生命机制。正是在教育的作用下，文化才得以产生、保存和积淀，才得以弘扬、创造和发展，从而使一代一代中华儿女不断地获得民族文化的洗礼和熏陶。所以《普通高中语文课程标准》指出："使学生受到优秀文化的熏陶，塑造热爱祖国和中华文明、献身人类进步事业的精神品格，形成健康美好的情感和奋发向上的人生态度。"凸显文化的民族性，体现文化的世界性，吸收世界优秀文化，促进民族文化发扬光大，这为文化全球化时代中华民族文化的承传和发展提出了现实而紧迫的任务。教育，特别是语文教育，无疑应该成为完成这一任务的主力军。

文字是文化的载体，思想情感和价值观念是文化的内蕴，这二者都体现了文化的内在特质。作文，就是通过文字来表达思想情感和价值观念，无疑具有浓厚的文化性。实现作文阐述文化的要求，就是要在作文中突显浑厚的文化底蕴、深刻的文化认知、丰富的文化精神和高尚的文化品位。

从阐述文化的角度来审视作文的高下，最核心的指标就在于理性思辨的有无。借助于概念、判断和推理等形式来认识现实事物或历史事实的本质特征和内在规律，通过理性思辨精神阐述文化的独特性和统一性、历史性和现实性、逻辑性和情感性，从而凸显文化的逻辑思辨力和理性判断力。从贴近生活，到体现观念，再到阐述文化，从而凸显理性思辨精神，这是写作能力提升的现实路径。

第七章 语文教学思维创新能力培养的实践策略

中小学各学科都需要运用思维创新能力,而语文学科依托语言能力与思维创新能力密切相关的优势,培养思维创新能力的效果最为显著。所以要重点把握语文教学对听说读写能力的训练,提升学生的思维创新能力。语文教学将阅读与写作、课内与课外相联系,使学生思维得到横向和纵向的延伸,思维创新能力才能真正得到释放。

第一节 语文教学思维创新能力培养环境的创设

要系统持续地开展培养语文教学思维创新能力的活动,需要多方合力营造良好的培养环境氛围。具体来说包括以尊重个性为出发点的自主学习氛围,促进共同进步的合作探究氛围,实现合理发展的积极创新氛围。

一、创建尊重个性的自主学习氛围

每个中小学生的大脑都是一个独立的思维系统,体现思维创新能力的形式也多不相同。要有效地发展思维创新能力,应该改变吸收式的教学观。社会要实现各领域的繁荣发展,就不能抑制学生个性化的发展。个性化意味着要正视个体之间的差异性,并且尊重学生的个性。华国栋在《差异教学论》

一书中提出在教育教学中要从性格、兴趣和能力三个方面分析学生的差异。皮连生认为个性差异是指"人格特征在个体之间所形成的不同品质"。他认为人格（个性）差异是一个相对宽泛的概念，人与人之间身体上、认识及情感方面的差异都被包括其中。依据上述观点与教学实践，可以看出年龄和智力相当的学生个性主要存在性格、能力、兴趣和认知等心理层面的差异。教学中语文教学教师应时时刻刻体现出对每位学生的尊重、理解和信任，与学生平等交往，帮助学生树立自信心，启发鼓励学生大胆质疑。学生把自己的心得体会坦诚地告诉教师，积极诚恳地汲取教师的建议。这样师生就能够相互吸引，相互包容，全力投入到教学活动中。

二、营造共同进步的合作探究氛围

语文教学思维创新能力的形成不能仅靠一人之力。个人学习需要深入的探究能力，但是个人的探究往往带有片面性，所以合作探究就显得尤为重要了。阅读合作探究体现为教师指导学生的经验型探究和学生之间的互助型探究两种形式。

师生之间的探究产生了传统和新兴观点的碰撞，不是为了比较孰优孰劣，而是为了相互积极的影响。学生之间的探究是平等层面观点的交流，这种形式的探究可能存在内容的重合或者冲突，也可能互相补充。教师可以通过设置探究性的问题营造探究氛围，创设启发性的教学情境来调动学生的积极性，并组织学生之间以小组合作等形式展开讨论、分析和总结。思维水平较高的学生与水平较差的学生交流探讨，能够实现相互启发。语文教学课堂上应该合作探究，实现教学群体的共同进步。

三、构筑指向发展的积极创新氛围

思维创新能力的高层次体现是学生的创新能力和发展能力，因此要为培养语文教学思维创新能力提供积极创新氛围。创新与发展更多的是对学生精神层面的要求，而阅读教学对学生精神的熏陶是最深刻的。语文教学受到知识和情感的牵引，二者动静融合影响着学生的思维。为培养语文教学思维创新能力，积极创新环境应找准着力位置。首先要教学方式要创新，在阅读课堂上教师可以使用幽默风趣的语言和新颖的教学方法等；在课后开展丰富的课外阅读活动形式，让创新思想深入学生生活的方方面面。其次教学内容要创新，教师根据学情来确定教学的内容，适当的时机可以渗透为学科服务的新概念和新技术。最后积极进行阅读创新实践，将传统与新型的阅读形式结合。为了创设更好的培养环境，还需要学校、家庭和社会通力合作。

第二节　语文教学思维创新能力培养的文体教学策略

语文教学有规律可循，但要以科学深入地理解语文学科的内涵为前提。受应试教育的消极影响，学生并没有真正形成独立阅读和学习的能力。语文在各学科中所占的阅读比重最大，所以语文教学阅读教学在培养学生思维创新能力上承担了重要角色。

一、记叙文教学细化阅读，保持思维连贯

（一）明确记叙文培养思维创新能力的方向

记叙文以人、事、景和物为主要写作内容，分为写人记叙文、叙事记叙文和写景状物类记叙文。记叙文作品的共同点是文章中包含着思想情感，要体会其思想的深刻性必须学会阅读文本。所谓学无定法，思维创新能力就是让学生根据实际情况，做到即使没有现成的经验可以借鉴，也能从容自如地阅读。记叙文教学遵循由浅入深的顺序，指导学生做到通读全篇，细读人、事、景，品读思想。在记叙文教学中培养思维创新能力要细化阅读，保持思维连贯，提升思维创新能力的批判性、鉴赏性和创新性。

（二）自主阅读，注重整体把握和概括信息能力——以《羚羊木雕》教学片段为例

本篇课文的内容接近现实生活，围绕"羚羊木雕"展开的情节紧凑，吸引学生深入阅读。所以在进行课堂教学时，教师应该尽量让学生结合相似的生活情节阅读。学生能够深刻理解课文的人物形象，增强处理现实生活矛盾的能力。笔者与同组教师经过教研，明确本书的重点是对人物形象的分析和事件主题的探讨。

课前组织学生自读课文两遍，学生在熟悉课文框架的基础上，对人物和事件进行初步感知。这时的阅读是没有目标设定的，学生可以沉下心来，自觉地去阅读课文。自主阅读时学生的思维是自由的，学生的想象力和联想力也真正在发挥作用，也能够生成更多个性化的阅读理解。

师生对话片段：

师：首先我们来回答文中出现的人物有几个，彼此之间是什么关系呢？

生：六个。我、我的妈妈、爸爸、奶奶、万方还有万方的妈妈。

师：文中交代了一件什么事呢？

生：关于"羚羊木雕"的事。师：能不能再详细地描述一下？

生：我向万方要回羚羊木雕。

师：我为什么向万方要回羚羊木雕呢？

生：因为爸爸妈妈想我要回来。

生：是爸爸妈妈逼我要回来。

师：有同学用"逼"字，他是想告诉我们，爸爸妈妈的——

生（齐声）：态度。

师：很好。咱们一起来看看文中人物对这件事的态度吧！

在本课例中，可发现学生对文章整体的把握是比较好的，但是也存在一些细节的问题。尽管有了课前的预习阅读，但是在课堂伊始，还是应该给学生一个回顾课文的时间，这样才能保持学生思维的连贯性。在学生总结文章事件时，最开始的回答显示出了思维创新能力的反映层面。教师要求学生详细表述事件，能够锻炼其概括能力和表达能力。这时学生回答出"要回羚羊

木雕",经过了回忆情节、组织语言等过程而表达出来,体现了原始的整合能力。

很可惜的是,教师的追问到此就停止了。如果教师能进一步要求学生更完整地表述这件事,经过学生的思考后,会得出完整的答案"送出羚羊木雕—追问羚羊木雕—要回羚羊木雕"。这样学生能够清楚地把握文章的框架,顺利过渡到研读的环节。有序的思维活动是深化学生思维的重要方式。情节概括能力和语言表达能力需要长期的锻炼,这个过程中学生的思维创新能力也得到了提升。

（三）发散阅读,提升阅读思想力和思维创新力

在研读课文时,学生已经把握了作者的创作意图。进入再读环节,我们要获得文章的"读者意义",也就是自己对内容的看法。作者给了文章最初的生命,有人说文章从完成那一刻起就失去了生命,而学生通过思维创新能力感悟语言文字符号,能给文章第二次的生命。

二、说明文教学分解要素,整合思维材料

（一）把握说明文培养思维创新能力的方向

说明文的文体特点主要表现为内容的知识性、结构的逻辑性和语言的科学性,以上都是说明文所呈现的陈述性知识。阅读说明性的文章要从说明的对象、顺序和方法以及语言特色方面,领会作品中体现出来的科学精神和思想方法。说明文教学中将说明要素清晰地分解出来,再融合成丰富的思维材料,能有效提升学生思维创新能力的整合性、发散性和逻辑性。

（二）全面收集说明对象信息,提升思维创新能力的整合性

面对纷繁复杂的材料信息,学生一开始的思维肯定是无序的。梳理文章的层次需要找到全面的信息,并有效地进行收集和整合。在上文分析思维创新能力结构要素的时候,就已经提到了此阶段应该发挥阅读思考力的作用。

（三）感悟说明文语言，提升思维创新能力的发散性

说明文的语言特点分为平实性和生动性。受说明文的实用性功能影响，学生往往只注重对说明文语言的准确性和平实性的分析，而忽略其生动性。这会造成对说明文语言的片面性理解。说明文教学中有意识地矫正这个问题，可以打破错误的思维定势。

（四）理清说明顺序，增强思维创新能力的逻辑性和严密性

在说明文教学中信息整合能力很重要，在此基础上的文本理解才能更加透彻深入。在说明文中出现了大量的科学现象，这些都是说明对象的外在表现。说明文阅读需要结合说明现象深入科学内核。多数学生能够结合生活实际理解说明文中现象，做出常理性的归纳。但是要科学地认识其实质，需要我们透过表层去揭示其规律性，培养梳理说明结构的思维创新能力。

说明性文章除了向学生展示一般性的文体知识，也侧重对科学知识与方法的普及以及科学思想的熏陶作用。在阅读教学中，说明文经常因其说理性和平实性，而无法引起学生的学习兴趣。教师在初学说明文的阶段应该避开纯知识传授的方式。本环节教师由说明文新颖的结构形式入手，让学生能够"读下去""读进去"。随着阅读的深入学生逐渐发现这四个小标题不存在时间或者空间联系，而是按照"克隆的含义—相关实验—技术发展—价值及思考"的逻辑顺序展开。正因为说明文的结构顺序体现逻辑性，有利于培养学生理性的思维创新能力。

三、应用文教学对比迁移，转化思维成果

（一）应用文培养思维创新能力的方向

应用文是在社会生活实践中形成的一种文体，协助人们的生活、学习和工作事务。随着社会分工的细化，应用文被赋予的功能也越来越多，在社会生活的各领域发挥着作用。语文教学目前常见的应用文包括书信、启事、便条、申请书和倡议书等形式。在应用文教学中主要培养中小学生的实用性思

维创新能力，提升思维的灵活性和积极性。

（二）应用文培养思维创新能力的课例分析——以启事的教学为例

针对应用文主题的明确性、语言的规范性和格式的固定性，明确启事的作用、类型及格式。启事的结构一般包括启事的标题、具体内容及尾部的署名与日期。

第一步：将不同等级的启事例文对比阅读，以提升学生的阅读思辨能力。在应用文教学中，先要给学生提供优秀的写作范文，因为对于初学者来说需要有一个参照的标准。同时也要将错误的写作例子呈现给学生，作为补充的教学资源让他们吸取教训，避免出现类似的错误。

教师可在课前布置了解启事知识和阅读范文的预习作业。课堂教学时首先在投影仪展示启事实例，要求学生认真阅读与观察。学生比照启事写作的相关要求后，发现第一篇没有问题。接着教师继续展示下一篇，结合之前对启事文体知识的初步预习，部分学生能指出一些格式和语言上的错误。紧接着屏幕又交叉展示了更多的正反面作品实例，大多数学生结合前面的分析，能逐渐准确地辨别例文中的错误。最后教师可让学生回顾整理本节课所掌握的知识内容，并提醒学生在今后的启事写作中应注意的事项，比如落款和时间的位置错误是常见的。

本课时通过分析比较正面和反面的文本实例，学生明确了正确的思维方向。应用文的教学内容虽然不具有较强的吸引力，但只要结合学生思维兴趣点合理引导，也能有效地锻炼思维的敏捷性、灵活性。挑错误环节的设置让学生产生了自我成就感，极大地调动了学生的思维积极性。

第二步：参与写作启事的实践，结合生活和学习培养学生思维的迁移能力。应用文的主要功能就是为社会生活服务。在课堂锻炼学生的应用文写作能力，可以将学生的思维创新能力与写作思维创新能力顺利链接。通过课堂阅读教学和阅读相关例文，学生可以获得启事的写作知识和写作能力。启事在学生的日常生活中比较常见，所以也容易就地取材地展开训练。

首先，教师交代启事背景为某同学捡到东西，想请同学们帮忙拟写一则招领启事告知失主。接着教师要求学生按照启事的规范格式，合作讨论该启事应包括的内容要素。学生们边讨论边做记录，五分钟后各小组派代表发言。（教师板书学生的发言内容）其中有同学指出，启事中简要列出捡到的物品名称即可，对证件号码和财物数目等不能详写，以防止冒领。该观点得到了同学们的一致认同。

之后师生整理发言内容，得出启事包括标题、正文要出现捡到物品的时间、地点、捡到的物品（注意不能详写），落款注明启事者的联系方式和发文时间。最后教师要求大家当堂完成本则启事，由小组成员推荐优秀的学生作品进行展示。

本环节教师为学生提供的启事写作背景在生活中较为常见，学生能结合以前的阅读经验形成初步的启事写作思维。这种亲身实践的写作，能训练学生进行积极地思维，整合阅读信息转化为文字表达能力。

语文阅读的过程本身伴随着思维，语文教学对学生思维创新能力的培养是最切实的。语文教学几种常见文体教学内容既相互独立也存在着交叉，需要培养而且能够培养多种形式的思维创新能力。

第三节　语文教学思维创新能力培养的评价策略

语文教学学科的教学评价结合语文教学模式制定，是检测教学成果的主要方式。近年来随着对学生课堂地位的关注，教学评价更加关注学生情感与智力的协调性发展。出于语文教学思维创新能力培养的现实需要，相关的教学评价体系也应建立起来。语文教学评价现状是评价形式在不断增加，但是实际使用却呈现单一化和传统化。单一传统的教学评价形式会造成评价结果出现不公平的现象，进而影响中小学生学习语文的积极性。因此培养中小学思维创新能力的教学评价要体现公正性、全面性与灵活性，做到评价依据的合理化、评价内容的针对性和评价方式的多样性。

一、评价依据要合理化

教学评价主要依据学生的课堂表现、课下反馈练习和考试成绩等。学生在课堂上的表现主要是听课的专注程度，对教师问题的反应速度，课堂笔记的条理性和完整度以及与同学之间的合作探讨等。这些表现都需要在教学过程及时评价，所以教师要认真观察学生的课堂反应。当课堂在某一环节学生出现困惑的学习状态时，应及时调整教学思路适应学生的思维。对课堂表现专注的同学提出言语上或者奖状等书面性质的表扬，对课堂表现异常的学生要详细了解原因再深入交流。课下反馈是对课上学习情况的摸查，教师可以采用谈话的方式了解学生的学习进展，也可以发放限时训练，并及时批阅反馈给学生。目前对学生阶段性的教学评价主要是依据考试成绩。考试面向学生体现公正性，但也不能排除中途出现意外而影响成绩的情况。所以还应该结合学生近期课堂学习的表现、其他学科教师的反馈、学生家长和同学的意见对其做出合理评价。

二、评价内容要有针对性

语文学科随着课程改革也在更新着教学的内容，因此对学生的教学评价内容不断调整。不同阶段学生思维水平呈现不同的特点，评价的内容也要具有针对性。让评价者和被评价者能根据评价内容，清楚地了解中小学生语文学习发展状态。中小学阶段的学生处在思维发展的有利时期，心理学家通过对学生运算能力的发展研究得出，中小学二年级是逻辑思维由经验型向理论型的过渡期，此时评价内容主要是集中于学生思维的抽象性发展。对学生的评价内容在全面的基础上，一定要有所侧重。首先是学生基本学习任务的完成情况，这时评价的内容要求一致，以实现学科基础的全面夯实。其次在能力提升阶段，对学生学习的优势部分要做出鼓励性评价，薄弱部分也要适当做出引导性评价，实现突出所长，补足短板。最后还要注意对学生学习过程中的突出表现做正面评价，让学生肯定自己，建立自信心。

三、评价方式要多样化

教学评价按空间分为课中评价和课后评价。教师的课中评价方式又可以分成语言性的评价和非语言性的评价。在语文教学课堂上教师对学生进行的语言评价主要是鼓励和正面引导。如教师可以对经常发言的学生给予表扬，要求其他学生以积极发言的同学为榜样；对经常积极发言的学生在语言鼓励的基础上，可以做深入性的引导，增强其语文思维的深刻性和发散性。课堂上教师的非言语性评价主要是借助教师的面部表情和肢体语言实现。在学生发言内容精彩时，可以在结束后带动其他同学鼓掌，促使学生继续积极地发挥思维创新能力；在学生表述出现停顿时，应该适当等待学生思考，并以微笑和眼神鼓励其继续回答。教师对学生的评价是指导性的，还可以让同学之间展开互助性的评价，实现评价者和被评价者思维创新能力的互相影响。课外评价主要是通过测验和考试，对硬性的评价方式也存在着不同的意见。学生成长的评价应该从多角度考察，在成绩之外的品德、修养就无法通过答题的方式查看。借鉴目前出现一些新的评价形式，如建立成长档案、进行社会实践，都可以进行积极的评价尝试。

中小学生思维正处于形象思维向抽象思维过渡的关键时期，语文教师在教学中营造良好的培养氛围，采取合理的教学手段和评价方式，能极大地促进学生的思维创新能力发展。

第八章　语文教学与文学艺术思维

第一节　艺术思维的概述

一、艺术思维的概念

所谓艺术思维，具体地来说，就是通过创造具体生动的形象来反映社会生活和自然环境，并以美的感染力具体影响人的思想感情和社会生活的一种对世界的艺术掌握的特殊方式的思维活动。

严格地来说，艺术思维属于"审美—艺术思维"。也就是说，艺术思维实际上就是审美思维。审美思维，实际上就是人类艺术形式化观念形成的一个标志。这种审美思维的产生，"只有当人类的智力发展到一定水平时，艺术作为一种社会现象才能产生出来。"也就是说，人类具有了形式化观念，他才具备了审美思维的能力，在这种思维的引导下，才能创造出具有真正艺术价值的艺术作品，"而且在艺术创造的思维方式上也明显地打上了一种形式化的印记"。

尽管原始人创造的艺术不能和我们今天的艺术作品相比较，尽管实用的目的还比较明显，但它是人类艺术思维产生的必不可少的阶段。

艺术作为审美的对象，艺术成为审美的对象，取决于人类审美思维的成熟。如前所述，真正意义上的审美思维必须具备的条件首先就是形式化思维的成熟。

原始思维也不同于文明人类的思维，它具有非理智性、非逻辑性和意象性等特征。原始人把物质生产和精神生产合而为一,所以他们的时代就不可能生产出真正意义上具有纯审美性质的艺术品。因此,艺术思维的真正产生是在原始社会瓦解、人类文明产生的历史条件下发生的。

二、艺术思维的特征

艺术思维有两个主要特征:第一个特征就是具有形象性和典型性。艺术是依靠形象(色、声、形、情等形象)的美来表现人们对社会生活的理解、情感、愿望和意志的,它按照审美的原则来把握、再现生动具体的社会生活,并用美的感染力来具体地影响社会生活。因此,艺术家在创作的时候,首先要考虑形象问题。如唐代诗人中,李白的《黄鹤楼送孟浩然之广陵》一诗,写别情就用了"孤帆远影碧空尽,唯见长江天际流"的诗句,把别时景象有感于心者形象地写出,可谓情景交融;再如他的《劳劳亭》诗云:"天下伤心处,劳劳送客亭。春风知别苦,不遣柳条青。"借春风有情来写离别之苦,说春风吹过而柳色未青,似乎有意不让人折柳枝送别。含情于中,形象生动。韦应物的《登楼寄王卿》诗:"踏阁攀林恨不同,楚云沧海思无穷。数家砧杵秋山下,一郡荆榛寒雨中。"这也是通过对自然景物形象描写而抒发诗人居官自愧之情,读后令人似亲临其境。

艺术思维的生命力还在于它的典型性。艺术思维的典型不是某些个别具体事物的简单再现,而是概括和综合了客观事物和社会事物中的某些或某方面本质的东西。艺术形象越是典型,概括的范围就越是广泛,它的教育意义也就越大、越普遍。因此,艺术思维不同于道德思维和政治思维。我们评价艺术只能用美学标准,而不能简单地用道德标准或政治标准。

艺术思维的第二个特征是独创性与普遍性。美国当代著名美学家 H.闵斯特堡在《艺术教育原理》一书中曾经指出,科学的特征是关联,艺术的特性是孤立。艺术家是以孤立的心灵去观照对象,从而将对象从诸多联系中孤立出来。因此,艺术作品一经形成就不会有任何重复。具有独创性的艺术作品只有在"群籁虽参差,适我无非新"的生命体悟中才能获得。正如叶燮所说:"可言之理人人能言之,又安在诗人之言之;可证之事人人能述之,又安在诗人之述之；必有不可言之理，不可述之事，遇之于默会意象之表而理与事不灿然于前者也。"

艺术思维同时还需要有普遍性，也就是要做到"人人胸中所有，人人笔下所无"。艺术必须具有"群体功能"和普遍可传达性，要能够"以一性一情周人情物理之变"。黑格尔曾说过，艺术是各民族最早的教师。艺术之所以对人具有普遍教育作用，不仅因为它在人类初期曾作为传授劳动经验、培养劳动技能的有效工具，而且还因为它能给人以美的享受、容易为人们所接受。艺术作为意识形态上层建筑，它的作用就在于为一定的经济基础服务。一般来说反映先进的阶级和社会势力要求并为适应生产力发展要求的经济基础服务的艺术思维，必定对社会发展起到积极的推动作用；反之，则对社会发展起消极阻碍作用。社会主义艺术要求革命的思想内容和尽可能完美的艺术形式的统一，坚持艺术为人民服务、为社会主义服务的方向。但是，艺术思维具有历史继承性和人类共享性，所以，诸如莎士比亚的戏剧、歌德的诗、托尔斯泰和曹雪芹的小说、鲁迅的杂文等，都是全人类的精神财富和不朽的文化遗产，它们都具有永久的生命力。

三、思维与语言关系密切

只有人类才具有思维能力，人类的思维究竟起源于何时，至今尚无定论。不过，一般认为，"人类的思维运动迄今已越过了 300 万年的历史长河"。

思维虽然与环境、与实用的行动有关，但我们更不应当忽视的就是思维与语言的关系。劳动和语言相结合，既是人类起源和演化的推动力，更是由猿脑变人脑的原动力和人类思维起源的催化剂。思维与语言关系密切，这是中外考古学家和心理学家都肯定的一个事实。

语言对人类的发展关系巨大，连达尔文也认为，动物也有语言。既然如此，在这里，我们就有必要将人类的语言和动物的所谓语言区别开来。

譬如黑猩猩所谓的思维就始终停留在"前语言阶段"。事实上，黑猩猩连最起码的文化发展也无法达到。有些动物虽然也有手势语，但它们只是处在"情感性表达"和"社会情绪"的阶段。而人与动物的关键区别就在于人既有主观性表达，更有客观性表达，然而，在动物的各种活动中，没有证据表明动物达到了这个客观表述的阶段。

因此，我们可以断定，"动物并不具备人类那种成熟的语言形式，但动物之间在进行情绪活动、智力活动、交往活动时存在着一种'信号'的活动方式，这可以看作是动物的语言。"因此，"自然环境中的动物的'语言'当然并不具备人类思维的特点和人类社会交往的属性"。

"思维发展受制于语言"，这已经是一个无可争辩的事实。可以说，"没有语言，人就没有理性；而没有理性，也就没有语言"。没有语言，也就没有完整的思维了。因此，语言的形成与发展对人类思维来说就至关重要。可以说，人类是我们目前所知的"唯一使用语言的动物"，并且正是靠语言区别于其他所有动物。正是由于语言的缘故，正是由于意象思维的形成与发展，人类思维才逐渐形成，最终达到了能够表述自然、社会以及内心世界的一切领域，甚至最终能够审美地表现自然、社会和人生，这正是由于语言的伟大奠基。

第二节　文学中的艺术思维类型

一、诗歌思维

诗歌艺术思维最突出的特点就是想象。当一个人感情异常丰富时，他就会浮想联翩，要充分表达情感就要展开想象。想象是诗人情感抒发的最得力的工具。雪莱说："诗可以解作'想象的表现'。"诗人在创作诗歌时，思维异常活跃，感情也极为强烈，想象使诗歌更富有鲜明、生动的色彩。因此，活跃的想象造就了诗歌多种多样的表现手法。像李白的《将进酒》中的"黄河之水天上来"《蜀道难》中的"蜀道之难难于上青天"，这些夸张手法的出现与想象是密不可分的。只有想象思维完全开启之后，诗人才有可能完全投入到诗歌情景中去，从而创造出富有想象、夸张色彩的诗句。实际上，比喻往往就是实质上的想象与夸张,像苏轼的"欲把西湖比西子,淡妆浓抹总相宜",诗人就是运用比喻手法,传神地写出了西子湖的美丽。可以说,奇妙的想象造就了奇妙的比喻。

想象思维不仅创造了诗歌中多种多样的写作手法,而且为诗歌增添了无穷的想象力,使诗歌富有意境美。

想象还是诗人概括与综合的基础。如杜甫的"朱门酒肉臭,路有冻死骨",就写出了人人所见之事,但却道出了他人所不能言的寓意。强烈的对比,正是非凡想象的结果,从而深刻地揭示了冷酷的社会现实,抒发了诗人对社会不公平的强烈不满。

因此,诗歌思维的主要核心是想象,它是诗歌思维的主要特点和出发点。

二、散文思维

散文的最大特点就是"形散而神聚"。因此,散文思维的出发点就是在表面的漫不经心中表现灵魂的聚焦。

抒情散文是一种通过描述某一事情的片段、某一人物的侧面、某一特定的自然景物来侧重抒发作者对生活的激情和感受的散文。因此,创作抒情散文时,作者往往托物言志,千方百计把自己的思想感情渗透到所描写的客观事物中去,使自己的本质力量对象化,把自然人化,或把自己自然化,使主观的"情"与客观的"物"融为一体,不可分离,难辨主客,从而创造出诗的意境。抒情散文就是凭借它优美的意境来感染人的。

作家在创作议论性散文时,其思维侧重点往往不在"情",而在"理"。要将政论性与文艺性紧密结合,就要求作家在创作时其思维要有严密的推理、合乎逻辑的判断以及令人信服的论据。作家要通过作品摆出足以支撑论点的事实材料,经过判断、推理、论证,最后得出结论。这是议论性散文的一个重要的思维特点。

在叙事性散文中,报告文学所占的比重较大。因为这种文学形式能够迅速而及时报道社会生活中的重大事件和群众关心的事情。如约翰·里德的《震撼世界的十月》、夏衍的《包身工》等。报告文学所选取的材料一般都具有普遍的社会意义，并且通过作者的分析、议论，能够敏锐地提出并回答现实生活中的重大问题。并充分运用文学手段，对素材进行选择、取舍和艺术加工，在真人真事的前提下塑造形象和典型。在思维过程中，作家要明确热情歌颂新事物。可以叙议结合，可以声情并茂。把议论和抒情很好地结合起来。

综上所述，无论哪种类型的散文，都具有"形散神聚"的特点。

所以散文家在创作活动中，其思维重心就在于放纵思想自由驰骋的同时，还要主题集中，用中心思想这条红线串起生活的珍珠。

三、小说思维

所谓小说思维，就是以创造典型形象为基本任务，以人物为中心组织情节、细节，以叙述、描写为主要方法的艺术思维活动。一部小说成功的标志，就是应该有一个或者多个能够站立起来的人物形象。《三国演义》《水浒传》《西游记》《红楼梦》《安娜·卡列尼娜》《红与黑》等古今中外优秀小说，都有几个甚至几十个不朽的文学典型。

小说构思的中心，就是要使人物站立起来、行动起来。而能够站立起来、行动起来的人物一般必定是性格鲜明的、活灵活现的。孕育人物，最重要的是确定人物性格。人物性格应该从他活动的环境中多方面地去展开。人物性格既要有确定的一面，又应该有不确定的一面。这样，就能够做到人物性格既鲜明又丰富，更有利于围绕人物性格来组织情节。情节实质上就是人物性格的发展史，也是人物关系的发展史。人物关系就是典型环境，就是主要人物、次要人物相互间的关系。一切自然的、社会的生活场景的描写，都要服从创造人物的需要。情节的重点需要鲜明、生动的细节描写。人物性格往往是从典型的突出的细节中得到表现的。如中国古典名著《儒林外史》中描写严贡生临死的时候，为了油盏里点了两根灯芯，从而伸出两个指头久久不能咽气。这一细节就很典型，因为它突出地表现了人物的吝啬性格。

人物性格，既要从行动中去显现，又要从心理上去刻画。即使是着重描写人物心理的小说，也仍然要展现人物的行动、人物对现实的态度。因为人物心理归根结底是人的现实活动的反映。现代小说在表现方法上有很多发展，如意识流小说,它打破现实生活的顺序,而以人物的意识活动为轨迹顺序,尽管如此,也仍然要写出人物的现实活动。否则这种意识就会失去历史的内容,变得不可理解。一般地说,中、长篇小说人物性格有一个形成的过程,而短篇小说由于篇幅的限制,一般只能截取生活的横断面,而不可能纵向地描写生活。

第三节 语文教学艺术与学生艺术思维的培养

一、语文教学中的艺术

(一)艺术与教学艺术

艺术,是个含义复杂的词语,包括以下意义:第一,泛指人类活动的技艺,包括一切非天然的人工制品;第二,指各种艺术创作活动;第三,专指美术、音乐、舞蹈、戏剧、文学等专供观赏的艺术作品。艺术不是自然之物,也不是一般的人工制品。它是人类发展的一种本质因素——创造力的体现,无创造性的活动都不在艺术的范畴。除此以外,艺术还具有形象性。艺术的另一个明显特征是作用于人的情感,与情感无关的行为、作品,都不能称为艺术。无论是宽泛的实用艺术,还是纯粹的欣赏艺术,创造性、形象性与情感性是艺术的共性。

最早提出教学艺术这一概念的是捷克教育家夸美纽斯。他于1632年写成世界上第一部以教学论命名的巨著《大教学论》,这本书的出版标志着教育成为一门科学。在这本书的卷首语"致意读者"中,夸美纽斯明确阐述了写作宗旨:"教学论是指教学的艺术。……我们敢于应许一种'大教学论',就是一种把一切事物教给一切人类的全部艺术,……是一种教得彻底、不肤浅、不铺张,却能使人获得真实的知识、高尚的行谊和最深刻的虔信的艺术。"

此后,许多教育家都对教育是科学也是艺术做了阐述,认为教学活动是一种艺术,其理由有三点:教学活动是一种创造行为;教学活动是一种作用于人的精神和情感领域的活动；教学活动本身具有审美价值。做到了这三点，必定会取得理想的教学效果。教学艺术是一种高水准的教学境界，并非一切教学活动都具有艺术性。教学艺术是一种符合教学规律的，具有创造性、情感性与审美功能的教学活动方式。

（二）创造教学艺术的途径

因为教学艺术是富有情感的活动，是一个有序的完整结构，是师生创造精神的外化，所以要实现教学艺术化，必须注意情感、知识与方法这三个方面。

1.教学是善待学生的艺术

所谓教学艺术，首先不是教材处理、教法选择方面的技术，而是教师善待各种各样学生的良好心态。教育的本质在于使人性得到充分的发展与完善，要实现这一目的，就要求教师一定要爱学生。教师对学生的爱意、善意在教学过程中，会自然流露出来。这种发自内心的情感，在教学中会化为和谐的氛围。

2.教学艺术是科学地把握教学内容的过程

教学艺术的创造是为了使受教育者在一种艺术化的氛围中接受教育，使教学能够最大限度地发挥作用，使学生的性格得到最充分的发展。教学艺术的主体部分是传授知识的艺术。离开了教学内容，教学艺术就失去了存在的价值。准确地把握教学要点，透彻地理解教学内容，广泛地收集教学材料，熟练地驾驭教学过程，是进行教学艺术创造的基础。

3.教学艺术是灵活而巧妙地运用教学方法的智慧

教学艺术就其本质而言和其他艺术形式一样，是以富有创造性的方法营造一种使人愉悦的氛围，在视听空间具有具体性、生动性、趣味性和启发性。教学的艺术能够使学生在教学的全过程中始终保持良好的心态和旺盛的学习热情，能取得良好的学习效果。教学艺术离不开对教学方法的创造性运用，一般的教学方法必须升华，才能化为教学艺术手法。

二、语文教学艺术的特征

语文教学艺术是教学艺术的一个门类，它是对学生进行言语教育与文学教育的艺术性活动，具有其自身固有的特征。

（一）不因循守旧，显示创造美

1.创造性地把握语文教学内容

语文教学艺术强调创造性地把握教学内容是由学科的丰富的人文性决定的。语文教学内容共有三大块：语言、言语、文学。语文能力训练的任务总共五项：思、听、说、读、写能力的培养。语文教材的内容富有文学性，语文课外活动丰富多彩。将多种教学内容融会贯通，巧妙组合，是对语文教学内容的再创造。

2.语文教学过程的创造性设计

语文教学过程有其常式，如果教师只用常式而不能根据学生、教材的具体情况设计出科学的、新颖的教学过程，教学就失去了艺术性。例如，很多语文教师讲课文只用一个程序：介绍作家、作品、背景材料，分段、总结段落大意，概括主题和写作特点。这个程序是较为完整、可行的教学模式，但是不能年年月月地用下去。阅读教学的程序必须有变化。语文教学过程的富有创造性的设计，是语文教学艺术创造的重要方面。

3.语文教学方法的创造性应用

有很多使用频率很高的教学方法，都可以升华为艺术。艺术化的教学方法有两个主要特征：巧妙、灵活。因为，创造性地运用教学方法本身就是一种艺术活动。

（二）注重整体性，形成结构美

系统论美学认为：艺术、人类的审美活动，以及一个民族的文化的全部内容是一个整体，其中各种因素都处于一个完整的系统之中，因此分析事物应该遵循整体性、有机性、有序性、普遍性的原则，认识艺术现象和审美活动应该注意各个部分的相互作用及其之间的关系。在语文教学中，要求教师从教学设计到施教的过程，要从整体着眼，从整体与部分、整体与环境的相互关系中认识、把握教学的规律。由于语文教材本身的整体性、综合性很强，尤其是课文的内容与形式是一个不可分割的有机的整体，所以语文教学艺术的完整性较其他课程更明显。

夸美纽斯在《大教学论》中指出：要把艺术与科学当作百科全书式的整体去教，如果不这样，知识对学生来说就会变成一堆木头，结果是弄得这些学生领会这件事实，那些学生领会了别的事实，谁也没有得到一种周全的教育。我们应该牢记先哲的教诲，善于把一节课的内容同单元的教学内容联系起来。把本单元的内容与更长时间段的内容联系起来，从而使语文学科内容的整体性凸显出来，使语文教学的各个环节不能脱节或矛盾而顾此失彼。教学论从它诞生时起就强调的教学整体性原则，在现代语文教育中应该得到进一步的发扬。

（三）重视简洁性，体现形式美

艺术家和科学家都认为简单是美的。高尔基说："没有什么比简单的自然更纯真更高雅的了。"教学艺术体现出的简单，其要素是教学思想的集中、明了和教学方法的简明、自然。教学过程中师生紧紧围绕一个中心，重点、要点突出，一切都进行得自然、妥当，水到渠成。在教学过程中，内容应该简明扼要，语言应当简洁凝练，板书应该简约明了，一切都做得干净、利落，给人以美感。简洁是教学艺术形式美的核心要素。

（四）讲求节奏性，构成旋律美

课堂教学如同演奏交响乐，有张有弛，有疏有密，从而形成音乐的节奏美。上课伊始，设计一段清新的导语，如同音乐篇章的序曲，将学生的注意力抓住，明确意向，打通思路。接着应该加重负荷，增大密度，趁着学生有兴致，可由读到讲，或由问到答，展开教学的中心内容。这样持续二十几分钟，教学任务会完成大半。然后继之以短时间的舒以品味，疏以润神。接着便应该进入概括、总结、练习、留作业阶段。

三、语文教学中学生艺术思维的培养

新课程标准下，对培养学生的艺术思维和艺术能力提出了新的要求。在语文教学中，注重对学生艺术思维的培养，不仅有利于加深学生对文学作品内容的理解，帮助学生与作者形成情感上的共鸣，提高语文的学习效率，而且能够帮助学生形成正确的审美价值，培养高尚的艺术情趣。

（一）培养学生的想象能力，实现语言的画面转化

想象力是人类社会进步和发展的重要推动要素。在语文教学中，教师应让学生根据自己的生活实际经验对课文内容展开想象，在头脑中形成生动形象的画面。如，在教学朱自清的《荷塘月色》时，教师应引导学生抓住课文中的关键词句，例如"舞女的裙""零星地点缀的白花""月光如流水""袅娜地开着""羞涩地打着朵儿""像笼着轻纱的梦""远处高楼渺茫的歌声"等描写景色的句子，让学生运用丰富的想象力，把这些景物有机地融合成一幅荷塘月色图，把作者所描绘的景象与作者的写作背景和生活经历联系起来，体会作者表达的情感。在教学杜甫的《茅屋为秋风所破歌》时，教师可以引导学生抓住从"床头屋漏无干处"到"长夜沾湿何由彻"四句诗，从眼前之景和心中所想之景两个角度展开想象，体会作者忧国忧民的思想。

（二）激发学生的情感活动，体会作品的思想感情

情感活动是艺术表达的第一要义和最终目的，情感表达不仅是文学艺术作品的核心所在，也是语文教学的主要内容。许多优秀的文学艺术作品都凝结着作者的思想感情。例如，《紫藤萝瀑布》描绘了美丽动人的紫藤萝，激发了学生对大自然的喜爱之情；《风筝》表达了作者对童真童趣的歌颂，激发了学生对孩童时代的回忆。文学作品中不仅有许多鲜明生动的人物形象，如爱国科学家邓稼先、勇敢机智的小英雄雨来、俗世奇人泥人张等。在语文课堂教学中通过分析这些人物的形象，能够深入激发学生的情感活动，使其与作者共鸣。

（三）加强学生的移情训练，培养学生的艺术思维

一般来说，移情指的是情感的生发主体，也就是人，从自身的主观感受出发，为本没有情感的客观事物赋予感情，使它有思想、有情感，是人将自

身的感情转移到客观事物上的一种修辞手段。在文学作品中比较常见。运用移情的首次手段，可以将作者的主观情感与外界的客观事物有机地融合在一起，是一种含蓄、委婉的情绪表达方式，达到寓情于景、情景交融的境界，不仅可以丰富文学作品的写作内容，而且可以让读者有身临其境的感受，能够加深读者对文学作品的印象，帮助读者更加深刻地理解作品内容和其中所表达的情感。例如，分析杜甫《月夜忆舍弟》中"露从今日白，月是故乡明"这一句诗，结合诗人颠沛流离的生活经历，作者把自己的思想情绪转移到露水和月色上，表达了作者对故乡的浓浓思念。

  移情通常有三种主要的表现手法，分别是：比喻、拟人、夸张。比喻是指作者结合生活实际，用与甲物具有相似性的乙物来说明和描述甲物，例如朱自清《荷塘月色》中写道"叶子出水很高，像亭亭的舞女的裙"，就是抓住了荷叶和舞女裙摆形状的相似之处，生动形象地描绘了荷叶舒展的状态。分析《紫藤萝瀑布》中"紫色的大条幅上，泛着点点银光，就像迸溅的水花"，将紫藤萝比作大条幅，将阳光的辉映比作晶莹的水花。通过这种表现手法，生动形象地描绘了阳光下的紫藤萝的美好姿态，让学生能够体会到大自然的美好和神奇，促进生发出对自然的向往和热爱。拟人是指作者赋予本没有生命的物体以生命，仿佛它是具有生命、具有情感的。例如，秦观在《春日》中写道："有情芍药含春泪，无力蔷薇卧晓枝。"为蔷薇和芍药赋予了人的生命，将雨后芍药和蔷薇的形态描写得别具情味。又例如，朱自清《春》中开篇写道："盼望着，盼望着，东风来了，春天的脚步近了。"为春天赋予了人的生命，"春天的脚步"生动地描绘了春之将近的喜悦心情。夸张是指在文学作品中，作者为达到某种写作效果，而对事物的形态、程度刻意地夸大或缩小的修辞方式。例如，李白"白发三千丈，缘愁似个长"，将白发夸张成有三千尺长，突出了"愁"的程度。

  因此，在语文教学中，教师应该注重学生对移情这一修辞手法的理解和感悟，帮助学生形成系统的艺术思维。例如，教师可以组织学生参加丰富多样的课外实践活动，让学生走出课堂，去体验生活中的万事万物，让学生结合自己的实际生活经验体会和感受蕴含在生活和自然中的艺术魅力，为学生语文学习营造轻松愉快的学习氛围。

第九章 汉语言文学的发展研究

第一节 汉语言文学特征及表现形式

一、汉语言文学的特征

文化是国家、民族、社会有序可持续发展的根本动力,脱离文化规范的任何发展形势都是危险的。汉语言文学作为中华传统文化的重要载体,承担着重要的历史使命。纵观汉语言文学的发展历程,其主要特征为以下三点:

(一)丰富的体裁

汉语言文学历经千年的发展,涌现出丰富多样的体裁。古代的汉语言文学主要包含诗歌、楚辞、乐府、词、赋、散文。在近代出现了更多的文学体裁,其与古代文学体裁相比更加多样化、内涵化以及贴近社会,主要包括新型诗歌、小说、戏剧、散文诗、电影文学。中国出现最早的诗歌集为《诗经》,其内容丰富,反映了周朝初期至周朝晚期之间的社会生活风貌。《诗经》的句式主要为四言,其修辞方法主要为重叠反复,反映了周朝诗歌的特色。在《诗经》之后兴起的诗体为楚辞和乐府。楚辞是在楚地民歌的基础上发展而起的,反映了楚地的风土人情,其典型代表人物为屈原。乐府作为叙事诗歌具有强烈的现实感,通过描述社会现实展现了当时的社会生活。随着朝代的更迭,诗歌的体裁也在不断丰富。唐朝的诗、宋朝的词、元朝的曲都丰富了汉语言文学的体裁。

（二）显著的阶段性

中国历史悠久，朝代更迭纷繁复杂。汉语言文学随着朝代变换也经历了起伏。不同的朝代发展出不同的文学内容，突出反映了当时的社会风貌和文风。古代诗歌的发展有两个最兴盛的时期，分别是周朝和唐朝。《诗经》主要成书于西周初年至春秋中叶，共收录了311篇诗歌，反映了爱情、战争、生活习俗等内容。唐诗的表现形式比《诗经》更加多样化，主要为五言和七言。唐诗作为中华民族的宝贵遗产，对世人研究唐代的经济、生活具有重要的参考价值。唐诗在发展中也涌现出多种派别，主要为山水田园诗派、边塞诗派、浪漫诗派、现实诗派。每种诗派侧重描写不同的内容，表达了作者不同的思想感情。随着唐朝的衰败，汉语言文学的体裁逐渐变化。到宋朝时，宋词开始兴起，其是宋代文学的最高成就。宋词是汉语言文学中璀璨的明珠，其代表人物有苏轼、辛弃疾、柳永、李清照。宋词之后，汉语言文学中相继出现了元朝的戏曲以及明清时代的小说。无论是唐诗、宋词、元曲、明清小说均与朝代的更迭有着莫大的关联，同时也反映了汉语言文学发展的阶段性。随着朝代的起起落落，汉语言文学的体裁也在逐渐改变。

（三）独特的文学流派

文学作品寄托了作者丰富的思想感情，反映了作者内心的思绪。在唐诗兴盛的年代，王维、孟浩然的诗作主要描写绿水、青山、隐士，风格恬静淡雅，其向往田园诗意般的生活，被称为山水田园诗派。高适、岑参、王昌龄等主要描写边塞生活、风景、战争，被称为边塞诗派。在宋朝，柳永、李清照等描写的词主要侧重儿女情长，表现诗人的柔婉之美，被称为婉约派。苏轼、辛弃疾的作品用词宏博，气势恢宏，被称为豪放派。在古代文学的发展中，文学流派引领了时代的潮流，进一步推动了汉语言文学的发展。由此可见，在每个时代，文学流派均对当时的汉语言文学发展起到了极大的推动，为汉语言文学的繁荣作出了巨大贡献。

二、汉语言文学的表现形式

汉语言文学博大精深，是中华传统文化的瑰宝。在数千年的发展历程中，汉语言文学发展出了多种风格迥异的表现形式，其主要为诗歌、散文、小说、戏剧、报告文学等。诗歌朗朗上口，饱含真情，立意新颖，易于传唱；散文形散神聚，语言优美，富含情感，易引起读者共鸣；小说叙事紧凑，情节完整，构思精巧，引人入胜；戏剧贴近生活，空间和时间高度集中；报告文学具有新闻性、真实性，能够通过艺术的手法展现最真实的新闻。

汉语言文学博大精深，记载着悠久的历史，传递着千年的文化。以上简述了汉语言文学的三个主要特征及其多种表现形式的特点。

第二节　网络语言对汉语言文学发展的影响

汉语这门语言经过长期的发展，已经达到了一个比较成熟、完善的阶段。祖先给我们创造了一个丰富多彩、无与伦比的汉语言文学。汉语言文学是我们中华民族文明发展的基础，在 21 世纪，信息的发展迅速，快节奏的社会生活在一定程度上影响着文学的发展。网络的出现，更是给文学带来了巨大的变化，汉语言文学在新世纪如何发展，成为我们必须要思考的问题。如今已是信息化的时代，人们在科学探索领域投入了更多的精力，而文字在一定程度上更多地是使用它的基本功能。出现网络以后，文字作为信息交流、思想交流的工具，为人们的生活提供了便利，也为继承和提升汉语言文学创造了更加有利的条件。但是，比起一些发达国家，我国人民的阅读时间和欣赏文学的积极性等方面与之有较大的差距。人类社会的文明是物质的文明、科技的文明更加离不开精神的文明。汉语言文学在新时代新背景下面临着一系列的问题，我们要珍惜优秀灿烂的中华文化，对文学保持热情，提高自身文学修养，在延续中华文明的同时，让汉语言文学能够向产业化、国际化发展。2022 年，中国网民数量规模达到了 10.51 亿（截至 6 月），随着网络的迅速发展，一种新的语言形式也随之而来，这就是"网络语言"。在很多人的眼中，网络语言其实是传统语言的一种变体，它丰富了传统语言，也是传统语言的发展。网络语言为古老的汉语言带来了新的活力，大部分的网络语言已经被人们熟悉并接受，但是总体来说，这种新的语言形式还是缺少统一的标准，给人们生活带来的影响也有利有弊。

一、什么是网络语言

百度百科解释："网络语言是伴随着网络的发展而新兴的一种有别于传统平面媒介的语言形式。主要是网友们为了提高网上聊天的效率或某种特定的需要而采取的方式。它形式简洁，易于交流，便于理解。"其实，网络语言是在虚拟空间的一种表达形式，它的类型有：数字型、谐音型、字母型、符号型、同音型、新造类等。

二、网络语言对语言文学的影响

对于网民来说，网络语言有着独特的魅力，对于专家来说，也由原来的不认同到逐渐重视。网络语言以及网络文化的迅速发展受到了教育界、语言学界的广泛关注，伴随着对网络语言的深入研究，产生了一门新的语言学科——网络语言学。由此可见，网络语言是有一定的社会意义的。语言和社会文化之间的关系是非常密切的，两者互相影响又互相包容，对于网络语言而言，虽然它的理论体系以及研究方法还不够完善，但是，在虚拟网络以及网络外部环境的双重磨合下，现在的网络语言已经与前几年的杂乱无章大不相同了。

网络语言在逐渐地形成一种语言系统，其传播媒介是网络，网民是语言社团的主体，在网络语言系统里，没有人是权威专家，任何人都可以畅所欲言，任何人都可以表达创新的想法，任何人都可以创造新的词汇、新的语言，而且一旦大家认可了就会很快地在网上传播，当流行起来又会从网络进入到现实生活。

(一)网络语言带来的积极影响

世界上每一种语言的更新和发展,都是在使用之中不断进步的。从文字本身来说,网络语言对汉语言的发展起到了一定的推动作用。如英语,每年都有很多的合成词随着科技进步和社会的发展所诞生。网络语言通过缩略、符号、借用一些外来词或者将传统的汉语赋予新的意义等手法来丰富词汇,不但形式多种多样,使用起来更是灵活多变。而且网络语言的语法打破了常规语法的规则,使人们的文字语言表达更丰富,不受传统语言的限制,给人们的生活增添了乐趣,增加了色彩。比如,"囧"这个字的流行,给人们的生活增添了很多乐趣,也使语言的表达更加形象。就拿一部非常受欢迎的电影的名字为例《人在囧途》,如果电影的名字改为《旅途的尴尬》,这两者之间的差距是不言而喻的。另外,很多青少年对传统文化的兴趣也是由于网络文化带来的乐趣激发的。从另外的角度看,流行起来的网络语言大多数是来自社会的热点人物或者事件,从侧面体现出社会中存在的问题和一部分趋势,人们对某一社会问题的注意可能就是因为某一网络词语的频繁出现。由此看来,网络语言之所以流行,也是因为人们对这些词汇的出处非常关注。如今,网络已经渗透到人们的日常生活,每一个人在网络上都可以畅所欲言,网络不仅成为大众表达看法、参与社会生活最普遍、最便捷的方式,甚至成为信息传播的最主要方式。也正是因为这一现象,网络语言才能如此迅速地发展起来。

(二)网络语言带来的消极影响

首先来说,一部分网络语言偏离了汉语规范。网络语言普遍是为了追求新奇和方便,在很多方面都没有遵循汉语规范。有些词语的词义被曲解,还有很多刻意的错别字,这些都会在教育方面产生负面的影响。网民的主要群体之一就是青少年,他们喜欢新鲜事物,而且乐于并且善于接受新鲜事物,他们情感非常丰富,却没有很强的辨别是非的能力。青少年正处于语言学习和培养的阶段,大量地使用、接触网络语言,容易养成不规范表达的坏习惯,这对语言学习必将造成不良的影响。其次,大量地接触网络语言会使我们的书写能力、阅读能力，以及对语言的鉴赏能力慢慢下降。网络是虚拟的，它打破了现实生活中的界限，营造的是一个文化交流的大世界。网络语言因为其丰富多样和巨大的张力建造了一种新的语言模式。这种直白的文字和特殊的表达方式，迅速渗透到了传统的语言文化中，使得传统语言的功能变得淡化。

随着全球经济化的到来，国际之间的沟通交流也是愈加频繁，这不单单是说国际之间的经济贸易，文化产业的交流发展也随之而来。语言作为交流的重要载体，人们也是越来越重视。新的时期，随着中国在国际上的影响力逐渐扩大，人们对汉语也有了更高的关注，汉语言的发展也有了更为广阔的前景。越来越多的国家都在积极倡导学习汉语，外国人感受到了中国古老的文化，体会到了汉语言文学是魅力无穷的，在世界范围内都掀起了学习汉语的热潮。中国是一个语言文字起源大国，汉语经过长期的发展，历史积淀很深厚，做好规范的汉语言文化传播是文化的需要，更是搭建国际友好关系的桥梁，规范的汉语言对于国际交流来说意义重大。在新的时期，汉语言迎来了新的发展机遇和挑战，因此，对于汉语言文化的传播要加大力度开展，扩大汉语言的影响力，逐步实现汉语言的产业化和国际化发展。当然，想要实现汉语言文学的产业化和国际化这一目标还要走很长的路，汉语言文学如何发展，怎样实现更大范围的发展，这需要树立一个长期发展的目标。要积极有效地探索实现产业化和国际化的需要。在这一点上，汉语言文学要注重树立本身的特点，与此同时提高自身的影响力，扩大影响范围，实现进一步的突破和提升。

第三节　新媒体环境下汉语言文学发展探究

伴随着全球化进程，国际间的交流日益频繁，除去政治经济间的交流，文化间的交流和发展也成为各个国家之间交流的重要方面，文化交流也为各国之间架起了一座友好的桥梁。随着网络的发展，新媒体技术不断更新，文化间的交流更是以不可想象的速度在进行，在促进国际间文化融合交流的同时，也带来了一系列需要思考的现象和问题。

一、新媒体环境下汉语语言存在的困境

新媒体的传播环境为汉语的发展带来了新的环境和机遇，网络语言丰富了现代汉语的词汇以及表现形式，但是同时也为汉语发展带来了新的问题和困境。一些网络流行语作为一种恶搞的形态存在，带来所谓的"娱乐狂欢"的同时，也对社会意识形态造成一定的冲击，包括对传统的道德观念、历史观念、群体观念、社会家庭等带来冲击，更是对大众文化的消融、消解和异化。

进入新媒体时代，纸媒受到了很大的冲击。受众更多地是使用网络平台了解咨询，接收信息，进行交流，而对于纸质媒介的使用越来越低，同时，对于用纸质媒介进行信息传递也越发减少。从早期的网络邮件、手机短信再到 SNS 社区网站的交流，到目前火热的微博、微信等，进入网络时代，人们的交流方式越发的多样化，逐步地进入了多屏时代。网络平台因其及时性、互动性以及传播速度等一系列优势，逐渐改变着人们的生活方式和生活习惯。与此同时，人们的用语习惯和书写习惯也发生了很大的改变，人们越来越多地使用电子方式进行打字，而在纸质媒介上的书写习惯逐渐淡化，以至于很多人出现了提笔忘字。人们越来越依赖于电脑打字，忽略了汉字书写的魅力，忽略了汉字字形的美感。

网络传播日益自媒体化，人人都可以发声发言，都有表达的权利，网络流行语的出现和火热正是这种草根声音的爆发。但是这种自媒体式的表达缺乏把关，使得网络传播言语内容碎片化、谣言化。碎片化、谣言化的传播短时间是给受众带来了信息传播环境的污染，带来的是信息垃圾，长久的影响是碎片化信息接收习惯，带来的却是碎片式的思维方式，缺乏深入的逻辑思维和思考，极不利于现代汉语思维方式的发展。网络媒体的主要受众以年轻人为主，他们是社会的中坚力量，这种碎片式的思维方式和习惯不利于年轻人形成正确的价值观和社会责任感。

二、汉语言如何应对现代网络语言的冲击

以网络为特征的信息时代使得网络语言的地位尤其突出，因此，人们对于网络语言不能一味地拒绝，应该把好网络语言进入全民交际语的关口，认真研究相关内容以及现象，处理相关问题，规范网络秩序，对网络语言的吸取做出正确的引导，并加以规范。单纯地禁止往往只能带来负面的影响，反而会刺激人们的叛逆心理。我们主张的应对措施需以疏导为主，对生动有趣、意味新奇的符合汉语字词规范的网络语言尽可接受进入主流语言规范中。对于不合规范又缺乏实际语言价值的各种网络语言符号加以治理。

三、解决新媒体下汉语言发展问题的对策

（一）规范汉语言文学教学，引导学生客观地看待网络流行语

在新媒体环境下，网络流行语言的大量涌现对汉语言文学在一定程度上形成了冲击。此时，教师应该发挥指引作用，指导学生恰当地对待网络用语，同时，也不能一味地对网络语言进行否定，而要客观地看待，取其精华，去其糟粕。网络流行语虽然为汉语发展带来了新鲜，但是网络流行语水平参差不齐，有的符合汉语的发展规律，有的则完全相反。因此，教师在教学中要适当地加强汉语规范化知识的教学，引导学生正确地认识网络流行语。帮助

学生，尤其是初、高中生，正确、理性地认识网络流行语，让学生学会适度地、有选择地吸收并使用网络语言，并且让学生自觉地维护语言的纯洁与规范。在规范网络流行语使用的同时，还要注意对传统规范汉语的教学，培养学生的汉语审美能力，让学生明白传统语言凝重、精练，恰当地使用传统语言能够体现一个人语言的素养与学识。

（二）加强受众网络媒介素养

网络媒介的主导是受众。受众不仅仅是网络媒体内容的接收者，同时也是信息内容的创造者，具有双重身份。网络受众不仅对内容信息进行浏览、复制和评价，同时还发布信息，上传图片，创造网络信息。网络是现实社会的一个缩影，网络信息在一定程度上是社会价值观的一种呈现，因此，从某种意义上讲，网络媒介的环境取决于受众的媒介素养。网络流行语是草根网民集体智慧的结晶，网络流行语质量的高低好坏，以及它所反映出的文化的价值取向，都与网民的素养有着直接的联系。加强网络受众的媒介素养培养对于营造健康的网络环境有着密不可分的关系。培养良好的上网习惯，养成良好的网络用语习惯，做一个合格的网民具有十分重要的现实意义。在当今网络把关人不足之时，应进一步强化媒体的规范与自律，这也是营造良好的网络用语环境的必要途径之一。网络给受众提供了一个公开自由的话语空间和平台，加强网络平台的信息把关，对避免网络信息的低俗化和非主流化，以及遏制不良信息起着十分重要的作用；对网络舆论进行必要的引导，加强媒体的行业规范和自律，是对培育健康、绿色的网络传播环境应有的行业责任。

汉语的发展是不断变化的，新媒体阶段也是汉语发展的一个阶段，网络流行语的出现是汉语进化过程中已经产生的过程。究其本质，网络流行语的出现，正是基于广大群众对自我表达的一种意愿，是草根文化的一种凸显，每一条网络流行语展现的都是一种社会文化。对于网络流行语，我们应该报以正确的态度对待，吸取精华，剔除糟粕，正确地加以规范。

第十章　汉语言文学教学研究

第一节　当前汉语言文学教学中存在的问题及对策

汉语言文学不论是在古代还是如今，都是一门非常重要的学科。中国母语的传承和发展促使我们无法不正视汉语言文学教育这一重要课题。汉语言文学教育的好与坏直接影响到学生对汉语的掌握程度和对中华传统文化的继承优劣。面对当前我国汉语言文学教育的情况，确实存在不少急需解决的问题，如汉语言文学教师专业素养的不平衡、课程体系的松散、汉语言文学教育理念的不清晰、教学与运用的脱节等等问题都普遍存在。这些问题如不及时解决将会导致汉语言教育的诸多困难和阻碍，所以本章将从这些问题着手，通过分析这些现存的问题，再进一步提出一些解决措施，力图使更多的人能对汉语言文学教育的问题有一些清醒的认识，从而将中国优秀传统文化和优良作风以及博大精深的汉字发扬出去。

一、汉语言文学教育中存在的问题

无论是哪类学科一定或多或少存在一些问题需要我们去发现和解决，汉语言文学当然也不在其外。从古代的儒家经典教育到现在的新课标改革，汉语言文学随着时代的变迁，也在不断处于更新中。下面就从几个主要方面来探讨汉语言文学中存在的问题。

(一)汉语言文学教师队伍方面的问题

首先是汉语言文学教师队伍方面的问题。教师是汉语言文学教育中的实施者,也是其中的一个不可缺少的主体。汉语言文学教育的传达和讲解都需要教师来进行。因而语言文学教育的成功与否与教师密不可分,而教师队伍的表现则直接影响着汉语言文学教育的质量。在当前的语言文学教育中存在这样一些问题,不少教师缺乏专业的语言文学素养,教学水平参差不齐,甚至许多教师依旧运用传统落后的教学模式和教学方法进行教学,这样就势必导致课堂的沉闷和学生的厌烦,无法提高学生学习汉语言文学的兴趣,也达不到教学的目的。

其次,部分教师教学策略方面也存在不少问题,课堂上学生与老师缺乏学习互动与交流,学生学习积极性不高进而导致排斥语言文学教育等现象出现。在不少初中、高中以及大学课堂上,我们经常会遇到这样一些情况:教师上课滔滔不绝,一味地对书本知识进行传授,而学生的反应大都比较消极,睡觉、玩手机、讲小话等现象屡见不鲜。语言文学的教育实质上是语言的教育,语言的教育说到底就是与学生交流沟通的过程,教师的滔滔不绝一味传授严重影响到学生的思维能力和独立思考能力,而学生缺乏表现的机会和互动的机会对其语言口语也会产生严重的制约。在教师队伍方面也还存在这样一个问题,即教师的专业素养和教学技能良莠不齐,甚至有许多语言文学教师的职业素养相当欠缺。有些学校因师资力量的缺乏,致使许多教师身兼多职,同时担任好几门课。语言文学因其本身的独特性和普遍性,相对其他学科而言更容易上手,因而就造成许多非语言文学专业的教师进入语言文学教学的队伍,这一部分教师缺乏专业的语文教学技能和语文专业知识,教学策略也采取传统的教学模式,这也是制约语言文学教育的一个因素之一。

最后,教师的职业修养也各自不同。有些教师缺乏必要的职业修养,上课不注重自己的言行举止,对不好的一面也不加节制,而学生的行为和语言很容易受教师的影响和潜移默化,长此以往,不仅与语言文学教育的目的严重相违背,对学生的其他方面成长也势必造成不良的影响。

（二）学生方面存在的问题

学生是学习的主体，也是教育的主要接受者和继承者，学生学习的质量和学到的知识多少直接意味着教育的成功与否。针对现在汉语言文学教育中存在的诸多问题，反映到学生身上则表现为学生的积极性不高，参与程度不够，对汉语言文学教育意识淡薄，自我文学修养不扎实。首先是学生的参与度问题。正如上文提到的，很多学生认为语言文学是一门不重要的课程，因为其容易掌握，且我们从出生开始就接触汉语，所以导致部分学生对这门课程出现态度不端正、闲散或怠慢等现象。这样学习语言文学的态度必然会导致语言文学教育的无法进行和难以传达。由于语言文学本身的特性，有些学生又急功近利，想在短时期内在这门课程上有所提高，一旦无法达到目的时，就会出现一些负面情绪，从而抵制或反感语言文学教育。其实语言文学是一门需要长期持久不断坚持的课程，其进步和成效在短时期内难以凸显，这就更需要学生的不懈坚持才能看见效果。另一方面，也有一些学生对语言文学缺乏兴趣，也不爱看这方面的作品和书籍。这就导致其语言文学素养贫乏，这也对语言文学教育极为不利。

二、解决措施

首先针对教师队伍的良莠不齐等状况及问题，可以通过一些外在的和内在的方式进行改善和提高。关于教师职业素养的缺乏这方面的问题，我们可以进行专业的技能和职业素养培训，真正使教师体会到使命感和责任感，以及作为一名语言文学教师应该注意的方面，真正做到言谈举止符合自己的专业特点。在知识水平这方面，可以通过校方的培养和自身的努力，通过学习和看书以及思考等形式，增加自己的专业知识和专业技能，精心设计好每一堂课，使学生真正能够参与课堂，对语言文学产生浓厚的兴趣。

其次是学生接受的这一方面，面对一些学生的调皮和兴趣的缺乏，教师应该及时与学生沟通，以及组织各类活动来培养学生的兴趣。如可以进行小组语文文学知识竞赛、组织学生采风写感想等形式。而学生自身也应当摆正自己的学习态度，语言和文学是一门存在于日常生活的课程，学生应予以重视和尊重。平时文化的积累可以通过阅读和写作等方式来提高和加深。

最后从社会家庭以及学校方面存在的问题来看，全社会都应该动员起来学习语言文学。中华文化的博大精深历来被世界各国所称赞，学汉语热的兴起也使不少外国人喜欢上中华的语言和文化，作为一个中国人则更应该有责任和使命把自己的语言文学学好。在家庭方面来说，父母也应该重视对孩子这方面的教育，可以组织家庭活动或者家庭读书日等，跟着孩子一起学习。学校也要采取相应的措施对这一问题进行解决，对课程设置采取适当的方式，对教材的挑选也要符合学生的学习特点和兴趣，同时可以引进一批多媒体设备和先进专业的教师队伍，以确保这些外部环境能够促使学生更加热爱语言文学。

（一）重点搞好教育理念的培训工作，使得汉语言文学教学的指导思想得到统一

教育理念是广大教师在深刻领会教育工作实质的前提下产生的有关教育的基本观点以及信念。汉语言文学有四个方面的教育理念：提升学生的语文素养；准确把握语文教育的核心；努力提倡协作、自主以及探究的学习方法；构建开放而又充满活力的语文课程体系。对于这种指导性的纲领广大教师必须系统而全面地进行学习，在准确掌握大的发展方向的基础上，必须遵循理念指导汉语言文学的教学工作，而并非在肤浅的学习过后，根据以往的教学经验，随意制定教学方法。汉语言是一门基础性的课程，其教学工作更加应当遵循教学改革的理念，在统一的教学指导思想下，根据具体实际制定切实可行的顺应汉语言文学发展趋势的对策。

目前有不少教师为了适应课改的趋势，发明了一些独具特色的教学方法，取得了一定的效果，这种创新发展汉语言文学教学观念的可行性还有待检验。

（二）掌握汉语言文学教学的实质，制定切实可行的教学方法

针对汉语言文学教学的实质说法众多，事实上汉语言文学教学的本质是以言语为核心的一种教学活动，工具性是其最主要的特征，符号性以及人文

性是其辅助的特征。尤其是在教学改革的情形下，汉语言文学教学中的工具性就显得愈来愈重要，努力培养学生以语言作为工具，有效运用到实际生活以及工作过程中是其关键所在，而并非在应试教育中通过考试、升学，唯分数论成败，所以，教师的首要职责是根据汉语言文学教学的基本特征，制定科学可行的教学方法。

（三）确定理论指导实践的教学思想，将教学法的研究在实践教学过程中得到有效运用

许多教师理论研究的能力很强，熟悉各种教学策略，各种理论如数家珍，发表了不少论文、成果，然而在实践教学活动中效果并不明显，主要原因在于理论的研究与实践教学活动相互脱离，片面地对教改理念进行解读，制定的理论方案不切实际，不重视知识的实用性肯定无法获得明显的教学成效。汉语言文学教学绝不能空口白话，教学方法必须通过长期的教学实践才能形成，只有通过长期教学实践，才能找到最适宜的教学方法，汉语言文学教学的传统根基非常深厚，能够汲取的教学经验也是非常丰富的。同时要想在新时代汉语言文学教学改革过程中不断取得新的进步，教师必须在教学实践活动过程中根据学生所反馈的情况，不断进行分析与总结才能够取得良好的效果。教师必须在全面分析与总结实践教学经验的基础上，根据所教学生的具体实际制定科学可行的教学策略，才能切实发挥教学策略的实际价值。

俗话说，万丈高楼平地起。汉语言文学教学方法的探索与研究，绝对不可凭空想象，只有深入领会教改的教育理念，准确掌握汉语言文学教学的本质，在教学实践过程中反复分析、不断总结与提炼，才能归纳出适应汉语言文学教学发展趋势的教学方法。汉语言文学的教学改革是一场持续改进的工作，不会有终结的时候，必须以发展的眼光才能顺应时代发展的需求。

通过对语言文学教育存在的问题的探讨和加强措施的提出，希望在一定程度上能够改善语言文学教育的现状，同时也能将中华民族的传统文化发扬出去，把中国语言的魅力散发出去。

第二节 汉语言教学中文化教学的必要性

一、语言与文化的关系

语言是人类特有的信息交流工具。它与制造工具的劳动一样，是区别人和其他动物最重要的特征。它首先是一种社会现象，是社会交际的工具。语言和社会有着密切的关系，语言随着社会产生而产生，随着社会的发展而发展。每一种语言都是在具体、特定的社会、历史环境中产生和发展起来的。每一种语言中的形象意义都是在自己独特的历史、社会条件和民族风俗语境下形成的。与语言的发展很相似，文化也是社会发展到一定阶段的产物，各民族的文化既有共性，又有个性。共性来自人类共有一个客观的大自然，对于大局的认识基本相同，而个性则是由于各民族所处小环境不尽相同，民族区域生态环境不同，文化积累和传播方式的不同，社会和经济生活的不同等等，从而产生了文化的不尽相同和各个民族文化的鲜明个性。因此，语言与文化的关系，包含语言的文化性质和语言的文化价值两方面内容。语言的文化性质指语言本身就是一种文化现象，是文化总体的组成部分，是自成体系的特殊文化；语言的文化价值是指语言包含着丰富的文化内容，是体现和认识文化的一个信息系统。也就是说，语言与文化既是部分与整体的包含关系，又是形式与内容的制约关系。一般来说，语言属于制度文化的层次，但一切文化知识又都是靠语言来记载与传播的，即使是属于文化物质层次的现象，也只有通过语言的命名和阐释才有意义。这主要是因为语言是文化的一个组成部分，文化包括了语言。文化社会学认为，文化涉及人类生活的各个性化的语言。同时，他们的语言为我们提供了理解他们文化系统的线索。

语言作为文化的一部分，又是文化的镜像反射，它忠实而全面地反映出民族文化的特征。反过来，一个民族的文化必然体现在其语言的各个层面上，即语音、词汇、语法、语义和语用等。透过一个民族的语言层面，展现在眼前的乃是这个民族绚丽多彩的文化形态。索绪尔在《普通语言学教程》中曾举过一个很好的例子，"语言还可以比作一张纸，思想是正面，声音是反面"，其中，思想是指文化观念，声音就是表达该文化观念的语言符号。语言与文化的关系，也正是这种声音符号与文化观念的关系，它们就像纸的两面。通过分析语言的结构可以分析阐述语言所反映的文化内容。

二、汉语教学中的语言文化因素

汉语言文化因素是与汉语教学关系最紧密的文化教学内容。包括语构文化、语义文化和语用文化。

（一）语构文化

语构文化是指词、词组、句子和话语篇章的构造所体现的文化特点，反映了民族的心理模式和思维方式。汉语结构最大的特点是重意合而不重形式，不是用严格的形态变化来体现语法关系和语义信息，而是除了遵照一定的结构规则外，只要在上下文中语义搭配合乎事理，就可以合在一起组成句子、语段。很多学者认为这与中国人善于概括、综合，以及从整体上把握事物而疏于对局部的客观分析和逻辑推理的传统思维方式有关。这种思维方式来源于作为中国文化一部分的传统思维方式。

汉语的意合性必然带来语言结构的灵活性和简约性。在构词上体现为非常灵活的词根复合方式。两个词根只要意义上能结合，就可按一定的句法关系组成新词。如"动"和"静"这两个语素本身是单纯词，采用并列方式合在一起就成了另一个合成词"动静"。而"动"又可以和别的语素通过不同的句法关系做成"动物""动手""动心"等不同的词。汉语词类的功能也有很大的灵活性，造成大量的"兼类"现象。汉语句子由于主要由语义和语序来表达意义，因而词语位置也有很大的灵活性。如："苹果多少钱一斤？""苹果一斤多少钱？""一斤苹果多少钱？""多少钱一斤苹果？"这几个句子语序不同，基本意思则一样。又如"三个人吃一斤饺子"与"一斤饺子三个人吃"；"衣服淋湿了"与"淋湿衣服了"等句只要从意义上总体把握，施动者与受动者的换位并不会产生歧义或误解。

综上所述，我们可以看到汉语有重意合、多灵活性的结构特点，但这并不意味着汉语无规律可言。与汉语结构科学性（规则系统）同时存在的还有其深厚的人文性，或者说仅用少数语言的语法概念和理论框架无法全面地、准确地揭示出汉语结构的规律。对汉语结构的研究与教学，要充分考虑到汉语言文化背景知识的影响，找出真正能揭示汉语特点和规律的语言理论和方法。

（二）语义文化

语义文化指语言的语义系统，主要是词汇中所包含的社会文化含义，它反映了民族的心理模式和思维模式。这是语言中的文化因素最基本、最大量的表现形式，也是语言教学中文化因素教学的重点之一。语义文化常常和词汇教学结合在一起。首先是汉民族文化中特有的事物和概念体现在词汇中，而在少数民族的语言中没有对应的词语，如不加解释，学生就难以理解。胡明扬先生又把它分为：受特定自然地理环境制约的词汇（如"梅雨""梯田"等）；受特定物质生活条件制约的语汇（如"四合院""炕"等）；受特定社会和经济制度制约的语汇（如"科举""农转非"等）；以及受特定精神文化生活制约的语汇（如"虚岁""红娘"等）。此外还有很多汉语中特有的俗语和典故。

（三）语用文化

语用文化指语言用于交际中的语用规则和文化规约，是由不同民族的文化、特别是习俗文化所决定的。语用文化是培养语言交际能力的主要内容，是对少数民族汉语教学中文化因素教学的重点。在问候与道别、道谢与道歉、敬语与谦辞、宴请与送礼等方面，少数民族与汉族的用词有很多不同，这类语用规则突出地体现了中国文化的和谐思想。

三、汉语言教学中的文化教学方法

文化因素是语言的一个组成部分，文化知识是语言所负载的，那么文化教学的作用应该是把语言中已有的文化内涵揭示出来。文化教学的方法主要有。

1.通过注释直接阐述文化知识。这一方法比较灵活简便，在语言学习的各个阶段都可以用。开始甚至可以用学生的本民族语言来注释，随着学生汉语水平的提高，可逐渐用汉语注释。学生自己阅读，可以省去课堂上讲解的时间。

2.将文化内容融汇到课文中去。课文本身就可以介绍某一文化习俗，学习语言的同时也就学到了文化，这是比较理想、效果较好的文化解释方法。如汉语言专业所学的《中华文化》课就是以文化为纲、结合语言点教学的语言材料，在教学中取得了一定的成效。

3.通过语言实践培养交际能力。课堂中引进有关文化项目的练习，对于把文化知识转化为技能是非常必要的。但要想真正培养语言交际能力，还必须在真实的社会语言环境中进行语言实践。

学习一种语言与学习和了解这种语言所属的文化有着辩证的关系。语言是文化的象征，是文化的一种表现形式，所以我们要学习一种语言，当然要重视学习这种语言所属的文化。学习语言要和学习并了解文化相互作用，如果只是单纯地埋头学习语言而不重视学习和了解文化，就不能有效地提高学习该语言的水平。

第三节 语文教育与汉语言文学教育的对接性思考

语文教育是教授学生交际的工具性学科，汉语言文学教育从根本上来说属于语文教学的范畴。而由于在较长时间内受到应试教育观念的影响，在语文教育中，缺乏对汉语言文学教学的重视，更多地注重理论知识的学习，而忽视了对学生文学素养的培育。因此，在新时代发展的背景下，为提高语言教育的质量，优化学生的综合素质，必须实现汉语言文学教育与语文教育的有效对接，将汉语言文学的精髓注入现代语文教育中，从教学方法与技术运用等方面实施对接思考，将汉语言文学教育信息融入语文课程教育中，转变教育观念，以开放的思想正视汉语言文学与语文教育的对接。

汉语言文学应该说，它本身就属于语文教学内容的一部分，但是，在应试教育模式下的语文教学并没有重点把握对汉语言文学的学习，反而更多地是为考试而学习，而不是为文学学习。因此，语文教育和汉语言文学教育应该实现更多方面的共通和交流，应实现语言教育和汉语言文学的对接性教育，这样才能构建我国现代语文教育的高素质和高质量发展，也才能更好地弘扬我国的汉语言文学精髓。语文教育与汉语言文学教育的对接需要综合考虑多个方面，比如在语文知识的运用上，教学方式或者计算机信息技术等的运用上，都要进行对接性思考，这样才能够把汉语言文学的一些信息反馈到语文课堂教育中去。另外，我们应该抱着开放的心态来看待汉语言文学与语文教育的对接，特别是现在教学理念越来越宽容、开放的情况下，我们更应该以乐观、积极的心态来正确理解语文教育和汉语言文学的对接问题。

一、语文教育的重要性

（一）语言是交际的工具

人类之所以区别于动物，就是因为人类会使用工具，而语言作为人类社会一种重要的工具，良好的表达能力就显得尤为重要了。语言成为人类交流的重要工具，主要是因为语言的交流不需要任何媒介，人们可以任意地进行交流，在人类使用的各种工具中，交流沟通仍然是最重要的工具。

（二）有助于锻炼学生的思维能力

众所周知，沟通的过程就是把内心的想法和语言通过一定的语法结构转化为外部语言。因此，在这个过程中，人们通常是边想边说，或者是想了之后通过思维组织，最后再将想法表达出米。所以，培养学生良好的语言表达能力也能促进学生思维的敏捷和活跃度，促进智力的发展。一个思维非常混乱的人，是不可能说出很有条理的话的。因此，语文教师要意识到语言表达能力的重要性，并在教学中重点注重这方面的培养。

（三）语言可作为定向的交流工具

语言具有其独特的定向表述作用，是指人们在特定的场合与特定的对象进行交谈，为了使交谈达到最佳效果，通常要求讲话者注意场合和交谈对象的身份等各方面因素，就是说在进行语言交流时要根据交谈场合和交谈对象的身份等因素选择合适的谈话方式，什么话适合用什么言语直接表达出来，什么言语不适合直接表达，要想掌握好这个尺度，就必须拥有一定的语言表达能力。

二、以语言现象作为基础，实现语文教育与汉语言文学教育的对接

汉语言文学是语言的艺术表现。它承担着传播人文精神风貌的责任，担当着提高整个民族语言文化水平的社会职责。汉语言文学教育注重语言之于人类生存与发展的意义，它关注的是学生人文素质的培养，它并不注重实际性的经济效益，而是更为重视社会精神文明方面的培育效果。文学艺术作品有别于实用性文体，对比议论文、科普读物来说，它有其情感表达方面的独特优势，能够以情动人、以美学教育人。因此，要实现汉语言文学教育与语文教育的对接，首先必须将语言现象作为其对接的基础，将文学作为语言学习的养料，实现语文教育与汉语言教学中对学生人文关怀的培养。语文教育与汉语言文学教育之间的共通性不仅在于文学知识的教育方面，两者在课堂教学、教学观念、师生关系等方面同样存在一定的联系，两者同样关注对学生人文关怀的教育，将文学教育融入学生的观念与生活。因此，为实现两者的有效对接，还需重视对学生人文关怀的教育，给予学生必要的情感关怀，在课程教学时，注重丰富学生的情感，陶冶情操，进而提升学生的人文修养与品格。此外，在师生关系的建构方面，教师需转变传统的教学方式，采取多元化的教学手段，可将辩论赛、讨论、游戏等形式纳入课堂教学中，活跃

课堂气氛，增强课程的趣味性，促使学生与教师之间建立和谐的师生关系，促进两者之间的交流，同时能够从根本上调动学生的学习积极性，使学生掌握更多语文知识，完善其文学素养，促进文化的传承与发展。

三、以实践能力的提升作为探索对象，重视两者之间的应用与发展

（一）整合语文教育与汉语言文学教育综合发展的实践优势

教学活动的目的主要是为社会提供复合型的人才。因此，语文教育与汉语言文学教育的最终目的便是为提升学生的实践能力与综合素养，使其能够更好地迎合社会对人才的需求，两者在培养目标方面有一定的共通性特点。因而，为提高其对接的有效性，首先，应开设汉语言文学教学实践课堂，为学生开展文学实践创造必要的条件，在此过程中要深化对学生实践能力的培养；其次，创设语文教育与汉语言教育文学综合发展模式，在提升学生语言表达能力的同时，提高学生专业应用方面的能力；最后，从其就业方向考虑，重视对学生读、写、说三方面技能的培养，关注其理解能力、调研能力的提升，整合有效课程，拓宽语言教学的广度，丰富汉语言文学教育的内容。

（二）利用现代化多媒体教学技术，丰富汉语言及语文教育中学生的创新能力

计算机技术的迅猛发展催生了多媒体技术的普及。当前多媒体教学已广泛应用于不同高校的课堂教学之中，它在实现汉语言文学教育与语文教育有效对接方面也有一定的积极意义。因此在语文教育中，需以多媒体作为媒介，收集更多汉语言文学教育的素材与内容融入语文教育中，激发学生的学习兴趣，提升学生的想象能力，增强其在文学写作方面的兴趣，提高学生的汉语言文学的鉴赏能力，培养学生的自主学习能力。在实时多媒体教学后，能够将汉语言文学知识普及于中小学课堂中，强化对学生文学素养的培养，为其积累深厚的文学底蕴。因此，为实现语文教育与汉语言文学的对接，教师还

需树立开放的教学思想，善于利用最新技术的成果，掌握现代化教学手段，激发学生的创造性，在语文教育中注入更多的汉语言文学元素，提高学习的创新性与有效性。

（三）重视课堂环节设计，开放学习资源，提高学生的语言实践能力

新课程改革标准同样表示，要在语文课程教学中重视课程环节的设计，根据教材内容选择适当的教学活动，确保教学组织形式的多元化，通过采取编排相关课本剧，开展语文游戏、诗文朗诵等活动，提升学生对课文内容的理解，深化其文学修养。同时可适当组织汉语言文学作品的鉴赏活动，培养学生的人文精神与文学素养。让学生在阅读与鉴赏的过程中，感受文学作品的魅力，充分发挥文学育人的作用，使学生在活动中体验到学习文学作品的乐趣，丰富其实践体验，进而提高学生的听、说、读、写能力，实现教育的有效对接。

四、以情感体验作为媒介，实现语文教育与汉语言文学教育的对接

语文教育与汉语言文学教育均充满着较为强烈的情感，蕴含着丰富的情感体验。在语文教育方面，古人最早有提出意、情、行、知四者相互交融、渗透的观念，同时也表明在语文课程中，情感体验是学生知识来源及学习体验的主要部分。一般语文课本中包含了许多文学作品，而作品中也富含各类情愫，有不同的情感纽带。因此，在语文教学中，应该重视情感体验的作用，让学生进入作者所创设的情感意境中，体会文章创作的感情，让学生在优秀的文学作品中体验到生活中的不同情绪，感受到大千世界的不同表现——真实、善良与美感。改革后的语文课程教学标准中提出文学作品的价值主要通过阅读与鉴赏过程体现。这便要求教师在语文教学过程中善于引导学生进入作品情境，在教学中，注重对文学形象的把握与感知，关注作品内涵的显示，督促学生用创新思维解剖课文。汉语言文学的教学过程应是打破现实生活限制，使学生能够在更为广阔的时空范围内体验生活、感受情感的过程。它体

现了语文教学的美，能够使学生打破局限环境的限制，体验到实际生活中的真实情感。因此，在语文教学过程中，需引导学生全身心地投入教学情境，丰富其情感体验，让学生真切感受到文学作品中人物的情感与其心理感受，从人物表现中领会文章的中心，把握文章结构，以情感体验作为媒介，完成语文教育与汉语言文学教育的有效对接。

教师的人文关怀在一定程度上可以弥补远程教育的多种媒体的格局中人气不足、友情缺乏等缺憾，也可以纠正成人教育的知识化倾向，同时还可以激发、培养学员自主学习的积极性。文学是人学，只有当它真正进入了人的心灵，才能让人体会各种生活滋味，从而丰富情感、陶冶性情、塑造灵魂。因此，汉语言文学教师应通过营造欣赏氛围，让优美的文学作品陶冶人、塑造人，同时增加教学情趣，用多种指导形式关注学生、引导学生。如教师在电话答疑时，一接通电话首先应先问候学员，在答疑过程中做到热情、耐心、语言风趣、优美，尽量赞赏学员的进步与收获，鼓励学员不懈努力，体现出教师对学员的关心和以学员为本的高度认真负责的师德风范。构建交往互动的教学机制，以对话合作方式激发人、解放人，这样有助于建立学员的学习集体感，使他们逐渐养成互相关心、平等合作的做人习惯。这与中小学语文教育强调的语文教学要注重人文性和构建师生民主关系是一脉相承的，有利于语文教师向学生展示美好的一面，并自觉培养学生丰厚的人文关爱，发展其人文品格。

五、以基础知识作为前提，建构语文教育与汉语言文学教育的对接

以现代文学专题教育为例，在教学过程中，首先必须让学生明确当代文学发展的主要轨迹，整理发展的基本阶段，列举各阶段的代表性作家、作品，分析其所属流派，辨别各流派的代表特点、艺术特色，明确流派之间的联系与区别，使学生能够自主勾画出现代文学发展的主要轨迹。因此，在语文课程教学中，需要充分把握与课程相关的教学资源，在明确课程基本内容后，设计完善的框架结构，整合相关课外题材，向学生多角度、多方面地解读不

同作品，设置专题开展文学作品讨论，分析同时期不同作品的文学特点，使学生能够清晰掌握课程讲授的脉络，深化其自主学习能力，助其建构新的知识结构，提高语文课程教学的新颖性与灵活性。新课程标准下的语文教学要求教师面向社会与生活，重视学生的情感体验与思想意识教学。在一定程度上打破了传统教学中将语文课程视为工具教学的封闭特征，呈现了语文教学的开放性形式。

因此，汉语言文学教学需从知识构建方面强化与语文教学的联系，重视两者有效性的对接，强化新时代背景下，开放教育意识与宣传理念的灌注，使学生掌握建构知识的方法，明确语文学习的特征。将学生作为课堂教学主体，注重学生学习精神及能力的培养，激活学生在语文学习方面的欲望，使其树立终身学习的思想，进而实现语文教学与汉语言文学教育的对接。

第十一章　汉语口语的美学特征

第一节　口语的美学特征

在已有的语言学和美学相结合的研究中，少量地触及了书面语言特别是文学语言的美。跟书面语言相比较，口语由于直接触及人的感官而具有其独特的美学特征。同样，跟世界上其他语系的口语相比，汉语口语也有其独特的美。由于汉语口语美学要在口语美学之下来探讨，所以这里先概括口语美学特征。

一、口语的美属于附庸美

口语的美是作为人交际沟通目的之下的附庸的美的形式。人类不但根据功利需要来使用语言，而且会根据审美需要来组织语言，口语的美感首先是以口语表达者和接收者主观愉悦的心理感受形式，表现着客观的社会功利的制约性，从而形成口语交流中的愉悦性和功利性相互依存的关系。"人，他本身就具有他的生存目的"因而人之美就是附庸美，口语的美更是典型化的附庸美。它也跟一件艺术品的美、一个房子的美一样，都依从于特定的目的，因而便不是纯粹的美。从无目的到有目的性出发，康德把美分为两种：自由美和附庸美。附庸美也叫依存美，而所谓的自由美也叫纯粹美，也即纯粹的形式美，就是自在无为的美，它与利害无关，与概念无关，所以是无目的的。在康德那里，无论纯粹美还是象征美都具有不凭借概念而普遍令人愉快的无目的的合目的性，这种不凭借概念而必然引起快感的形式绝不只是空洞的形式外壳，而是具有"合目的性"，即与人的生命精神相适应的内涵的。一个人如果内心对那种特定的美缺乏感受力和判断力的话，即便他拥有了有关这种美的极丰富的知识，实际上也不会真正有助于他的鉴赏力；换言之，如果知识最后能发挥作用，也是以欣赏者本身的心灵能够感受和接收那审美的信息为前提的，大多数人在一些自己不熟悉的艺术形式面前心灵的感知力较弱，是非常正常的。纯粹美在康德那里是一个非常苛刻而抽象的概念，艺术领域中只有极少的品种可能接近于这概念。像古典艺术、纯文学语言中纯粹美的因素更多一些，在内容上、形式上和文化上与欣赏者都脱离了实用关系，或者说，都形成了足够远的距离；人们不因艺术之外的任何理由而欣赏它，而纯粹只因它美才产生欣赏的欲望。而口语就是附庸美的因素更多些。"附庸美又叫依存美，其品级低于自由美。它是有条件的美，隶属的美。因为它依从于概念，隶属于特殊的目的。"。

康德在《实用人类学》中说"一首好诗是给心灵灌注生气的最深入人心的手段"，又说"美是一朵花，而科学却是果实"。可见，在康德美学中，美也是以鲜活的感性形式表现着生气，像花朵一样具有生命的意味。智者学派比此前任何人都更接近狭义上的美。与此相应，他们认为雕像没有任何实用的目的，只是为了给观众以快乐；诗人不是为了真理而是为了给人以愉悦才写作的，画家通过色彩和形状是要给眼睛以愉悦。这个学派中较谨慎的人说得全面一些，艺术既有用于生活必需，又供给人以愉悦。其实，人与审美对象之间的审美关系并不就像通常所认为的那样是远离于功利之外的一种纯粹的高级精神关系，是人发展到某一高级阶段才出现的精神活动，因而与功利相比是一种可有可无的精神奢侈品，恰恰相反，审美关系很有可能就是人的本质属性之一，它伴随着人的诞生而诞生，也将伴随人的成长而成长。康德对"鉴赏"得出的概念是"鉴赏是关联着想象力的、自由的合规律性的对于对象的判定能力"。由此可见，对依存美的鉴赏中，不仅有对审美对象的合目的的形式的审美把握，而且还顾及对象的概念，当然这时对概念的处理是批判的而不是独断的，由于概念在康德那里指对象的客观合目的性，这就蕴含着目的论判断的因素。康德认为，这种目的论的判断构成审美判断的基础和条件，纯粹美的对象不要限于自然界。正如鲍桑葵所言："自然美，除了主要被认为对人有用的对象——如马匹、（果）树——的美以外，都是自由美。"可见纯粹美的对象主要限于自然界除了对人有用的对象以外的自然物之中。纯粹美的对象是比较狭隘的，附庸美的对象则广泛存在于自然界、人类社会生活和艺术之中。由于口语的实用与审美相结合，认知与表情相合一，实用和认知较之于审美、表情更为重要，这也从某种程度上影响了口语的美学生成。美国学者托马斯·门罗在总结当代美国人的十大审美趋势时提到一种"对美学本身进行广泛的实用性探讨"的趋势，认为当代美国人倾向于抛弃把审美和实用对立的观点。汉语口语的美感的心理愉悦形式，是和口语交流的社会功利的制约性互为表里的，它是以潜移默化的方式来表现在个人愉悦的心理形式之中的社会功利要求。

二、口语的美具有符号直觉性

审美可以分为两个层次，第一个层次是形而下的，即建立在人的身体感官之上的美；第二个层次是形而上的，即建立在人的感性精神层面的基础上的精神境界与人生体验。口语的美首先应该是属于形而下的。口语的形式美具有普遍适用和乐于接受的特性。形式美广泛存在，并且适合人们的心理需求和生理需求，它的独立审美价值可以随时随地使人产生愉悦。符号直觉性，是指形式美具有借助符号形式而获得当下直接领悟的特性。形式美是美的事物形式外观的造型符号，它可以直接作用于人的感官，使人获得感性直观，经过形式美育的反复训练，提高人的审美感受力和审美素质，然后上升到审美直觉高度，通过日常交流沟通，可以加强口语表达者和口语接受者对形式符号所表达的情感和意蕴进一步的体验和领悟。汉语口语美的符号性是指美所具有的物质化形态的特性。

三、口语语音美的内在性

学术界在研讨口语文化的心理动力学时，主要的注意力仅限于语音本身的一个出口即逝性的特征，也就是它和时间的关系。语音的存在仅仅表现在它消失的过程中。语音的其他特征也决定或影响我们的心理动力学。其中一个主要的特征是语音和内在性的特殊关系，和其他的感觉相比，两者的关系更为特殊。这个关系之所以重要，那是因为人的意识和人的交流本身的内在性。要检测作为客体内在的物质内在性，语音的感觉是最直接的感觉。汉语口语中语音形式的普遍中介作用，覆盖了物质世界和精神世界的全部领域，它在口语表达过程中贯穿于口语表达主体和受体的整个身心的生理、心理和意识的各个层面，造成物物之间、物人之间、人我之间、心物之间、身心之间乃至天人之间多维度生态关联中的对应。

人的目光能够感知深度，但目光感知到的物体通常只是表面和外在的东西。味觉和嗅觉在记录内在性和外在性方面起不到多大的作用。在这个感知的过程中，触觉能起到比较大的作用，但在一定程度上破坏了内在性。沃尔特·翁认为：想用触觉确认一个箱子是不是空的，就得在箱子上钻一个孔把手指伸进去摸，这就意味着箱子在一定程度上已经被打开了，它内在的空间性已经有所减少。听觉能够记录内在性且不会破坏它：可以叩击一个箱子以确认它是否是空的。声音可以记录发声体的内部结构，无论这个发声体是什么。萨克斯管吹奏的乐音和笛子吹奏的乐音不一样：因为这两种乐器的内部结构不一样。人声从人体内的器官发出，这就形成了人声特有的共鸣。

视觉起分离的作用，听觉起结合的作用。视觉使人处在观察对象之外，声音却汹涌地进入听者的身体。毛利斯·梅洛-庞蒂在1961的研究表明，视觉形象一次只能够从一个方向映入人的眼帘：要看一处风景时就得把目光固定在一个对象。然而声音可以同时从四面八方传来，听者处在这个声觉世界的中心，成为感知和存在的核心。声音有一个构建中心的效应，这正是复制高保真度声音时达到高精确所利用的原理。你可以沉浸到听觉里，声音里。相反，沉浸到视觉里的办法是不存在的。视觉是解剖性的感知，和它相比，声觉是一体化的感知。听觉的理想是和谐和聚合的，因而会出现《明湖居听书》中描写的白妞说书时"声音初不甚大，只觉入耳有说不出来的妙境：五脏六腑里，像熨斗熨过，无一处不伏贴；三万六千个毛孔，像吃了人参果，无一个毛孔不畅快。唱了十数句之后，渐渐地越唱越高，忽然拔了一个尖儿，像一线钢丝抛入天际，不禁暗暗叫绝。哪知他于那极高的地方，尚能回环转折。几啦之后，又高一层，接连有三四叠，节节高起。恍如由傲来峰西面攀登泰山的景象：初看傲来峰削壁千仞，以为上与天通；及至翻到傲来峰顶，才见扇子崖更在傲来峰上；及至翻到扇子崖，又见南天门更在扇子崖上；愈翻愈险，愈险愈奇。"这里对说书的语言艺术的描写出神入化，采用了"通感"的修辞手法，从口语接受者的角度对说书这个艺术的语言的美的感受进行了生动的表述。内在性与和谐性是人的意识的特征。每个人的意识都是完全内化的，只能从内部感知，其他人无法直接从内心感知到他的意识。人体是边疆，介于"我"自身和外在一切事物之间。所谓"内部"和"外部"均指向身体的感觉经验，只能够凭借对人体经验的参照来传达。

在原生口语文化里，语词只存在于语音中，不会涉及任何可以感知到的文本，连这种文本存在的可能性人们也不可能意识到。声音的现象深入到人的生存感觉中，作为口语词加工的感觉而存在。语词被感知的方式在精神生活中始终是至关重要的。声音以人为中心的属性影响人对宇宙的感觉。声域不是平摊在"我"面前的，而是围绕"我"展开的。对口语而言，宇宙是进行之中的事件，而"我"则是宇宙的中心。古代的口语世界不了解"探险家"，印刷术普及之后，人们有了大量看印制地图的经验，才会把宇宙或"世界"想象成平摊在眼前的东西，像现代地图、广阔的平面或许多平面组成的东西（视觉展示平面），才会把宇宙看成是随时等待人去"探索"的对象。

基于口语的思想和表达的大多数特征和人们感觉到的声音的特征有非常密切的关系，因此可以说声音的特征形成了一个整合、集中和内化的体系。语言体系和保存记忆的整体论（如口语传承中的套语式表达）是协调的，语言体系和情景式思维（也是整体论，认为人的语言和行为处于情景的中心）也是协调的。再者，和语言体系协调的是围绕人的行为进行的人性化的知识组织，是内化的人。原生口语在任何时候都是在时间里流动的，他不是书面语或印刷词那样的静止的状态。荷马把语词叫作"长翅膀的语词"其含义就是出口即逝、富有力量和自由无羁。因此说，口语的语音美具有内在性。

四、口语词汇美的具象性

看得见的世界象征着无形的精神疆域，人们将之融入语言之中，语言借助于声，将无形的气息，转化、复苏，它在世界与我们的心灵之间搭建互通的桥梁。因此，语言反映世界，作为表现汉民族生活的世界的汉民族口语，有着独特的民族具象思维印记。E.T.A.霍夫曼在《克莱斯列里阿娜》中曾说"我发现色、声、香之间有基本类似性和某种秘密的结合"波德莱尔的诗《感应》就是对此的诗意表达。

自然是一座神殿，那里有活的柱子
不时发出一些含糊不清的语音；
行人经过该处，穿过象征的森林，
森林露出亲切的眼光对人注视。
仿佛远远传来一些悠长的回音，
互相混成幽昧而深邃的统一体，
像黑夜又像光明一样茫无边际，
芳香、色彩、音响全在互相感应。
有些芳香新鲜得像双簧管，绿油油像牧场，
——另外一些，腐朽、丰富、得意洋洋，
具有一种无限物的扩展力量，
仿佛琥珀、麝香、安息香和乳香，
在歌唱着精神和感官的热狂。

波德莱尔的《感应》诗意地表现了人可以利用感官直觉形象地描绘外在世界，也可以通过打通感官通道来更形象地美感地展示世界。一些艺术具有感性直观的特点，但各艺术门类塑造的艺术形象审美特征具有差异性。例如造型、表演、舞蹈等，其艺术形象是感性直观的。具象即具体存在于空间，而且能够感知的一种形状或形态。具象艺术的突出特点首先是它的视觉真实性或客观性，即按照我们所看到的世界的样子来描绘对象。具象艺术作品中的艺术形象都具备可识别性，希腊的雕塑作品、近代的写实主义和现代的超级写实主义作品，因其形象与自然对象十分相似，被看作这类艺术的典型代表。在语言艺术、音乐中,其艺术形象并非直观,口语以声音符号为中介创造,听者在聆听时通过联想和想象间接地体味、把握和理解客观世界和人类社会,它要作用于人的听觉,激发起人的想象、联想、情感活动,从而激发美感。中国人在对人物、事物进行叙述描写或褒贬评价时,往往在对它们认知表述的语言过程中,选用生动的具象性语汇,并融进了自己丰富而强烈的情感因素。在现代汉语口语中广泛流行的,大多是形象感强的词语,可以从感觉体验方面对汉语口语中具象性词语进行具体的分析。

虽然口语中所描述的形象并非直观,但以声音符号为中介,听者在聆听时通过联想和想象间接地体味、把握和理解客观世界和人类社会,它由于作用于人的听觉,激发起人的想象、联想、情感活动,从而激发美感。因此,口语的词汇美具有具象的特性,而其中汉语口语的词汇美尤其如此。

第二节　汉语口语的美学特征

心感于物(刺激)而动(反应)。情感思想和语言都是"动"的片面。"动"蔓延于脑及神经系统而生意识,意识流动便是通常所谓"思想"。"动"蔓延于全体筋肉和内脏,引起呼吸、循环、分泌运动各器官的生理变化,于是有"情感"。"动"蔓延于喉、舌、齿诸发音器官,于是有"语言"。这是一个应付环境变化的完整反应。前面在口语特点的基础上概括出了口语美学特征,在此基础上还可以进一步归结出属于汉语口语的美学特征。汉语口语的哪些特征才算美,怎样才能引起美感?钱冠连在《美学语言学》一书中提出语言美的基本品性:"说话人在恰当的语境中选择了恰当的话语,即话语的安排既适合社会背景又适合语篇背景;说话人在语言形式上选择了优美的音韵和适当的节奏,选择了符合形式美法则的语言表达实体"。把散乱的现象归结起来,汉语口语作为汉民族的日常用语,经过千百年来的发展演变逐渐沉积稳定下来,可以归纳出汉语口语具有音韵美、会意美和科学美的特征。

一、汉语口语的音韵美

所谓音韵美就是通过对汉语口语语音的具体组织、调度与安排，造成某种独特的语言音响效果，由此获得一种类似于音乐美的特殊审美价值和意义。语言在长期的使用中早已培育出了审美因素，而且语言的这种审美因素首先是体现在语音方面的。但以前这些研究大都是放在书面语和文学语言中来研究的，其实，本论文坚持的一点就是：汉语的音韵美应属于口语美的范畴，因为语言的美在于不出声就感受不到美，故而放在口语中来研究才会发现更多本源性的东西。与书面语相比较而言，汉语口语音韵方面具有独特的美感，其美的基本特征有如下表现。

（一）音韵美具有直观感性特征

既然音韵美是通过对语音的具体组织、调度与安排，造成某种独特的语言音响效果，由此获得一种类似于音乐美的特殊审美价值和意义。由此看来，它首先表现出来的是一种听觉形式的美，以此区分于书面语言的美。就是因为有一些作家吸取了口语美的精华，在创作中使得自己的文本不仅可以用来"看"，而且可以用来"听"。陆时雍在《诗镜总论》中说："有韵则生，无韵则死；有韵则雅，无韵则俗；有韵则响，无韵则沉；有韵则远，无韵则局。"音韵美也可以直接称之为音乐美，或者韵律美，"韵律美是从语言里剥离出来的，是把表层的'音声化'加以有序切分，然后进行总结、精简，使之规范，使之成型。"

汉语口语的音韵美也有原生口语音韵美和次生口语音韵美之分，它首先存在于毫无文本依托的即兴日常对话口语或独白之中，表现为原生口语的音韵之美。其次也可以存在于相声、评书、三句半、快板、小品以及话剧朗诵之中，再次是存在于书面文学创作中，但书面语言的音韵美需要通过言说、默读或诵读来实现。艺术语言中普遍存在的审美现象通常都表现为次生口语之美。

汉语口语音韵美的直观性特征决定了即使口语的接受者不了解语言的具体内容和含义，也仍然可以直接感受音韵美的存在。知道了这一点，就会更容易了解为什么外国人听中文时虽然不了解意思，但依然可以指出他们认为哪个词是中文中最美的词，哪个音发起来更好听。外国人普遍喜欢的一些汉语词语包括"跷跷板""毛茸茸"等，均因为具有叠音美的特性而表现出音韵美的特征。同样，一些外语中的语音同样由于符合天然的音韵美的要求而会使得一些不懂外语的中国人依然觉得这些词是美的，如英语中的 banana（香蕉），papaya（木瓜）等，都具有这种同样意义上的重叠音韵美。比较而言，汉语中的叠音词比其他语系中的更多，而且有自由组合的特点。比较一下。

你的小辫子好漂亮啊。

你的小辫子好好漂亮啊。

汉语口语中叠音词出现的频率很高，这两句话显然第二句抒情味更浓一些，叠音词更能舒缓语气，从而增强语言的抒情性和感染力。

（二）音韵美具有音乐性

魏晋尚韵，魏晋之士对音乐的美有深刻的体验，魏晋时期音乐艺术得到了极大的发展。音乐之"韵"，实际上就是由各种音响的和谐统一而成立的整体音响效果，也就是不离各种音响，同时又超越于各种音响之上的一种可感受而不可言传的东西。这正如人的整体生命的美，不离人的具体形相，而又超越于形相之上一样。于是，"韵"字被用来指称人的美，也就是可以理解的了。这是一种深层意义的转换，而不是表面上的相关。换言之，作为人物之美的"韵"并不是一种音乐性的美，而是人的生命的整体所散发出来的可感受而不可言尽的美。韵和音乐有着极深的渊源，因此今人释韵，大都着眼于音乐性。日本人金元省吾解释气韵，就说"谢赫之韵，皆是音响的意味，实在画面所感到的音响。即是：画面的感受，觉得不是由眼所感觉的，而感到恰似从自己胸中响出的一样，是由内感所感到音响似的。"这就说明虽然绘画是空间的艺术，所作用的是人的视觉，音乐是时间的艺术，所作用的是人的听觉，但是由于绘画也要追求色彩、线条和构图的和谐，也要通过色彩明暗、构图疏密、线条粗细、对象远近等方面的变化来形成某种内在的旋律与节奏，所以，绘画与音乐是相通的，它同样也会具有"韵"的特质。乔姆斯基的学生 Jackendoff 提出了语言的音乐语法，认为人的音感同普遍语法一样,也是与生俱来的。语言内在的音乐性驱使人们说话时选择具有节奏感和韵律美的词语,以展示语言的音乐美,独享或与人共享审美愉悦,这是音韵美的人类认知共性。

英语发音的韵律有四种方式:头韵、腹韵、尾韵、拟声。头韵即在一组词的开头或重读音节中对相同辅音或不同元音的重复,腹韵指谐音或发音相似,尤指词中元音的相似,它能将一句话粘接成和谐紧凑、脉络相通的整体,使之前后连贯、意义关联,增加语言的音乐感,充分发挥表达作用;尾韵使语言更具有诗性,韵尾周而复始,错落起伏,韵脚回环照应,把语言连成一体,给人一种和谐之美。英语发音中的这些音韵优势,在汉语口语的发音中都有不同的体现,连绵词双声叠韵叠音和拟声的优势在汉语口语中表现得淋漓尽致,美不胜收。

汉语音节的组合结构配列也有自己的原则:节首辅音和节尾辅音都只有一个,辅音的分布也不是随意的,如η这一辅音就只能出现在节尾而不能在节首,其他辅音一般在节首而不能出现在节尾。由于在汉语的音节中,结尾辅音的分布远不如英语多,也没有那么复杂,绝大多数辅音只能出现在节首,因此汉语的音节构成就比英语的简单。同时,由于汉语的一个音节可以是一个词,现代汉语中出现了大量的双音节词,据《现代汉语频率词典》统计,汉语词汇中的双音节词占词总数的 73.6%,而英语往往是多个音节构成一个词,词的音节数量没有规律性,这就为各自的韵律特征奠定了不同的基础:"汉语可以按单音节或双音节组织的音韵节奏,英语缺乏这正方便性,必须在首先考虑单词本身的音节数量的前提下选择词汇。"另外在辅音和元音组合构成音节的过程中,形成了乐音效果的等级差别,首先是辅音和元音的交叉分布,一个完整的音节是噪音(辅音)和乐音(元音)配列的二元一体:

$$辅音(组)=元音+辅音(组)$$

这种一体性所形成的音节的乐音效果虽不如纯粹的元音构成的音节,但也有一个度的差异,如 ha、ga、ta、ka、sa 之间存在着不同程度的噪音递增而乐音递减的问题,从而形成一个梯度级差;又如 ha、ma、ba、ta、sa、za 这一模式在声调群及其组织过程按一定规律分布,就形成了有效地韵律特征。这几十个音位的合理组合构成了大量有区别性的音节,增强了表意的有效性和复杂性。汉语的音节收尾大都是乐音,双音节词组合成的"辅音＋元音+辅音＋元音"是乐音的语音链,由声母＋韵母组成的双音节音步词几乎都是最佳组合的乐音链。

二、汉语口语的会意美

汉民族独特的思维方式作用于汉语口语,使得对汉语口语意思的理解须着眼于它的主体意识、语境等,这与在形式上自足的西方语言有很大不同。著名语言文字学家黎锦熙说汉语"偏重心理,略于形式"。汉语语素的单音节以及构词造句简明协调一致的规则使汉语句法异常灵活多变。这种灵活性构成汉语口语句法的许多特色。汉语主语形式丰富是众所周知的,世界各种语言都有由修辞而转入语法的现象,但这种现象以汉语居多,例如:

羡余结构:差一点没背过气去。

同语复用:去也得去,不去也得去。

对立式:左等不来,右等不来。

这些结构都增强了口语的表现力,非常适合说汉语的人们注重表现的需要。屈折语、黏着语等与汉语不同,这些语言的句法关系主要是靠词的形态变化,俄语名词有阳性、中性、阴性之分,有少数、多数形态,分别有又表示词语关系的六种格的变化;英语虽大致属于分析语,但动词时态变化多达16种,所以从这些复杂严密的据法关系来说,曾有语言学家认为汉语无句法,岂不知以汉语为母语的人们还会奇怪西方语言为什么有如此烦琐的变化规则。汉语口语从内在组织上来说具有会意美的特征。

三、汉语口语的科学美

科学美学有着源远流长的历史。在某一个时期,由于学者片面强调艺术美而曾被冷落,近年来随着科学、美学的发展而重新引起了人们的重视。自古以来,人们就感受到了大自然的美,相信世界是有规律、有秩序的。古人就有从多样化中去追求统一的审美理想,探求对大自然所蕴含的和谐规律。

毕达哥拉斯学派提出了数的关系是统摄一切的要素，美在于和谐与比例的观点。到康德时期，人们已经认识到自然界的一切和谐秩序都是源于大自然内部发展变化的结果。科学美的主要特征是"以简单而和谐一致的形式揭示出事物的本质规律。它所引发的美感与其他的美所引发的美感相同，是一种惊赞、快乐，深受感动的情绪。"如果说某种语言具有科学美，那么它也要具备上述的科学美的性质。

历史的演变说明，汉语口语的语音始终是朝着简便省力而又响亮悦耳的方向发展的。从古时候到现在，口语里的许多音变得简化了，如古入声[-p-t-k]尾以及大多数方言中的古音闭口的鼻音[-m]都失掉了，这样音就简化了。赵元任指出"关于容易传递方面，有两点我感觉可以算是中国语言的优点，一个就是中国语言的音节的尾音的辅音（如果有辅音的话）都是洪亮的，因为只有[n][ŋ][1]。"赵先生还举出一个生动的例子，一次在火车站遇到一个外国人叫远处的朋友"dʌfu"但对方就是听不见，赵先生就想帮他叫"dʌfu"王力先生在《汉语史稿·语音的发展》一章中举出了许多例子来说明这一演进："在汉语语音发展过程中，元音高化的现象是相当普遍的。"元音的高化趋势显然是简便省力与响亮悦耳、易于传递协调发展的结果。从中古到近代，汉语普通话声母趋向于简化，最普遍的简化规律就是浊音清化，带声（声带颤动）的辅音变为不带声。这些音变规律都说明了汉语语音的发展是循着同一规律的。声调的发展也是如此，声调的性质由音高、音长并重改为以音高为主，再就是短促的入声消失，这样的变化显然更利于信息的传递。汉语语音还形成了一套简单整齐、协调对称的音位体系。汉语同一发音部位不送气和送气的辅音是对称的（b和p，d和t，g和k）；鼻辅音（m、n、ng）从前至后恰好与前面三组音分别相对应。从发音方法上来讲，z、c、s和zh、ch、sh还有j、q、x也是对应的，而j、q、x只能和i、ü相拼，系统而整齐，这就便于学习和信息传递。由此可见，汉语口语语音形成了一系列简单整齐、协调对称的音位体系，汉语口语发音是简便协调的，符合科学美的原则。

第十二章　汉语文学创作理论

第一节　汉语文学创作的审美特征

王国维说:"文学中有二原质焉:曰景,曰情。前者以描写自然及人生之事实为主,后者则吾人对此种事实之精神的态度也。"王氏的"景"指客观之"物",其"情"指主观之"心",这二者的确是文学创作的"原质",但他却忽略了文学的第三"原质"——辞。如果没有"辞",即便情景交融,文学也只是作家头脑中的"内文本"(潜文本),不是"外文本"(显文本);缺少了"辞"的"物化",文学就没有了它的"存在",哪里还谈得上与读者的对话、交流!因此,刘勰讲得好:"物沿耳目,而辞令管其枢机。枢机方通,则物无隐貌……"(《文心雕龙·神思》)"辞"显然是文学创作中由"内"(心物交融)向"外"(文)转换的关键。也正因为如此,笔者认为,文学有"三原质"焉:曰物,曰心,曰辞。这三者是文学的"大端"。

而汉语文学创作的审美特征,集中表现在对物、心、辞三者的独特美学要求上。状物,则"以形写神";写心,则"以物显心";用辞,则"以文饰言"。

一、汉语文学创作的审美特征之一:以形写神

"以形写神"是东晋画家顾恺之提出来的。意思是说通过形似的描写来达到传神的目的。"以形写神"的观念形成与玄学思想影响下的人物品鉴有

直接关系。六朝时期人物品鉴已由"汉代相人以筋骨"转向了"识鉴在神明"的"神鉴":"物生有形,形有神精,则穷理尽性。"(刘劭《人物志》)"神"是抽象的,所以要借形显神:"夫色见于貌,所谓征神。征神见貌……"由此与人物"神鉴"相关的概念也应时而生:神气、神明、神色、神姿、神俊、神情、神怀、神意……这种人物"神鉴"波及到人物画上,就产生了"以形写神""传神写照"的观念——进而延伸到文学创作领域。

"以形写神"能成为汉语文学创作的一个显著特征,与汉民族的思维方式有关。汉民族讲究"中庸之道",不偏不倚,表现在文学上就是推崇"擘肌分理,唯务折衷"的"圆照思维",反对"各执一隅之解""东向望而不见西墙"的"偏狭——极端思维"。因之,尽管历史上出现过主"形似"和贵"神似"两种偏向,可主流始终是形神并重、以神为主的"以形写神"论。正如李泽厚所言:"中国古典美学的范畴、规律和原则大都是功能性的。它作为矛盾结构,强调得更多的是对立面的渗透与协调,而不是对立面之间的排斥与冲突。"而"以形写神"正是反映了两个对立面的"渗透与协调",体现了"圆照"思维的精髓——恰如其分地把握了形与神之间的"度"。它与西方"模仿说"强调外部的物理实在是大相径庭的。

二、汉语文学创作的审美特征之二:以物显心

西方"表现论"者认为,文学是作家主观心灵的表现,即是作家内心某种情感的"外溢、宣泄或喷涌。"他们重"心"轻"物"——强调"心灵的裸露、呈现",反对侧重"外物再现"的"模仿说",走到了另一个极端。尽管"表现论"和"模仿说"在理论上是对立的,可其思维方式却是相同的:"各照隅隙,鲜观衢路。"结果都犯了"过犹不及"的毛病。而汉语文学家则"圆鉴区域",没有各执一端的片面,恰当地掌握了"心"与"物"之间的分寸;既不"就心写心",也不"就物写物",而是"以物显心"。

以物显心,是指作者选择物象来表现其心灵。汉语文学家选择"以物显心",客观上有其合理性。如果直接抒写心灵(以心写心),不赋予心灵以读者普遍接受的有效审美形式,那只是纯粹个人意义的"主观宣泄",缺乏

打动他人的审美感染性。"你发怒并不能使别人跟你一样愤怒,你悲哀也并不能使别人也悲哀。""主观发泄感情并不难,难就难在使它具有感染别人的客观有效性。"(李泽厚《华夏美学·美在深情》)这就要求作者必须寻找能表现主观心灵的客观物象——"把你的主观情感予以客观化、对象化",以获得"感染别人的客观有效性";只有这样,作者生活中的"个人情感"才转换为文学上"能使人感受到、体会到"的"审美意象"。因此,刘大槐说:"理不可以直指也,故即物以明理;情不可以显出也,故即事以寓情。"

从写作实践看,"以物显心"主要有三种形式:

心灵外射。即作者把自己或作品中人物的主观情感"投射"在客观物象上,使后者"人格化",以此显露作者或人物的心灵。前人讲的"情变所孕""因情染景""以我观物,物皆著我之色彩"是也。其特点在于:通过对客观物象的"主观改造",使之成为作者"心灵载体",心物交融,构成具体、生动的审美意象,达到"以物显心"的目的。杜甫的"感时花溅泪,恨别鸟惊心"就是典型的心灵外射。花本不会流泪,鸟也不会伤心。诗人把强烈的"国破"之感"外射"到花、鸟上,使它们染上了人的"情感色彩",故而"花溅泪""鸟惊心"——折射了杜甫的内心世界。王实甫《西厢记》第四本第三折也有"因情染景"的"绝妙好词":"晓来谁染霜林醉,总是离人泪。"多情自古伤离别。作者为了渲染崔莺莺送张琪的离情别绪,而以"霜林"写之;一个"醉"字,把"霜林"之红"人格化",委婉、曲折地刻画了莺莺"长亭送别"时的心态——"最苦离别,最难离别,最重离别,最恨离别"。

物象暗示。即作者用某种或某几种物象来暗示自己或人物的心灵。前人讲的"神用象通""景中情""以物观物,故不知何者为我,何者为物"是也。它不像"心灵外射"那样将客观物象"主观化",而是借助物象与心灵的相似点,以物象来象征特定时空下作者或人物是心态。马致远的《天净沙·秋思》,选取了十个萧疏的"秋天物象"——枯藤、老树、昏鸦、小桥、流水、人家、古道、西风、瘦马、夕阳,暗寓"断肠人"的"天涯沦落"之感,真正做到了"悲喜亦于物显"。陶渊明的"采菊东篱下,悠然见南山",明写采菊,实则借采菊之所见,含蓄地流露诗人超脱、闲适、回归自然的恬淡心境。虽"语有全不及情而情自无限",妙在"心隐于物"也。《西厢记》写莺莺送张生也有两句"妙文":"马儿慢慢行,车儿快快随。"初看是写马、车,主观色彩不明显,实际暗藏莺莺的心迹。金圣叹批道:

右第四节,二句十字,真正妙文……盖昨日拷问之后,一夜隔绝不通,今日反借钱别图得相守一刻。若又马儿快快行,车儿慢慢随。则是中间乃自隔绝,不得多作相守也。即马儿慢慢行,车儿慢慢随,或马儿快快行,车儿快快随。亦不成其相守也。必也,马儿则慢慢行,车儿则快快随。车儿既快快随,马儿仍慢慢行。于是车在马右,马在车左,男左女右比肩并坐,疏林挂日,更不复夜,千秋万岁,永在长亭。

金氏的剖析十分透辟。马左车右,暗喻男左女右;马慢车快,影射夫行妇随,终身相守。一马一车,委曲地写出了莺莺"又稚小又苦恼又聪明又狸痴一片的微细心地"。由此可见,两句妙就妙在用马、车之物象暗示莺莺的"微细女儿之心",而不是"直写"或"心灵外射"。"景语"其实是"情语"。

乐哀互衬。即以欢乐、喜悦的物象表现悲哀、忧愁和以悲哀、忧愁的物象抒写欢乐、喜悦。也就是王夫之说的"以乐景写哀"和"以哀景写乐"(《姜斋诗话·诗绎》)。它强调的是相反相成——通过乐与哀的互相反衬,给读者留下较之相辅相成的正衬更为深刻的印象——"一倍增其哀乐"。

以乐景写哀。《诗经·小雅·采薇》说到战士出征之苦,则以"乐景"衬之:"昔我往矣,杨柳依依。"战士被迫离家,已黯然神伤;而"杨柳依依"的芳春美景则把战士的悲伤反衬得更加突出。李煜的《望江南》也是以乐写愁:"多少恨,昨夜梦魂中,还似旧时游上苑,车如流水马如龙,花月正春风。"词人昔日"游上苑"的欢乐梦境,与他今天沦为阶下囚的困境,形成强烈的反差。而这种繁华"乐景"的描述,正表露了他失落、无奈、旧梦难圆的凄楚心态。"以乐景写哀"不仅用在诗词等抒情性作品,也见于叙事性作品中。现代著名的女作家萧红的微型小说《失眠之夜》就是一例。作者先写"悲情":"我"因为"故乡的思虑"而失眠,"烦燥,呕心,心跳,胆小,并且想要哭泣"。尔后她用大量的笔墨渲染家乡的可爱:"蓝得有点发黑"的天,"像银子做成的""像白色的大花朵似的"云,"海涛似的绿色山脉",马羊骆驼鱼,好吃的高粱米粥和盐豆,石片烤鱼,羊肉嫩片粉,骑驴赶集……东北的富饶美丽、风土人情令人神往。作品以"乐景"写"哀情"是大有"深意"的：日本人占领了东北，国破家亡，"我"怎能不"烦燥"进而"想要哭泣"呢？显然，"乐景"所反衬的绝不是一般的思乡之情，而是隐含着深深的"国恨"。

以哀景写乐。《诗经·小雅·采薇》写到战士返乡，则以"哀景"衬之："今我来思，雨雪霏霏。"战士回来，满心欢喜；而"雨雪霏霏"的恶劣天气则把战士回家的喜悦反衬得更鲜明。郁达夫的《西溪的晴雨》则是现代作品"以哀写乐"的典范。文章先写"乐情"："秋源和我就主张微雨里下西溪，好教源宁去尝一尝这西湖近旁的野趣。"接着笔锋陡转，写了"哀景"："天色是阴阴漠漠的一层，湿风吹来，有点儿冷，也有点儿香，香的是野草花的气息。车过方井旁边，自然又下车来，去看了一下那座天主圣教修士们的古墓。从墓门望进去，只是黑沉沉的，冷冰冰的一个大洞，什么也看不见，鼻子里却闻吸到一种霉灰的阴气。"寻"野趣"的"乐情"与古墓的"哀景"对比强烈，同时也逗引读者的阅读欲望："野趣"安在？

以乐景写哀和以哀景写乐是有一定生活依据的。"当吾之悲，有未尝不可愉者焉；当吾之愉，有未尝不可悲者焉。"乐哀互衬正是生活复杂性、多样性的反映。

第二节 汉语文学结构的审美特征

一、首尾相援

追求结构的"均衡"是中西共同的目标。然"同归"却"途殊"：西方是以"头身尾"有机统一的整体操作方式达成的；而中国却是通过"以点代面""举要治繁"来实现的——即通过对"首尾"两个"大端"的心营意造，使之遥相呼应，从而取得匀称和谐、浑然一体的审美效果。因之，中国文论家特别强调"首尾呼应"："统首尾""首尾周密""首尾圆合""首尾相应""首尾联络""首尾钩连……甚至认为:"惟首尾相援,则附会之体,固亦无以加于此矣。"

首(起、起笔、起句、发句)。开头是作者煞费苦心的地方,虽很难("起句尤难"),可却必须写好。一是它关系到作品的"文气"是否通畅。"开手笔机飞舞,墨势淋漓,有自由自得之妙,则把握在手,破竹之势已成,不忧此后不成完璧。如在此时此际文情艰涩,则朝气昏昏,到晚终无晴色,不如不作之为愈也。"李渔结合写作实践从正、反两个方面阐明开头的重要:如果"头"开好,则如行云流水,佳构必成;如果"头"开不好,则文笔艰涩,思路不畅,完璧难成。此时最好不写。鲁迅说"写不出的时候不硬写"也是这个意思。在某种意义上可以讲,开头对写作过程的影响是决定性的。二是它能否吸引人。作品是写给人看的,而进入人视野的首先是开头;开头能否引人入胜,使之产生"阅读欲望",将直接关系到作品的"传播效应"。如果开头让人昏昏欲睡,兴味索然,这样的作品怎么会有人"读"下去?正因为如此,文论家们提出了"凤头论"("凤头"即"起句要美丽")"爆竹论"("起句当如爆竹,骤响易彻")"奇句论"("开卷之初,当以奇句夺目"),其旨在要求开头就能抓住"潜在读者",使之进入"显性的阅读状态",成为忠实的"接受主体"。曹植"明月照高楼,流光正徘徊"的哀婉,王维"风劲角弓鸣,将军猎渭城"的劲健,欧阳修"环滁皆山也"的开阔以及刘禹锡"山不在高,有仙则名;水不在深,有龙则灵"的精警,无不触动读者的心弦,都是开篇的范例,确实做到了"使人一见而惊,不敢弃去"。

尾(收、收笔、结句)。结尾也是见作者功力的地方。所谓"为人重晚节,行文看结穴"。一是它关系到作品的"均衡"与完整。"虎头蛇尾"是行文的大忌,因为这使作品"失衡"和出现"残缺",破坏了"首尾圆合"的结构美学原则。为了维护作品的"均势"与"圆满",结尾更要着意"求工",匠心独运,以此与开头"相援"。二是它关系到作品的"耐读性"。好的作品往往具有"言有尽而意无穷"的审美效果。而要获得这样的效果,其中很重要的一点就是在结尾上"用力"。文论家们主张的"豹尾论"("豹尾"即"结要响亮")"撞钟论"("结句当如撞钟,清音有余")"秋波论"("临去秋波那一转,未有不令人销魂欲绝者也")"截马论"("一篇全在尾句,如截奔马")"媚语论"("终篇之际,当以媚语摄魂"),都是希望能留住读者,使作品具有"永久的艺术魅力"。杜牧"秦人不暇自哀,而后人哀之;后人哀之而不鉴之,亦使后人复哀后人也"的悠长韵味,贾谊"仁义不施,而攻守之势异也"的画龙点睛,秦观"两情若是久长时,又岂在朝朝暮暮"的直抒胸臆以及范仲淹"先天下之忧而忧,后天下之乐而乐"的举目慨然,无不浸染读者的心灵,皆为收尾的典型,它们使读者"执卷流连,若难速别"。

二、明断暗续

"明断暗续"一向为中国文人所青睐。林纾说:"魏叔子之论文法,析而为四:曰伏、曰应、曰断、曰续。"并视之为作文的"要诀"。其实,"断"是为了使"文势""错综尽变",引起读者的期待心理("极力摇曳,使读者心痒无挠处""闪落读者眼光");它不是"真断",是"叙别事以间之"的"似断",因为作品中有一个贯串全篇的文脉。而好的结构应该是"天衣无缝",不留痕迹,因此,文脉"无形",神化不测,"阴引而下",故曰"暗续"。从实践看,"明断暗续"通常有两种情形:"断处皆续"和"先断后续"。

三、虚实组合

虚与实是中国美学中的重要问题。画家认为"虚实相生,无画处皆成妙境";书家讲究布白,要求"计白当黑";文家也主张"虚实相济",且尤重"避实就虚",即所谓"古人作文,善用虚写,以免板实,学者不可不知"。这里"虚"指侧面描述,"实"指正面描述。结构的"虚实组合",目的是使作品具有对比性、弹性,从而获得曲折变化之美。其组合主要有两种情况:"化实为虚"和"虚实互映"。化实为虚。即从侧面渲染、烘托被表现对象。"睹影知竿""烘云托月""烟霞、草树论"("山之精神写不出,以烟霞写之；春之精神写不出，以草树写之"）都是这个意思。其妙处在于拓展读者的审美想象空间，收到"不着一字，尽得风流"的艺术效果。《三国演义》中的"温酒斩华雄"就是"化实为虚"。作者没有正面表现关羽如何神勇，而是从"众诸侯"的反应（"如天摧地塌，岳撼山崩，众皆失惊"）来写，当关羽提着"以勇气闻于诸侯"的"华雄之头"时，作者又旁着一笔："其酒尚温"。这一笔表明交战时间之短，使关羽勇猛无敌的英雄形象跃然纸上；至于交战过程则由读者自己去猜想，余意不尽。"化实为虚"的要领是"目注彼处，手写此处"。如果以实写实，则"质实"有余，而少"空灵"，神味索然。

  虚实互映。即虚写和实写的连用。虚实互映能使作品富于变化，曲折地表现写作对象，把"结实"和"空灵"统一起来。《老残游记》第二回写白妞说书，就是亦"虚"亦"实"。作品先借"挑担子的""铺子里的"店员、行人、"茶房"之口极力渲染白妞说书如何诗文的情景，到了下文，却插入了另一件事：杭州的一位亲戚送"我"一大包新书，"给我打开了心灵的窗"。此事似乎与父亲教导"我"不相干，是"断"；但"很久以后""我"向亲戚表达谢意时，才知道那一大包新书是父亲托交的，原来还是父亲"启蒙"了"我"，这才"续"上。正如刘熙载所言："明断，正取暗续也。"（《艺概》）汉语文学结构的审美特征，从根本上说，源于中国的二元思维模式。

  汉语文学的"首尾""虚实""断续"正反映了这种二元思维模式。"阴阳对立"转化为"首尾相援"的均衡性；"阴阳互动"则呈现出"虚实组合"的互补性；"阴阳合一"则显示为"明断暗续"的联结性。而作品一旦实现了结构的均衡、互补、联结，也就达到了"弥纶一篇""杂而不越"的圆融境界。

第十三章 文学语言节律美的言语生成

第一节 汉语节律学的界定

语言的节律是指由附着在语言的各个层级中的声音的高低、轻重、长短、快慢、停延、音质变化以及基调来营造的音乐美效应。研究语言节律特征及其组合规律的科学叫节律学，或节律语音学、语音修辞学。汉语的节律具有表意、表情、表态的功能。语音链上对立统一的因素越多，语言的音乐性就越显著。

汉语的节律是有层次的。其节律的层级是：音节＜音步＜句子＜语段＜篇章。各种节律特征都属于不同的层面。如汉语的声调能区别词义，也叫调位，它属于音节层的节律；词语进入语言层，因为交际的目的和语境的需要，相同音节序列的句子要用不同的音高、音长、音强来表示，从而形成特定的口气语调，这是句子层的节律；"重音"，是在语词或句子中使某音节因清晰而显得突出的发音。重读方式往往由音强、音高、音长或音色等因素构成；按照吴洁敏、朱宏达的《汉语节律学》一书所确定的，"停延"是指说话或朗读时语流中声音的中断和延连，主要由音长、音空等因素构成，它起到了语言在语流中的分合作用；语言的"节奏"是指语音的疾徐、高低、长短、轻重及音色的异同在一定的时间内有规律的相间交替、往复、呈周期性的组合。正如音乐不能脱离时间而存在一样，节奏就是音乐的时间形式。停延和节奏分布在音节音步层以上的各个层面。基调是语篇的基本腔调，属于语篇层的节律特征。

节奏是节律的主要表现形式之一，更是节律的灵魂，它占有重要的地位。汉语自身的语音特点规定了汉语的节奏形式。汉语的节奏形式由音高、音长、音强及音色的异同对立统一呈周期性组合的结果。节奏在语音链上的呈现形式有七种：即音顿律、平仄律、声韵律、长短律、快慢律、重轻律和抑扬律。

　　音顿律，就是由相等音节或相等音步有规律交替出现的节奏，形成语音链上等音长序列和音空。音顿律表现最明显的是诗歌，特别是等言体诗歌。如杜甫的《恨别》：洛城/一别/四千/里，胡骑/长驱/五六/年。草木/变衰/行剑/外，兵戈/阻绝/老江/边。音步由音节组成，汉语语音链上两个字一顿、两个字一顿的双音节音步是汉语音顿律节奏的主要倾向。语流中的音步可以是词，也可以是词组。"平仄律"，即以音高成素为主形成平声与仄声有规律的相互交替或上下句语段平仄相对出现，就形成语音链上的平仄律节奏。自从齐梁沈约等人发现"四声"并把它应用于文学创作，创立了一种以声调的异同对立统一为节律特征的五言"永明体"诗开始，就形成了诗文中的平仄格律。后来又演进为四声二元对立，把平声和上、去、入分为平仄两类，构成了实际上的平声字和非平声字的对立。这种二元对立的平仄律，从唐代近体诗沿用至今，历时一千多年。"长短律"，就是由对立着的长音列和短音列有规律的交替出现而形成的周期性组合的节奏形式。由于汉语语音链中存在着不同时值不同层次的停延，如音步之间的停延时值比音节之间的停延时值长，句子音段间的停延时值又比音步间的停延时值长，这就形成了汉语长短不一的语句音段。"声韵律"，即由音素的音色异同对立统一呈周期性组合，如同音节与异音节，同声母与异声母，或者同韵母与异韵母相间，就形成了同音色与异音色的有规律交替出现构成的声韵律节奏。如汉语的双声、叠韵、叠音、押韵以及反复、回文、顶针等辞格的运用，都可以形成语音链上音色异同相间、回环往复的声韵美。"重轻律"，即由重读音节和非重读音节相间交替而成的节奏形式。"快慢律"，是由音步的疾徐对立，相间交替，回环往复形成的节奏形式。

　　"扬抑律"是属于语段层的节律，就是语流中，由句的扬、抑、平、曲调型有规律的对立统一呈周期性组合，便形成了语音链上的扬抑律节奏。

第二节　节律与词句

一、节律与炼词

词是语言中能够独立自由运用的最小单位。古代汉语以单音词为主，语法方面缺少严格意义的形态变化。现代汉语以双音词为主，据《现代汉语频率词典》统计，汉语词汇中的双音节词占总词数的 73.6%。多音节词是指由三个或三个以上的音节表示的词。文学语言用词，除了顾及表达意义和区别意义的功能之外，还要以审美趣味去择音。大凡深谙作文赏文之精奥处者，无不在字句音响上煞费斟酌，无不在抑扬亢坠间密咏恬吟。"桐城派"古文学家，特重朗读，其用意在于，在回翔曲折处领悟其神韵，揣摩字句的声音节奏。我们常常赞叹美文读来自鸣天籁，一片好音，而不知其背后自有一番词语锤炼的功夫。

文章最要节奏，攀之管弦繁奏中，必有希声窈渺处。

所谓文章的"神气"，就是文章的精神气韵。文章气韵的高下和音节的调配有密切的关系。文章气韵的可以意会不可言传的幽缈信息，都从音节中传递出来。不过在科学的语音学不甚发达的清代，刘大魁难免把诗文节律给神秘化了，看不到用韵择音精妙处的理据。姚鼐也视语音修辞为文章最需用力处。他在《与石甫侄孙》一文中说："文章之精妙不出字句声色之间，舍此便无可窥寻。"作诗属文者，胸中自有炉锤，字词声音之高下，短长，少不得一番锤炼。南宋葛立方的《韵语阳秋》云："陈去非尝为吾云：唐人皆苦思做诗，所谓'吟安一个字，燃断数茎须''句向夜深得，心从天外归，''吟成五字句，用破一生心''蟾蜍影里清吟苦，舴艋舟中白发生'之类是也。"千锤百炼的终了，却又能"极炼如不炼"，出色而本色，人籁归天籁。

汉语中每个音节大体相等，都具有相对的独立性。汉语音乐性的重要表现，就是音节的搭配意义，主要表现在单双音节的搭配上。郭绍虞说："汉语的音乐性产生在单双音节问题上。"汉语对音节看得比较重要。双音节和四音节是自足的，具有均衡稳定感，单音节和三音节是相对不稳定的，具有运动变化感。《文心雕龙·丽辞》说："偶语易安，奇字难适。"所以一般情况下，单音节的词要求与单音节的词相配合，构成双音节的节拍。双音节的要求与双音节的配合构成四音节的组合。为了满足这一要求，表达者就得压缩多音节词，或拉长单音节词，特别是并列结构中。在语言的运用中，交际者的心理往往要求音节的对称和均衡。三字格是奇数，人们常常采用两个三字格的连用，通过3+3式的组合，来达到均衡的美。如："秋已尽，日犹长，仲宣怀远更凄凉。"既保持了三字格的动态飞扬感，又具有双数的自足稳定感。单音节、双音节、三音节和四音节的合理的配合，是汉语音乐美的途径。中国人句子的组合特别喜欢对偶法，平行句法。汉语诗歌通常是四句为一首或一节，因为单句有不自足的变动感，所以三句成诗的较少。单双音节的搭配也体现了汉语诗歌与散文的差异。诗歌往往把单音节放在句尾，散文则把单音节放在句子的中间。

二、节律与炼句

　　文学语言中的韵文，特别是诗词语言，既是一个规范场，又是一个变异场，它的变异不能超越认知和想象所默认的可然性限界，文学语言正是在规范和变异的对立统一中创造它自身的。诗词语言除了在追求诗性美的过程中塑造它自身以外，还要按照韵律美的理想去塑造它的声音形式。明白了诗的生命在他的内在的音节的道理，我们才领会到诗的真趣味，不论思想怎样高尚，情绪怎样热烈，都得拿彻底的"音节化"（那就是诗化）才可以取得诗的认识，要不然思想自思想，情绪自情绪，都不能说是诗。

　　强烈的诗性追求和不可或缺的节律特征，在创作过程中具体化为句法与节律的对立统一的局面。特别是在齐梁以后，格律渐趋程式化的近体诗中，句法上切分出的意群和韵步并非总是同步对应的。由于韵律规则是外在的、强制性的，而古代汉语是单音节占优势的语言，即使是双音节词，每个音节相对的独立性也较强，这赋予汉语的句法以极大的弹性，或称之为意合性。

因此，为了适应程式化的格律规则，作家不可避免地要对句法进行一些变通。

　　美感的成因，一则是韵律制约下的诗句内部词语序列的变异，二则是在没有韵律要求的前提下，作家为了迎合题旨情境、最大可能地调动语言序列来追求诗性美的魅力。如明代的李东阳在《怀麓堂诗话》中就赞赏老杜的诗"用倒字倒句法，乃觉劲建"。如杜诗的"风帘自上钩""风窗展书卷"，"风鸳藏近渚""风江飒飒乱帆秋""风"字皆倒用，犹为警策。关于这一点，孙力平在《近体诗句法变异的韵律与语用分析》一文中称为"语用错位"，并把这种语用错位归纳为因话题化形成的错位，因焦点化形成的错位，因认知化形成的错位，因诗语化形成的错位。我们这里不讨论题旨情境要求下的语用错位，而是探讨在韵律制约下的诗词句法变异。我们不妨把它称为"韵律变异"。

第十四章 学语言意象美的言语生成

第一节 学语言审美意象研究

一、意象概念的界定

关于意象概念的界定影响比较大的当推美国庞德的说法，他是从意象心理生成的角度来下定义的。

一个"意象"是在瞬间里表现智慧和情感的复合体。

我们认为这个定义强调了意象生成的心理机制，即它的直觉性和理智与情感的交融性。文学创作实践证明，意象的获取方式，大多是凭借直觉的思维形式进行的。它省略了抽象思维运用概念进行逻辑推理、综合、判断的过程，而是通过直觉地领悟，直接透视生活的本质，直觉思维是对本质的直接知觉。对于意象的生成，在古人凤毛麟角的议论中，唯唐代王昌龄的论述比较科学。

夫置意作诗，即须凝心，目击其物，便以心击之，深穿其境。如登高山绝顶，下临万象，如在掌中。以此见象，心中了见，当此即用。

诗有三格。一曰生思，久用精思，未契意象，力疲智竭，放安神思，心偶照境，率然而生。二曰感思，寻味前言，吟讽古刺，感而生思。三曰取思，搜求于象，心入于境，神会于物，因心而得。

这段论述已经探及到意象生成的直觉思维形式，"春秋代序，阴阳参动，物色之动，心亦摇焉……"作家首先受到了自然物象、社会生活的感染，"凝心"体察而进人艺术创作的酝酿状态，他必须对所描绘的客观对象的物性、物理和物态，有深切的观察才能对物象进行独具特性而又合乎规律的运用。审美意象中的"意"不是纯粹的理性、义理，而是情理交融的"情志"，是充溢着情感、情绪的思致，其主旨往往是对作品之象的最贴切的诠释。思维常常在"取象"过程中，力疲智竭，待到精神安寂时，意与象却如邂逅近一般，偶尔相遇，率然而生，这毋宁说是情致与物象在一瞬间碰撞产生的审美意象。可见，这个"取象"的过程不是单纯的模仿，而是起于物我之间因生命之气的交流共鸣而应和互通。心中之"意"与万物之象，互相感应。"观物取象"，是基于同态对应的深切认同。中国人体认外物的时候，不是"以我观物"，而是"以物观物"。视外物为同类，为手足的，即所谓"意与象通""神与物游""凝神关注"以至于"物我两忘"的状态。情志与物象浑融一体，"登山则情满于山，观海则情溢于海"。艺术家头脑中的山、海的形象已不是纯然的物象，而是主观情致和客观物象的融合，因此审美意象之象不再是经验的客体，而是在主观情致的笼罩中，以至于与之相符合的，经过艺术变形的"象"——即它虽然以知觉表象为素材，但并不等同于事物的表象，它总是把表象"变形"了的一次新颖的创造。正如清代吴乔的《围炉诗话》所说："文喻之炊而为饭，诗喻之酿而为酒。文之措词必副乎意，犹饭之不变米形……诗之措词不必副乎意，犹酒之尽变米形。"如果说表象基本上是"不变米形"的自然形态的话，那么，"意象"则是"尽变米形"的艺术形态。这是偏重于主观的艺术意象，还有偏重于客观的意象，那就是攫住了某些外部场景（如白居易的《大林寺桃花》"人间四月芳菲尽，山寺桃花始盛开"）或行为的情感（如："朱门酒肉臭，路有冻死骨"），把它带进了头脑并再现其本质的或主要的特点，于是那意象仿佛像外部的原物似地出现了，这便是偏重于客观的艺术意象。

　　意象的定义是：意象是在主观之意和客观之象相互作用下，以直觉思维的形式而瞬间生成艺术表象。意象有偏重于主观和客观的之别，偏重于主观的意象是由于主观之意的渗透而使客观之象发生艺术变形，由经验表象变成艺术表象。而偏重于客观的意象，就是把某些外部场景或行为情感中本质的、主要的特点再现出来，其审美意象与客观经验表象比较贴近。意象是诗歌的元件，诗是由意象构成的，意象的拼接、组合、转换，把零散、孤立、相互间不明确的意象组合成一个有机整体是诗歌创作的全部过程。

二、审美意象生成的语言物质基础

（一）语言符号所蕴藏的生动可感的表象性

诗歌意象的基本特征就是它的具象性，可以说营造具象性的语言是建构意象的前提。人类思维成长的各个阶段在语言中留下了鲜明的遗迹，而思维形式是文化的核心。

语言世界反映物理世界是经过文化世界这个中介。换句话说，语言是在文化折光之下表现物理世界的。

我们汉民族重具象、直觉、感悟的思维方式，更善于捕捉具体的事物，并用具象的语言去描绘它们，即使包括我们自身的经验，也少用抽象的语言去概括，而是将经验构成某种形象性的东西。以汉语词汇为例，一些处于词义表层义之外的隐含义素，大多是因直觉感悟而生的，如"天涯"一词的表层规约义是指"天边"，但是，我们在看到或读到"相去万余里，各在天一涯"的诗句时，油然而生的那种身世飘零的伤感，恰是造词之初所倾注的情感内涵。

语言文字具有通向一般性、普遍化的基本特征。这是由语言的社会交流性和思维的愈发抽象化决定的结果。语言的社会交流的功能之实现，就是依赖语言的这种普遍的、一般的集体规约意义能为操同一语言系统的人使用和理解。语言的社会性似乎是在否定着它的纯个人性和具体性。语言的这种为了信息传达的有效性而由社会契约保证的、固定化了的能指与所指的关系的确定性（也叫"透义性"）模糊了意象的可感性和可视性。但是从发生学的角度来说，属于第二信号系统的语言是对第一信号系统即感觉经验的抽象，一些语汇虽然已经概念化、理性化，但在造词之初的那种弥漫着的感性的、表象的、情感的意蕴仍潜伏在语汇的表层义下，在那仅露出一角的冰山下面，是一片无限的、随时可能被唤醒的深渊。从上一段引文可以看出，索绪尔在肯定现代语言符号的概念化、逻辑化、推理性的同时，并没有忘记语言同感觉功能的联系——即当我们听到或看到一个词时，除了理解它的所指的理性意义之外，常常还伴随着关于这一事物的种种属性的联想，也可称为心理意象。正如我们一看到"水"这个词的时候，我们就会联想到它的千姿百态一样。因此，我们认为文学语言具有双重性——一方面它作为语言形态存在着，承载着抽象概括的理性意义；另一方面它又作为审美形态存在着，传递着审美信息——即在语词理性意义之下蕴含着的，诱发联想的内涵意义、情感意义、形象意义等的最具美感的信息。

在人类文化的早期，语言的这种诗意或隐喻的特征似乎比逻辑或推理的特征更占优势。所以德国思想家赫尔德的老师和朋友乔治·哈曼说，诗是人类的母语。但是随着人类思维的进化，语言的这一倾向减弱了，在扩张它的固有的表现力的同时，也就使其自身变得越来越抽象。而文学语言意象营构的审美追求正体现了与理性、概念意义相对抗的，即以具体的、个别的、可感可视性来削减语言的抽象性、普遍性的努力。

凡伟大的艺术品都给我们对自然和生活的新探索和新解释，而且这解释只有按照直觉，而非概念，按照形式，而非抽象符号才可能。只要我们从视觉中失去了这种美感形式，我就失去了我的审美经验的基础。从而我可能会同意把艺术归属在一个更普遍的概念之下。

这个"自己的意义"，取代抽象符号的"视觉中的美感形式"就是审美信息。诗歌意象可称为最为典型的审美信息，因为它凝聚了审美信息的一切特质。语汇联系着感觉功能的特点，为意象生成提供了无限的可能性。营构文学意象就是要在语汇的抽象性、一般性和意象的具象性、个别性的矛盾中运作，通过具体的组合，凸显语汇的具体、个别、可感可视的功能。如杜甫的诗："两个黄鹂鸣翠柳，一行白鹭上青天。窗含西岭千秋雪，门泊东吴万里船。"这里有诉诸视觉的颜色词：黄鹂、翠柳、白雪、青天；有诉诸听觉的音响词：鸣；有近景："窗含""门泊"；有示时间之悠久的词"千秋"；有呈空间之远阔的度量词"万里"。这些可视可感的，属于诗人眼中个别的意象，就承载着浓厚、隽咏的审美信息。

（二）在语言的组合、聚合关系中实现概念意义向具体表象的转变

索绪尔《普通语言学教程》中提出了语言符号的两大特征，一是任意性，一是线条性——即语言只能在时间先后上展开，只能在一个向度上测定其特征。同时，把语言系统中联系各类成分的关系确定为组合关系和聚合关系。那么，我们自然要在这几个向度上来确定语词意义，也就是说语词的意义处在组合、聚合这两种关系相交形成的语义场中。在线条组合的序列中，每一个词都有在意义上影响其他词的潜在的可能性，同时，也随时可能接受其他词的熏染而意义发生变异。即每个部分既是受动者又是施动者。可见作品是由一个各部分互相作用的关系网所构成，它的全部意思正是这种相互作用的产物。

纵向的聚合联想关系，则是词的联想语义场。索绪尔把联想关系界定为：在话语之外，各个有某种共同点的词会在人们的记忆里联合起来，构成具有各种关系的集合……我们可以看到，这些配合跟前一种完全不同。它们不是以长度为支柱的；他们的所在地是人们的脑子里，它们是属于每个人的语言内部宝藏的一部分，称呼为联想关系。句段关系是在现场的；它以两个或几个在现实的系列中出现的要素为基础。相反，联想关系却把不在现场的要素联合成潜在的记忆系列。

语词的审美信息就是附着在理性信息上的，潜伏在词义系统中"联想关系"的意义。如车尔尼雪夫斯基在谈到"水"时，自然联想到它的各种美的属性。

水，由于它的形状而显出美，辽阔的，一平如镜的，宁静的水在我们心里产生宏伟的形象。奔腾的瀑布，它的气势是令人震惊的，它的奇怪突出的形也是令人神往的。水，还由于它的灿烂的透明，它的淡青色的光辉而令人迷恋。水把周围的一切如画地反映出来，把这一切屈曲地摇曳着，我们看到水是第一流的写生画家。水由于它的晶莹的透明而显得美；浪花所以美，是因为它顺着波涛飞跑疾驱，是因为它反映着太阳的光，当波涛迸散的时候，浪花就像尘雾一般飞溅而去。

人们对水的这些审美联想意义，沉潜在水的表层义下，它随时可以被唤

醒。我们认为，在文学语言的意象营构中，可以通过特定语义场的制约作用，使这种感性的、表象的审美信息凸显出来。还以水为例，水的理性意义是由氢和氧组成的纯净透明的液体，但在具体语义场中"水"的理性意义被抑制了，而它的表象的、生动的、审美性的种种意象则浮现出来。

第二节 审美意象言语生成策略

在西方修辞学中，对辞格的认识经历了一个修正过程。从古希腊罗马时期，就认为辞格是对语言的修饰、装饰，这种说法，实乃极不科学。因为所谓修饰、装饰就意味着一个多余的、可有可无的东西，一个附加物、调味品，而适合于表现的东西是不应该被称为装饰和外来的、附加的东西。实则任何形式上的变化都是新内容的发掘。美国文艺理论家艾布拉姆斯也认为，比喻辞格常被说成是语言的"饰物"，而实际上他们完全是形成语言功能的有机部分了。不仅对于诗歌，就是对于其他表达方式来讲也是必不可少的。我们知道，文学语言是对日常语言的一种有意识地"解构"。以语音、语义、句法上超常变异来创造一种异乎寻常的审美接受的"语境"，迫使接受者一改日常的读解习惯，以全新的眼光去接受、感觉那全新的审美信息。在完成这种"解构"过程中，辞格无疑是最"先锋"的形式。正如柯享所说："诗摧毁了日常语言只是为了在较高层次上重建此语言。由辞格完成的'解构'被另一种'重构'所接替。"另外，辞格作为一种变异修辞的典型形式，其生成有着相应的心理动因。文学语言，特别是诗歌语言常用来表现作家主体对自然、社会客体敏感的内心感受，在主客观相互作用下产生的强烈的创作欲望的驱动下，作家心理常常发生异于常人的变异。

一、列锦意象

列锦作为新建辞格，在谭永祥的《修辞新格》和倪宝元的《大学修辞》中都被收入，谭氏定义为：把具有关键性的名词或以名词为中心的定名词组，组合成一种多列项特殊的非主谓句，用来写景抒情，叙事抒怀，这种修辞手法叫"列锦"。简而言之，列锦就是所欲表达的语意中的关键词的连缀。我们知道，语言中的词语一方面和一定事物相联系，一方面又靠句法的作用和前后的词语相联系。句法力量的强弱会左右人们的阅读视线转向不同的方向。如果句法力量强，整个句子因前后词语关联密切而形成了一个复杂的意义集成块，人们被句法的逻辑力量催促着，如果不从句子的开头读到结尾，从一个句子奔向另一个句子的话，便不能完成意义的编织，整个阅读类似一个个抽象符号的演算过程；如果句法力量弱，词语间的联系经常被打断，这样，就凸现了词语与事物间的联系，在词语间的句法联系被忽略的同时，一个个直观的意象便清晰起来。列锦格是中国古典诗词意象经营的一种方式。它把名词或名词性的词组罗列在一起，无所谓哪是主语，哪是谓语，没有起语法作用的虚词把它们勾连起来，形成了名词意象间的并置。因为缺少中间媒介和联系，这种并置产生了逻辑联系上的脱节。在结构上类似于王力在《诗词格律》中所说的"不完全句"，但他不认为这是诗人有意识造出来的，而是诗歌语言精练表达的需要。诗歌要在短短的几十个字中，表现尺幅千里的画面，所以非压缩句子结构不可，且这种压缩非但不影响句意的表达，而且使这种表达更加凝练，余味无穷。因此，起码在诗歌语言中与其说它是"不完全句"，不如说它是辞格——一种积极的修辞手法。所谓列锦意象，就是通过列锦辞格的相对稳定的语言形式来营构的意象。

二、通感意象

（一）通感的心理机制

通感本是一种心理现象，心理学上称为联觉。在一般情况下，人的各种感觉器官各司其职。人的某些感觉器官接受外物的刺激，经过内导神经传到大脑的皮质，进入能够引起兴奋的相应区域。这种兴奋的"分化"，使其他区域相对"抑制"，因而，不同的区域对事物会产生不同的反应。载有视觉信息的结束于枕叶，对光波做出反应；载有听觉信息的结束于颞叶，对声波做出反应；载有嗅觉信息的结束于颞叶内侧，对气味做出反应；载有触觉和动觉信息的结束于顶叶。但是，大脑皮层的各个"区域"间不是彼此孤立的、相互隔绝的，他们的边缘地带有许多"叠合区"，具有联结、协调、沟通的作用，在"兴奋分化"的同时，产生"兴奋泛化"，引起"感觉的挪移"。

人的各个感官不是孤立的，他们作为感觉的分支，多少能够互相替代、互相过渡。一个感官响了，另一个感官作为回忆，作为和声，作为看不见的象征，也就起了共鸣。这是一种生理现象，即对一个感官的刺激也引起其他感官产生相应而不同的反应。它又是一种心理现象，是大脑相应部位的神经细胞之间发生的共鸣和联想。一种刺激可同时激起多种感官的不同感知，在大脑中引起共鸣，人类感官的这种通感作用构成了人们认知事物又一生理和心理基础。这种生理上和心理上的通感构成了人类普通的一种认知方式，即从某一感官范畴的认知域引向另一个感官范畴的认知域，形成了人类认识客观世界和表达思想感情的一种重要手段，成为人类一种普遍的语言现象。一般人的日常心理中，通感的发生是自发的，低层次的心理活动。在日常语言词汇系统中，有很多词都是在通感心理的作用下构成的。如：悲凉、热情、冰冷、热闹、冷静、冷笑、香甜、苦寒、音乐、字正腔圆、秀色可餐等。但是在美的领域中，通感则是一种高级的审美创造活动。法国象征主义诗人魏尔伦的诗句："白杨仍在诉无边的悲哀，喷泉仍在吐银白的呢喃。"波德莱尔的诗句："回声渺茫如黑夜，浩荡如白天。"在通感的联觉关系中，以视觉和听觉的沟通最为普遍，无论是在日常生活还是在审美领域。为什么会这样呢？这是因为，据心理学的统计，人的大脑贮藏的感觉信息，80%来自视觉，10%来自听觉。因此，当人们感知某一个客观事物时，不仅引起相应的感觉，而且，大脑中原来贮存的大部分来自视听的感知信息、经验、记忆，经过想象和联想，还会补充、丰富和发展这种感觉，并把一些没有直接感知到的东西赋予给它。

通感既是很多辞格产生的心理基础，同时其艺术语言的呈现形式又有一定的规律性，因此仍把它划归为辞格大家族中的一员。所谓通感意象，就是为了创造审美效应而利用不同感官之间的相互联系，通过某些语言呈现策略而营造的意象。韦勒克、沃伦的《文学理论》把它称为"联觉意象"，其产生的心理背景就是审美创造过程中的反常心理。他告诫人们，必须从脑子里坚决摒除意象仅仅是或者主要是视觉的认识。意象除了视觉的以外，还有听觉的、味觉的、嗅觉的意象，而且还有"热"的意象和"压力"的意象（"动觉的""触觉的""移情的"）等。数学家哈达马德在收集了大量的第一手资料后指出，数学家的意象大多是视觉的，但也可能有别种类型，如动觉甚至是听觉的。

（二）通感意象的语言呈现策略

不同感觉之间短暂的"联姻"，在语言符号上必定有相应的呈现形式。下面我们还是以诗歌语言为例，来具体探讨一下通感意象的语言策略。

通感一般是把分属于不同"感觉域"的词或词组，通过特定语法手段组合在一起，使核心意象的词义发生变化——感染上其他"感觉域"所特有的色彩，从而形成通感意象。

语义学的研究事实表明，一个语义场的各个义位不仅在意义上有关，而且在意义上互相制约、互相规定。因为，一定的词汇和短语只与一定活动有关，所以，在日常语言中，语义场明显的制约着词汇的选择。在这里我们可以把视觉、听觉、触觉、味觉、嗅觉视为5个语义场，表示这5个不同感觉的词汇，将分属于这5个语义场，而且视、听、触、味、嗅分别是这5个语义场的具有相互区别意义的义位。如，感觉物体的软硬、冷暖、厚薄、干湿、滑腻等自然属于触觉感的语义场。正常的语义搭配都是在同一义位汇聚下的语义关联域中，即语义场中进行。纵横两轴上的语言选择、搭配都要服从语义场的规约。具有相同义位的词能够以其相容性而组合在一起，这是它们互相选择的结果；而义位相斥的词不能组合在一起，这是他们互相限制的结果。但是，通感性意象的生成则是有意识地破坏这种正常搭配的逻辑规范，通过特定的语法手段，把不同感觉语义场的词组合到一起。这些词一旦进入到特定语境中，就会互相修饰、感染、交融，把相异语义场特有的感觉色彩赋予给核心意象。

三、对比意象

对比本是一种辞格，即把两种互相矛盾、互相对立的事物或同一事物中互相矛盾、对立的方面加以对照、比较，收到语义鲜明的表达效果的修辞方式。诗歌语体中情感意象的营构，非常讲究如何利用对比辞格辩证地处理直与曲、哀与乐、正与反等相对概念的关系。张弓的《汉语修辞学》中把对比辞格称为"对照"，刘焕辉的《修辞学纲要》称为"互衬"。所谓对比意象就是以对比辞格为语言呈现形式，以建构意象为美学旨归，把语义上、感情上及联想意义上对立、矛盾的词、词组或句子组合在一起，从而使两种意象产生相互强调、相互对比、相互冲突的作用，以强化诗人的某种寓意、情感、观念。刘熙载《艺概·词曲概》中谈到这种对照手法时，特拈出文文山的两个精彩例句：一是《满江红·和王夫人》云："世态便如翻覆雨，妾身元是分明月。"写世态如翻云覆雨，而与之相反，不变的则是那女子如明月般朗洁坚贞的性格。二是《酹江月·和友人驿中言别》云："镜里朱颜都变尽，只有丹心难灭"，以红颜已改比照丹心依旧。《诗·小雅·采薇》中的："昔我往矣，杨柳依依；今我来思，雨雪霏霏。"士兵出征心情是哀苦的，诗人却描写了杨柳在春风中飘荡的美好春景，景的美好更反衬出"春风不解人意"的哀苦；士兵回来时心情是愉快的，诗人却写雨雪之苦景，不顾雨雪而忙着赶路，更显出心情的愉快。故前人分析此诗："以乐景写哀，以哀景写乐，一倍增其哀乐。"

参考文献

[1]贾龙弟.语文教学本体论[M].杭州：浙江大学出版社，2017.

[2]蔡伟.现代语文教学方法案例分析[M].宁夏:宁夏人民教育出版社,2021.

[3]谭维河.中学语文教学与实践探索[M].北京：世界图书出版公司，2019.

[4]张二艳.语文教学与教学心理[M].成都：电子科技大学出版社，2017.

[5]杭州师范大学中文系.新课改背景下语文教学刍议[M].杭州：浙江工商大学出版社，2019.

[6]潘桂法.核心素养视域下中学语文教学实践与策略研究[M].杭州：浙江工商大学出版社，2017.

[7]马金海.小学语文课程与教学[M].成都：电子科技大学出版社，2020.

[8]张春英.语文课堂教学研究及策略[M].天津:天津科学技术出版社,2019.

[9]张增广.审美视域下的中学语文课堂教学实践探索[M].长春：吉林人民出版社，2020.

[10]巨瑞娟.中学语文阅读教学探微[M].宁夏：宁夏人民教育出版社，2016.

[11]陈祖楠.语文是语言[M].杭州：浙江大学出版社，2018.

[12]罗成刚.守望语文[M].宁夏：宁夏人民教育出版社，2020.

[13]邵子华.大学语文教育学[M].北京：人民文学出版社，2016.

[14]罗谢明.中学语文有效阅读与写作研究[M].长春：吉林人民出版社，2019.

[15]游泽生.语感教学策略研究[M].重庆：重庆大学出版社，2017.

[16]张永刚.文学理论的实践视域[M].昆明：云南大学出版社，2016.

[17]陈奕梅.文学艺术鉴赏[M].成都：电子科技大学出版社，2016.

[18]王新建.比较文学教程[M].成都：电子科技大学出版社，2016.

[19]程光照.当前语文教学存在的主要问题及解决策略[J].教育实践与研

究，2022（C1）：113-116，121.

[20]陈建华.展开"读""写"双翼，盘活语文教学[J].语文教学之友，2023（1）：8-10.

[21]王成娟.创意写作在高中语文教学中的有效实施[J].语文教学之友，2023（1）：34-36.

[22]王琼.语文教学中的课外阅读指导研究[J].江西教育，2023（15）：28-29.

[23]战琳.高中语文教学群文阅读探析[J].延边教育学院学报，2023（1）：135-138.

[24]吴娟利.语文教学中听说读写训练探讨[J].教学管理与教育研究，2023（2）：42-43.

[25]金苏华.基于整体感知的语文教学[J].小学教学研究，2022（20）：42-43，46.

[26]张佩媛.语文教学中如何进行阅读指导[J].学周刊，2023（13）：121-123.

[27]李小倩，王纯菲.《周易》阴阳概念对中国古代文学艺术创作风格的影响[J].南都学坛，2022（2）：36-41.

[28]周恬逸."文图互释共生"文学艺术融合式学习在语文教学中的应用[J].科教导刊，2022（9）：88-91.